GUIDELINES FOR CONSTRUCTION
STANDARDIZATION
OF URBAN RAIL TRANSIT
(CIVIL ENGINEERING VOLUME)

城市轨道交通施工标准化作业指南

(土建卷)

刘辉 主编
李昌宁 副主编

人民交通出版社股份有限公司
China Communications Press Co., Ltd.

内 容 提 要

本书从工艺流程、作业要点以及现场标准化作业等方面来对分部、分项工程进行描述和展示,主要内容包括:基坑支护、地下车站、车辆段及停车场、钢筋混凝土高架桥、盾构法隧道区间、隧道喷锚暗挖、高架车站、轨道、建筑装修、通信、信号、供电等。通过总结多年轨道交通施工经验教训,并借鉴、吸纳行业内其他单位先进、成熟的做法,编制本书,以指导并规范轨道交通施工的安全、质量行为和标准化作业,不断提高轨道交通工程施工的管理水平。可供业内同行参考、借鉴。

图书在版编目(CIP)数据

城市轨道交通施工标准化作业指南. 土建卷 / 刘辉主编. —北京:人民交通出版社股份有限公司,2019.1
ISBN 978-7-114-15000-5

Ⅰ.①城… Ⅱ.①刘… Ⅲ.①城市铁路—轨道交通—土木工程—工程施工—标准化—指南 Ⅳ.①U239.5-62

中国版本图书馆 CIP 数据核字(2018)第 208866 号

书　　　名:	城市轨道交通施工标准化作业指南(土建卷)
著 作 者:	刘　辉
责任编辑:	王　霞　李　娜
责任校对:	刘　芹
责任印制:	张　凯
出版发行:	人民交通出版社股份有限公司
地　　址:	(100011)北京市朝阳区安定门外外馆斜街3号
网　　址:	http://www.ccpress.com.cn
销售电话:	(010)59757973
总 经 销:	人民交通出版社股份有限公司发行部
经　　销:	各地新华书店
印　　刷:	北京印匠彩色印刷有限公司
开　　本:	787×1092　1/16
印　　张:	21
字　　数:	486 千
版　　次:	2019年1月　第1版
印　　次:	2019年1月　第1次印刷
书　　号:	ISBN 978-7-114-15000-5
定　　价:	148.00 元

(有印刷、装订质量问题的图书由本公司负责调换)

主　　编：刘　辉

副 主 编：李昌宁

编委会成员：李　炜　李少彬　马少雄　宋　林　徐　宏　董晓光　牛丽坤
　　　　　　李海珍　戴　宇　朱晓夷　节妍冰　董凤翔　于兴义　刘建廷
　　　　　　陈一鑫　裴清宁　张晓明

序 言

随着我国城镇化进程的加快和交通强国战略的提出,我国城市轨道交通迎来了新的重要发展机遇,党的十九大提出"两个一百年"奋斗目标,为实现城市轨道交通2020年进入创新型国家行列、2035年跻身创新型国家前列、到21世纪中叶建成现代化城市轨道交通强国奠定了基础,也为城市轨道交通在新时代创新驱动、可持续发展,实现轨道交通强国梦提供了保障。

进入"十三五"以来,全国有100多座城市规划了"十三五"城轨交通工程的建设,与此同时,有80多座城市开展了城轨交通规划、勘测、设计、咨询等前期工作,"百城同谋,千里跨越",城轨交通呈现爆发式增长态势。截至2017年12月底,中国内地已有34座城市开通运营城市轨道交通,运营总里程达5021.7 km;已经开工建设轨道交通的城市有53座,在建规模约5770 km。

虽然我国城市轨道交通的建设规模在世界上取得了领先地位,但更大规模的发展,又遇极其复杂的环境影响,如:京沪穗深等成熟城市,中心城区加密地铁线,地下管网纵横交叉情况愈加复杂;津渝宁汉蓉等成网城市,多条线路同时建设,交叉运作,复杂程度大为提高;新建城市面临缺标准、少技术、没经验……距"健康、有序、高效"的行业发展目标尚有很长的路要走,需要我们"不驰于空想、不骛于虚声",脚踏实地,系统梳理凝练过去大规模建设中的成功经验与做法,推动建设我国城市轨道交通建设的标准化体系,进一步提高我国城市轨道交通建设的整体质量。

"言之不文,行将不远",企业技术知识的积淀是核心竞争力塑造的关键路径,技术成果的梳理、总结、凝练,是企业内涵式建设的重要组成部分。在我们从工程技术大国向工程技术强国迈进的征程中,企业也在逐渐从粗放式发展向内涵式发展转变,以技术引领发展,塑造核心技术竞争力和影响力、加强软实力建设,正在成为共识。中国中铁股份有限公司率先发力推进技术积累,着力构建企业技术运用体系,对于提升整体技术运用水平、打造企业的核心技术优势具有重要价值。

谨此为序,希望看到更多企业优秀技术成果的集聚、传播与应用。

刘辉

伴随我国城市轨道交通行业的大规模建设和快速发展,城市轨道交通工程建设也在如火如荼地进行着,这也对工程的安全、质量、文明施工、环境保护等提出了更为严格的要求。为了适应新形势下的施工安全管理要求,快速提升施工现场安全施工的管理水平,确保安全,中国中铁股份有限公司在总结本单位多年城市轨道交通施工经验教训的基础上,并借鉴、吸纳行业内其他单位先进、成熟的做法,编制了《城市轨道交通施工标准化作业指南(土建卷)》,以指导并规范城市轨道交通施工的安全、质量行为和标准化作业,不断提高地铁工程施工的管理水平。

本书从工艺流程、作业要点以及现场标准化作业等方面来对分部、分项工程进行描述和展示,主要内容包括:基坑支护、地下车站、车辆段及停车场、钢筋混凝土高架桥、盾构法隧道区间、隧道喷锚暗挖、高架车站、轨道、建筑装修、通信、信号、供电等。本书所涉及的工法、工艺、工装等是以本单位承建项目为主,代表国内城市轨道交通设计、施工的先进水平。本书由刘辉任主编,李昌宁任副主编。

由于时间仓促、篇幅以及编者的水平所限等,本书难以涵盖城市轨道交通施工的所有内容,疏漏之处在所难免,恳请读者批评指正,以便编者的修订、补充和完善,在此表示感谢!

编 者
2018年10月

目录

第1章 基坑支护 ········ 001
1.1 地下连续墙 ········ 002
1.2 钻孔灌注桩 ········ 010
1.3 钻孔咬合桩 ········ 014
1.4 预应力管桩施工 ········ 018
1.5 预应力锚索支护 ········ 019
1.6 SMW 工法桩 ········ 020

第2章 地下车站 ········ 027
2.1 井点降水 ········ 028
2.2 钢（混凝土）支撑 ········ 033
2.3 基坑开挖 ········ 035
2.4 综合接地体 ········ 041
2.5 主体结构钢筋制作、安装 ········ 042
2.6 模板支立 ········ 044
2.7 车站移动模板台车 ········ 045
2.8 单侧壁液压大模板台车侧墙施工 ········ 046
2.9 结构混凝土灌注 ········ 047
2.10 结构外防水 ········ 049

第3章 车辆段、停车场 ········ 051
3.1 站场土石方 ········ 052
3.2 软基处理 ········ 054
3.3 天沟与侧沟 ········ 056
3.4 站场排水 ········ 057
3.5 高边坡处理 ········ 060

  3.6 滑坡防治 ·· 064
  3.7 路基施工 ·· 066
  3.8 主体结构工程 ·· 071

第 4 章 钢筋混凝土高架桥 ·· 083

  4.1 基础 ·· 084
  4.2 墩台身 ·· 088
  4.3 支架现浇梁 ·· 090
  4.4 悬臂浇筑梁 ·· 096
  4.5 装配式节段梁 ·· 103
  4.6 桥面附属 ·· 117

第 5 章 隧道盾构法 ·· 121

  5.1 土压平衡盾构 ·· 122
  5.2 泥水平衡盾构 ·· 155
  5.3 顶管施工 ·· 156

第 6 章 隧道喷锚暗挖 ·· 163

  6.1 超前小导管注浆 ·· 164
  6.2 开挖 ·· 165
  6.3 初期支护 ·· 171
  6.4 仰拱及仰拱填充施工 ·· 174
  6.5 防水层铺贴 ·· 175
  6.6 二次衬砌 ·· 177

第 7 章 高架车站 ·· 181

  7.1 钢结构制作与安装 ·· 182
  7.2 屋面板安装 ·· 187
  7.3 幕墙体系安装 ·· 188

第 8 章 轨道 ·· 191

  8.1 铺轨基地建设 ·· 192
  8.2 普通整体道床施工 ·· 193

8.3	钢弹簧浮置板整体道床施工	200
8.4	梯形轨枕整体道床施工	201
8.5	橡胶减振垫整体道床施工	207
8.6	整体道床道岔	213
8.7	无缝线路施工	218
8.8	车场线库内整体道床	222

第9章 建筑装修 … 229

9.1	地面工程	230
9.2	墙柱面工程	234
9.3	顶面工程	241

第10章 通信 … 247

10.1	隧道内电缆托架安装	248
10.2	电缆桥架安装	248
10.3	漏缆卡具安装	249
10.4	隧道内光（电）缆敷设	250
10.5	隧道内漏泄电缆敷设	253
10.6	通信管道及人孔施工	255
10.7	通信管道内光（电）缆敷设	257
10.8	室外铁塔及天馈线安装	258
10.9	机房设备安装	260
10.10	摄像机安装	262
10.11	广播安装	263
10.12	时钟安装	265
10.13	室内无线天线安装	265
10.14	各类操作台安装	266
10.15	隧道内无线设备安装	267

第11章 信号 … 269

11.1	电（光）缆线路	270
11.2	固定信号机、发车指示器及按钮装置	277
11.3	转辙设备	281

11.4	列车检测与车地通信设备	285
11.5	室内设备	296
11.6	工程验收	298

第 12 章 供电 ... 299

| 12.1 | 柔性接触网工程 | 300 |
| 12.2 | 刚性接触网工程 | 311 |

第 1 章

基坑支护

1.1 地下连续墙

地下连续墙主要施工工序（图1-1）有：①导墙施工；②泥浆制备与管理；③成槽；④刷壁、清槽；⑤钢筋笼制作和下笼；⑥混凝土灌注。

车站地下连续墙如图1-2所示。

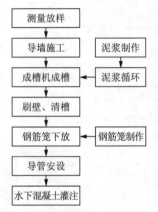

图1-1 地下连续墙施工工艺流程图　　　　图1-2 车站地下连续墙

1.1.1 导墙施工

（1）工艺流程（图1-3）

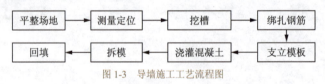

图1-3 导墙施工工艺流程图

（2）作业要点（表1-1）

导墙施工工序及要点　　　　表1-1

序号	工序	作业要点
1	施工准备	场地清理、平整，机械人员就位
2	导墙基槽开挖	按测量定位线，使用机械开挖，不得偏离设计要求。开挖时应人工配合清底、夯填、整平，机械开挖时要防止求快而造成导沟两侧土方大面积坍塌； 管线影响段应挖探沟，结合实际情况选择开挖方式，宜采用人工开挖，以保证管线安全
3	墙体施工	①拆模后应立即在导墙内加对撑，防止因两侧土压力致使导墙变形； ②及时回填导墙沟槽，确保导墙稳定； ③导墙定位与间距应符合设计及规范要求； ④导墙垂直度、平整度应符合设计及规范要求
4	安全文明施工	①导墙开挖出的土石方按《建筑深基坑工程施工安全技术规范》（JGJ 311—2013）规定要求位置堆放，并及时清离现场； ②导墙基坑临边严禁放置任何施工器具、材料； ③导墙开挖后及时对现场做好防护标识，严禁车辆及非作业人员靠近基坑周边

（3）现场标准化作业（图 1-4～图 1-7）

图 1-4　导墙开挖

图 1-5　导墙模板、钢筋安装

图 1-6　导墙临时对撑

图 1-7　导墙回填

1.1.2　泥浆制备与管理

（1）工艺流程

泥浆配制流程如图 1-8 所示。

图 1-8　泥浆配制流程图

（2）作业要点（表 1-2）

泥浆制备与管理的工序及要点　　　　表 1-2

序号	工　序	作业要点
1	施工准备	根据需要确定泥浆池的尺寸及容量，泥浆池必须保证有良好的封闭性，底部不漏浆、不渗水，并在泥浆池周边设置安全防护和警示标识
2	泥浆配制	必须按要求的配合比进行泥浆配制。现场按新制泥浆、循环泥浆、劣质泥浆（废弃泥浆）分类标识、管理
3	泥浆指标	泥浆性能指标应符合规范和设计的规定，并经采样试验，达到合格标准后方可投入使用。泥浆各类指标控制范围：黏度为 22～28s，密度为 1.05～1.25g/cm³，含砂率不大于 4%，pH 值为 8～11
4	泥浆循环	必须分别标识分清输送与回收泵管，切勿混淆使用
5	泥浆处理	污染严重的泥浆必须通过泥浆分离器处理后方可进入泥浆池回收，或直接泵入废浆池废弃
6	安全文明施工	①设置泥浆池的材料（钢板或砖块）应符合规定要求； ②泥浆池四周按规定设立不低于 1.2 m 的防护栏杆，并设置请勿靠近、小心滑落等安全警示标识牌； ③泥浆泵安装牢固可靠，池顶设置人员作业平台，并保持干净，确保作业人员安全； ④泥浆泵等现场电线电缆悬空设置，布设平顺，防止漏电及磕绊作业人员； ⑤泥浆运输车辆、管路确保密封良好，确保不遗洒遗漏，发现泥浆渗漏及时处理

(3)现场标准化作业(图 1-9 ～图 1-11)

图 1-9　泥浆性能指标现场检测

图 1-10　泥浆配制作业

图 1-11　泥浆池临边防护和警示标志

1.1.3　冲抓成槽

成槽是地下连续墙施工中的关键工序,成槽精度是保证地下连续墙质量的关键因素之一。正式施工前应进行工艺试验,确定施工工艺流程及技术参数。

(1)工艺流程

①入岩成槽施工工艺流程如图 1-12 所示。

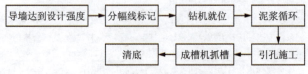

图 1-12　入岩成槽施工工艺流程图

②不入岩成槽施工工艺流程如图 1-13 所示。

图 1-13　不入岩成槽施工工艺流程图

(2) 作业要点(表 1-3)

冲抓成槽的工序及要点 表 1-3

序号	工 序	作 业 要 点
1	施工准备	清理并平整硬化场地,建造泥浆池、废浆池
2	泥浆循环	根据不同地层与地下水含量及时调整槽内泥浆相对密度,控制泥浆黏度、含砂率,确保泥浆护壁效果
3	槽段划分	按设计图纸和施工方案进行分幅测量定位
4	成槽	严格控制成槽垂直度,如垂直度偏差过大必须及时调整,纠偏后方可继续向下抓槽施工;成槽深度严格按照设计要求及技术交底进行施工,避免超挖或欠挖。需钻机引孔配合成槽机抓槽作业时,应根据槽段划分预先选定合适的技术参数,确保钻机与成槽机作业位置及尺寸准确无误
5	清槽	清槽时要保持槽内泥浆面高程符合要求,以维持槽壁稳定,避免塌孔。槽底清理和置换泥浆结束后,对槽底泥浆取样试验,其相对密度、黏度、含砂率必须满足规范及设计要求,且槽底沉渣厚度不应大于100mm
6	安全文明施工	①现场设置专人指挥,做好液压抓斗机的作业安排及防护工作,严禁现场人员进入作业区域; ②及时清理遗撒在施工区域的泥浆及杂物; ③运送车辆出入施工区域必须进行有效清洗,确保不发生污染

(3) 现场标准化作业(图 1-14~图 1-16)

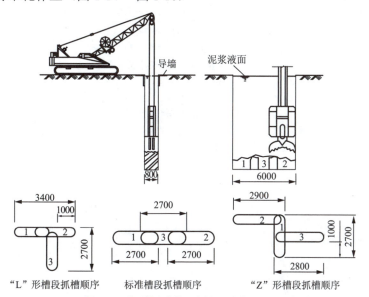

图 1-14 单元槽段成槽示意图(尺寸单位:mm)

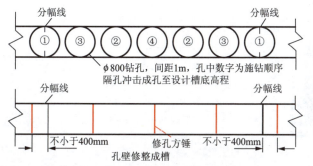

图 1-15 入岩成槽连续墙引孔施工示意图

图 1-16 成槽施工

1.1.4 双轮铣成槽

（1）工艺流程（图 1-17）

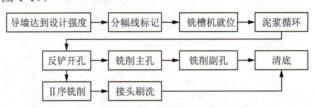

图 1-17　双轮铣成槽施工工艺流程图

（2）作业要点（表 1-4）

双轮铣成槽的施工工序及要点　　　　　　　　表 1-4

序号	工　序	作业要点
1	施工准备	清理并平整硬化场地，建造泥浆池、废土池
2	泥浆循环	根据不同地层与地下水含量及时调整槽内泥浆密度，确保槽内外两侧泥浆护壁稳定
3	槽段划分	按照首开、闭合进行槽段划分，测量定位并进行标识
4	成槽	铣削施工时，注意查看成槽垂直度是否符合设计要求，如垂直度偏差过大必须及时调整，纠偏后方可继续向下铣削施工；成槽深度须符合设计要求及技术交底，避免超挖或欠挖。接头采用"铣接法"形成锯齿形搭接，并钢丝刷钻头反复洗刷接头至不带泥削
5	清槽	清槽时保持槽内泥浆面高程符合要求，以维持槽壁稳定，避免塌孔。清槽结束后，对槽底泥浆取样试验，其密度、黏度、含砂率等必须满足规范及设计要求，且槽底沉渣厚度满足设计及规范要求
6	安全文明施工	①现场设置专人指挥，做好液压铣槽机的作业安排及防护工作，严禁现场人员进入作业区域； ②及时清理遗撒在施工区域的泥浆及杂物； ③运送车辆出入施工区域必须进行有效清洗，确保不发生污染

（3）现场标准化作业（图 1-18～图 1-20）

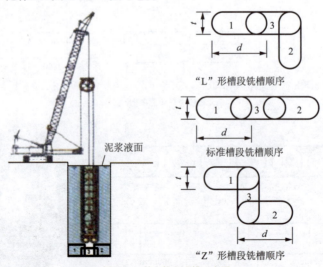

图 1-18　单元槽段成槽示意图

t- 地下连续墙厚度；*d*- 液压铣槽机铣头宽度

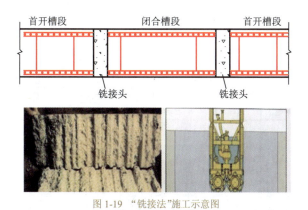

图 1-19 "铣接法"施工示意图

图 1-20 双轮铣成槽施工

1.1.5 钢筋笼制作和安装

钢筋笼制作根据成槽顺序分为Ⅰ、Ⅱ型,另外包括声测管、测斜管、腰梁预埋钢筋安装等。

（1）工艺流程（图1-21）

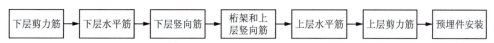

图 1-21 连续墙钢筋笼制作流程图

（2）作业要点

①钢筋笼制作工序和作业要点见表1-5。

钢筋笼制作工序及要点 表1-5

序号	工序	作业要点
1	钢筋备料	钢筋材质、规格必须满足设计和验收标准要求,钢筋应分批分型号堆放、设立标识
2	制作	钢筋机械连接、焊接必须满足设计及规范要求,确保钢筋吊装安全;钢筋笼尺寸必须符合设计要求;钢板、主体预留钢筋等预埋件必须清点检查,确保不漏埋,且尺寸位置准确;必须检查是否预留混凝土灌注导管下放口
3	安全文明施工	①加工钢筋的切割机、调直机等机具必须按规范设置安全防护设施; ②现场根据危险源种类设置安全警示标识牌; ③作业现场按规范配置消防器具; ④严格规范布设电线路,严格做到"一机一闸一漏一箱",并明确责任人; ⑤加工半成品及废弃料规范堆码,标识清楚,下垫上盖

②钢筋笼安装工序和作业要点见表1-6。

钢筋笼安装工序及要点 表1-6

序号	工序	作业要点
1	施工准备	清理吊装场地,作业机械及人员就位
2	吊装入孔	吊装前必须检查钢筋笼内是否有散落的钢筋等物件,防止吊装时坠落。钢筋笼吊放采用大小两台吊车配合作业,吊装时应保证钢筋笼稳定不发生变形。钢筋笼下放时,位置应与槽段位置对准,且钢筋笼必须保持垂直下放,如有倾斜,必须及时调整,然后慢慢下降

续上表

序号	工序	作业要点
3	就位检查	钢筋笼下放后检查平面位置是否准确,如有偏差需及时调整
4	定位	应采取可靠措施,防止混凝土浇筑过程中钢筋骨架上浮或下沉
5	安全文明施工	①吊装过程中必须有专人指挥,指挥人员与吊装司机提前沟通,统一指挥信号; ②整个吊装过程中,严禁现场人员进入吊机旋转半径内及钢筋笼下方

(3)现场标准化作业(图1-22、图1-23)

图1-22 钢筋笼加工

图1-23 钢筋笼吊装

1.1.6 水下混凝土灌注

采用导管法进行水下混凝土灌注。

(1)工艺流程(图1-24)

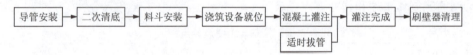

图1-24 水下混凝土灌注流程图

(2)作业要点(表1-7)

水下混凝土灌注工序及要点　　　　　表1-7

序号	工序	作业要点
1	施工准备	场地清理,制订浇筑计划,确保混凝土供应满足地连墙连续浇筑的要求
2	泥浆循环	根据不同地层与地下水含量及时调整槽内泥浆密度,控制泥浆黏度、含砂率,确保泥浆护壁效果
3	槽段划分	按设计图纸和施工方案进行分幅测量定位
4	成槽	严格控制成槽垂直度,如垂直度偏差过大必须及时调整,纠偏后方可继续向下抓槽施工;成槽深度严格按照设计要求及技术交底进行施工,避免超挖或欠挖。需钻机引孔配合成槽机抓斗作业时,应根据槽段划分预先选定合适的技术参数,确保钻机与成槽机作业位置及尺寸准确无误
5	清槽	清槽时要保持槽内泥浆面高程符合要求,以维持槽壁稳定,避免塌孔。槽底清理和置换泥浆结束后,对槽底泥浆取样试验,其密度、黏度、含砂率必须满足规范及设计要求,且槽底沉渣厚度不应大于100mm
6	安全文明施工	①现场设置专人指挥,做好液压抓斗机的作业安排及防护工作,严禁现场人员进入作业区域; ②及时清理遗撒在施工区域的泥浆及杂物; ③运渣车辆出入施工区域必须进行有效清洗,确保不发生污染

(3)现场标准化作业(图1-25、图1-26)

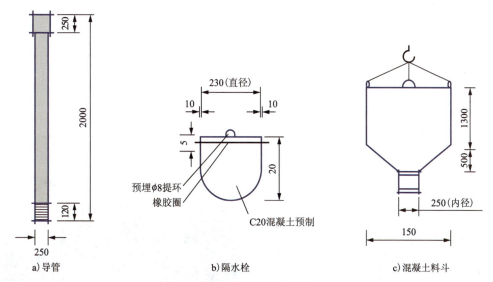

图1-25 灌注料具示意图(尺寸单位:mm)

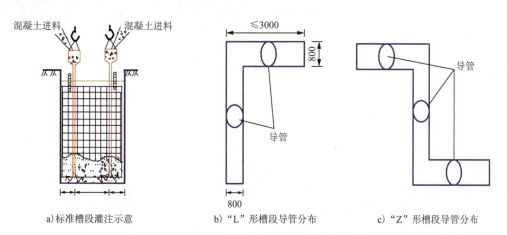

图1-26 连续墙混凝土浇筑示意图(尺寸单位:mm)

1.1.7 墙体接头处理

墙体接头处理是控制地下连续墙质量的重要工序,是保证地下连续墙防水效果的关键。槽段开挖完成后,要将黏附在接头表面上的浮土、泥皮清除干净,地下连续墙间紧密接合,避免接头渗漏水。

(1)工艺流程(图1-27)

图1-27 地下连续墙接头刷壁流程图

（2）作业要点（表1-8）

墙体接头处理工序及要点　　　　　表1-8

序号	工序	作业要点
1	施工准备	工字钢翼板安装防绕流铁皮，防止浇筑时混凝土绕流至工字钢背后
2	刷壁	刷壁器必须紧贴工字钢腹板从下至上刷壁，每使用一次，用清水将刷壁器冲洗干净，至刷壁器可沿工字钢腹板面无阻碍上下移动且不沾有泥土为止
3	安全文明施工	①刷壁前检查吊车的支腿固定、支点情况，务必位于平坦坚实的地面上； ②刷壁过程中必须有专人指挥，指挥人员与吊车司机提前沟通，统一指挥信号； ③整个刷壁过程中，严禁现场人员进入吊机旋转半径内

（3）现场标准化作业（图1-28、图1-29）

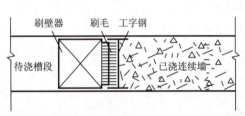

图1-28　刷壁器示意图

图1-29　防扰流铁皮安装

1.2　钻孔灌注桩

钻孔灌注桩施工工艺流程（图1-30）：①施工准备；②成孔；③清孔；④安放钢筋笼；⑤灌注混凝土。

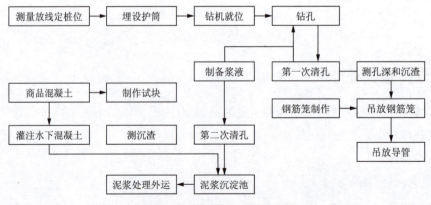

图1-30　钻孔灌注桩施工工艺流程图

钻孔灌注桩施工现场如图1-31所示。

图 1-31　钻孔灌注桩施工（旋挖）

1.2.1　埋设护筒

（1）工艺流程（图 1-32）

图 1-32　护筒埋设工艺流程图

（2）作业要点（表 1-9）

护筒埋设工序及要点　　　　　　　　　　表 1-9

序号	工　序	作 业 要 点
1	护筒长度	护筒长度应根据现场地质和水文情况确定，护筒长度应大于杂填土厚度，护筒顶面应高出原地面 20～30cm
2	护筒直径	护筒直径应大于桩径 10cm
3	护筒回填	护筒周边采用黏土进行回填，夯实
4	安全文明施工	①起重吊装严格遵守"十不吊、六禁止"及相关安全规定；②护筒四周按要求设置临边防护和安全警示牌，夜间施工应设置红闪灯等警示标识

（3）现场标准化作业（图 1-33）

图 1-33　护筒埋设

1.2.2 钻进

轨道交通工程中常用成孔方式主要为旋挖钻、回旋钻、冲击钻成孔等。钻进过程中采用泥浆护壁,采用原土、膨润土造浆或采用化学泥浆。

(1)工艺流程(图1-34)

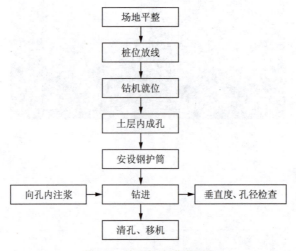

图1-34 钻进施工工艺流程图

(2)作业要点(表1-10)

钻进工序及要点　　　　　　　　　　　　　　　表1-10

序号	工序	作业要点
1	钻进速度	钻进速度不宜过快,过快容易影响泥浆护壁质量,要防止坍孔、缩颈
2	垂直度、孔径控制	钻进过程中检查钻杆垂直度,垂直度一般按0.3%控制,防止桩体倾斜,造成主体结构侵限;每钻进4~5m应采用探孔器进行孔径检查,避免发生塌孔、缩颈现象
3	泥浆处理	钻进过程中采取必要措施防止泥浆扩散或者排入地下管网。采用泥沙分离机对排出泥浆进行分离和循环利用,减少对环境和文明施工的影响
4	清孔	孔底清理和置换泥浆结束后,对孔底泥浆取样试验,其相对密度、黏度、含砂率必须满足规范及设计要求,且孔底沉渣厚度不应大于100mm
5	安全文明施工	①施工人员应严格执行钻机安全操作规程; ②各排污通道和泥浆池四周必须设置警示标志和夜间照明设备; ③泥浆池(地沟)四周禁止泥浆溢流,泥浆池(地沟)在停止使用后应填平或采用盖板盖严

1.2.3 钢筋笼制作安装

(1)工艺流程(图1-35)

图1-35 钢筋笼施工工艺流程图

(2)作业要点(表1-11)

钢筋笼制作安装工序及要点　　　　表1-11

序号	工序	作业要点
1	钢筋连接	焊接长度、焊缝质量需满足设计和规范要求;机械连接应满足钢筋直螺纹连接卡控红线要求
2	吊装	钢筋笼过长,可分节制作,分节吊装,吊装时检查吊装设备、设施的可靠性,采用多点吊装工艺,保证施工安全
3	安设	人工辅助对准孔位;入孔时应缓慢下沉,不得摇晃碰撞孔壁和强行入孔
4	安全文明施工	①交流电焊机必须设置二次空载降压保护器,电焊作业人员必须按要求佩戴防护用品,严禁使用被焊工件或钢筋(网)作为电流回路线; ②现场所有机具、吊装机械都必须经安全检查合格后方可使用,并严格按照安全操作规程施工; ③现场需设置吊装安全警戒区域,区域内禁止站人。起重吊装严格遵守"十不吊、六禁止"及相关安全规定

(3)现场标准化作业(图1-36～图1-39)

图1-36 滚焊机加工钢筋笼

图1-37 钢筋笼场内运输

图1-38 钢筋笼吊装

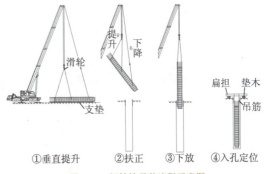

图1-39 钢筋笼吊装流程示意图

1.2.4 水下灌注混凝土

(1)工艺流程(图1-40)

图1-40 灌注水下混凝土施工工艺流程图

（2）作业要点（表 1-12）

灌注水下混凝土施工工序及要点　　　　　表 1-12

序号	工序	作业要点
1	清孔	清孔后泥浆相对密度控制在 1.15～1.25 之间
2	沉渣厚度	灌注前应检测孔底沉渣厚度，沉渣厚度不得大于 100mm（或满足规范要求）
3	首灌混凝土	首灌混凝土量根据计算确定，保证首灌完成后，埋入导管 1m 左右
4	提管	随混凝土灌注高度提升而拔管，提管过程中保证导管埋入深度在 2~3m
5	安全文明施工	①在浇筑水下混凝土过程中，必须采取防止导管进水和阻塞、埋管、坍孔的措施； ②施工前需对料斗钢丝绳、卡环等进行安全检查，合格后方可使用。吊装导管遵守"十不吊"及相关安全规定； ③水下混凝土浇筑过程中，从桩孔内溢出的泥浆应引流至规定地点，不得随意漫流；浇筑水下混凝土结束后，桩顶混凝土低于现状地面时，应设护栏和安全标志

（3）现场标准化作业（图 1-41、图 1-42）

图 1-41　导管密水试验

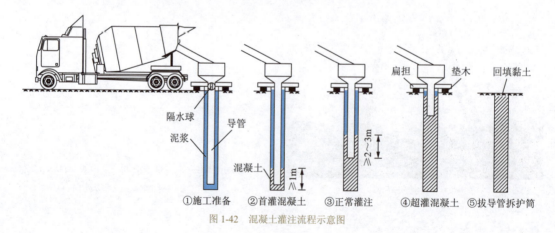

图 1-42　混凝土灌注流程示意图

1.3　钻孔咬合桩

工艺流程：①导墙施工；②素桩施工；③钢筋混凝土桩施工（图 1-43）。

咬合桩成品如图 1-44 所示。

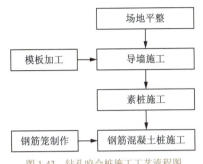

图 1-43 钻孔咬合桩施工工艺流程图

图 1-44 咬合桩成品

1.3.1 导墙施工

导墙采用定制模板现浇混凝土施工。

（1）工艺流程（图 1-45）

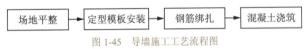

图 1-45 导墙施工工艺流程图

（2）作业要点（表 1-13）

导墙施工工序及要点　　　　　表 1-13

序号	工　序	作 业 要 点
1	施工准备	机械、人员准备，平整场地，施工测量放样确定导墙边线，认真进行场地范围内和周边的地下管线调查工作，并在施工现场对地下管线进行醒目的标识。开挖范围内的管线应做好相应的保护措施
2	模板加工安装	根据桩体直径、咬合宽度，加工定型模板，采用钢模板制作，钢板厚度需满足强度要求，并保证转场施工时不变形，能多次利用。采用方木、槽钢等连接件保证左右模板稳固，浇筑过程中不移位、不变形
3	混凝土浇筑	放料时避免混凝土冲击模板，布料均匀后采用小型振动棒进行振捣，收面保证平整度要求，便于设备安放时整平。收面完成后对模板进行复测，对平整度和高程进行复测
4	拆模养护	拆模时混凝土强度不得低于 2.5MPa，不得采用蛮力拆模，不得破坏混凝土棱角，施工完成后及时进行养护，对周边使用的模板进行打磨及涂刷脱模剂
5	安全文明施工	导墙要置于稳固地基上，遇松软场地时需取有效加固措施，确保导墙稳固

（3）现场标准化作业（图 1-46）

图 1-46 导墙模板安装

1.3.2 单桩施工

素桩采用全套管跟进成孔水下灌注混凝土施工。单桩施工步序详见图1-47。

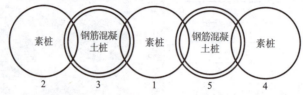

图1-47 钻孔咬合桩施工步序图

(1) 工艺流程(图1-48)

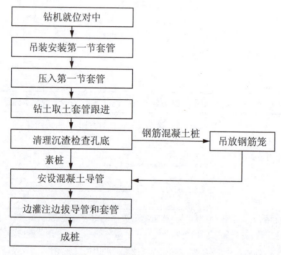

图1-48 单桩施工工艺流程图

(2) 施工要点(表1-14)

单桩施工工序及要点 表1-14

序号	工 序	作 业 要 点
1	配合比设计	素混凝土桩的混凝土3d强度应小于3MPa,单桩成桩时间通过试桩确定
2	垂直度控制	为了保证钻孔咬合桩底部有足够厚度的咬合量,除对其孔口定位误差严格控制外,还应对其垂直度进行严格的控制,根据我国《地下铁道工程施工及验收规范》规定,桩的垂直度标准为0.3%
3	防止管涌	在钢筋混凝土桩成孔过程中,由于素混凝土未凝固,还处于流动状态,素混凝土有可能从两桩相交处涌入钢筋混凝土桩孔内,混凝土坍落度不宜超过18cm,以便于降低混凝土的流动性。钢筋混凝土桩成孔过程中应注意观察相邻两侧素混凝土桩混凝土顶面,如发现素混凝土桩混凝土下陷应立即停止钢筋混凝土桩孔开挖,并一边将套管尽量下压,一边向钢筋混凝土桩内填土或注水,直到完全制止住"管涌"为止
4	接头处理	在施工段与段的端头设置一个砂桩(成孔后用砂灌满),待后施工段到此接头时挖出砂下放钢筋笼灌上混凝土即可,由于砂桩部位容易产生渗漏水现象,在砂桩外侧采用高压旋喷桩防水
5	安全文明施工	①在进行钻孔作业前,应对地下管道、电缆线路的部位进行安全确认,钻孔时应避开有危险的埋设物或采取相应的安全措施,并对周边影响范围内的构(建)筑物进行监测; ②起重吊装严格遵守"十不吊、六禁止"及相关安全规定。机械操作人员必须严格按照安全操作规程作业

（3）现场标准化作业（图 1-49～图 1-51）

图 1-49　旋挖钻机配合施工

图 1-50　混凝土坍落度检测

图 1-51　混凝土试件制作

1.4 预应力管桩施工

(1)工艺流程(图1-52)

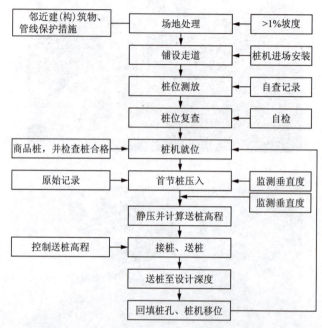

图1-52 静压预应力管桩施工工艺流程示意图

(2)作业要点(表1-15)

静压预应力管桩施工工序及要点   表1-15

序号	工 序	作 业 要 点
1	放样	测设预制管桩桩位,桩位误差≤1cm,经复核确认后,用钢筋或木桩准确放出桩位点
2	桩机就位	桩机就位后调平桩机机台,桩位偏差≤5cm,垂直度偏差≤1.5%
3	预制桩验收	预制桩必须有出厂质量证明书及合格证,并经工地检查外观质量合格后方能使用
4	桩起吊就位	首节桩桩尖的中心点与桩位的偏差控制在20mm以内
5	压桩	压桩施工要求连续运转,严禁施工中途停顿
6	接桩	焊接前桩头预埋铁件必须清除污锈,焊缝要求连续饱满,焊缝厚度必须满足设计要求
7	送桩	根据设计要求计算好送桩深度,并在送桩杆上做好醒目标记
8	安全文明施工	①桩机所行驶的道路要平整,少弯曲,坡度及倾斜度应小于1%,地面承载力大于140kN/m^2; ②桩架等施工机械与现场输电线路之间的距离,应满足安全距离要求; ③桩机的安装或拆卸作业,应有专人负责,统一指挥; ④起吊作业时,应平稳进行,放置桩身时,应低速轻放;装卸要明确分工,统一指挥,吊卸所用索具要经常检查,如有问题应立即更换或妥善处理

（3）现场标准化作业（图 1-53～图 1-57）

图 1-53　管桩放样定位

图 1-54　桩机就位

图 1-55　管桩起吊

图 1-56　管桩压桩

图 1-57　管桩接桩

1.5　预应力锚索支护

（1）工艺流程（图 1-58）

图 1-58　预应力锚索施工工艺流程图

（2）作业要点（表 1-16）

预应力锚索支护施工工序及要点　　　　　　　表 1-16

序号	工　序	作业要点
1	放样	测设预制管桩桩位，桩位误差≤1cm，经复核确认后，用钢筋或木桩准确放出桩位点
2	桩机就位	桩机就位后调平桩机机台，桩位偏差≤5 cm，垂直度偏差≤1.5%
3	预制桩验收	预制桩必须有出厂质量证明书及合格证，并经工地检查外观质量合格后方能使用
4	桩起吊就位	首节桩桩尖的中心点与桩位的偏差控制在 20mm 以内
5	压桩	压桩施工要求连续运转，严禁施工中途停顿
6	接桩	焊接前桩头预埋铁件必须清除污锈，焊缝要求连续饱满，焊缝厚度必须满足设计要求
7	送桩	根据设计要求计算好送桩深度，并在送桩杆上做好醒目标记

序号	工 序	作业要点
8	安全文明施工	①桩机所行驶的道路要平整,少弯曲,坡度及倾斜度应小于1%,地面承载力大于140kN/m²; ②桩架等施工机械与现场输电线路之间的距离,应满足安全距离要求; ③桩机的安装或拆卸作业,应有专人负责,统一指挥; ④起吊作业时,应平稳进行,放置桩身时,应低速轻放;装卸要明确分工,统一指挥,吊卸所用索具要经常检查,如有问题应立即更换或妥善处理

（3）现场标准化作业（图1-59）

图1-59 钻孔作业

1.6 SMW工法桩

SMW工法施工工艺流程（图1-60）:①水泥土搅拌桩施工（三轴）;②H型钢插入;③H型钢顶端圈梁施工;④拔除H型钢。

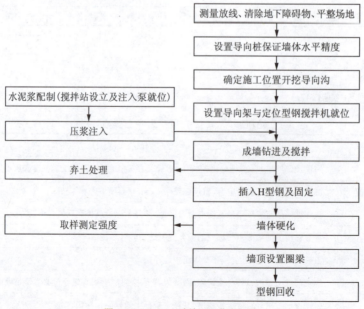

图1-60 SMW工法施工工艺流程图

SMW 工法成型图如图 1-61 所示。

图 1-61 SMW 工法成型图

1.6.1 水泥土搅拌桩施工（三轴）

（1）工艺流程（图 1-62）

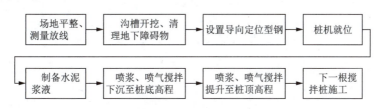

图 1-62 施工工艺流程图

（2）作业要点（表 1-17）

水泥土搅拌桩施工工序及要点　　　　表 1-17

序号	工 序	作业要点
1	施工准备	锚索施工紧接基坑土方开挖后进行，每层土方开挖至锚索孔位下 0.5m 左右时，平整开挖面、测量放样，材料机具准备好后方可进行施工
2	钻孔、清孔	采用空压或液压潜孔钻成孔；钻孔过程中，详细做好钻孔记录，包括钻进深度、时间、不同深度地质情况及过程中渗水、塌孔、卡钻等特殊情况及处理；终孔：钻孔达到设计深度和要求后，考虑孔内沉渣原因，要求继续超钻 30～50cm，不允许欠钻。钻孔完毕，采用高压风水清孔后以织物等封好孔口待用
3	锚索制安	钢绞线调直、清洁，按设计要求编束；自由段的锚索防腐黄油应涂抹均匀，切割钢绞线必须使用切割机或砂轮锯
4	注浆	采用注浆泵将交浆液经注浆管输送至孔底，再由孔底返出孔口，待孔口溢出浆液或排气管停止排气时，可停止注浆。为保证注浆质量，可采用二次注浆法，第一次注浆采用水泥砂浆，注浆压力 0.4～0.6MPa，第二次注浆采用纯水泥浆，注浆压力不小于 2.0MPa
5	腰梁施工	采用两根型钢拼接或钢筋混凝土作为腰梁腰梁与桩间用细石混凝土填充密实
6	张拉锁定	注浆体强度和腰梁混凝土强度达到设计强度的 80% 或设计要求强度后方可进行张拉作业；张拉的千斤顶和油表应配套标定、配套使用；张拉时应及时测量钢绞线伸长量，并做好记录，与理论值比较，以保证张拉力准确可靠
7	封锚	钢绞线应有一定外露长度（锚具量起，留出 5～10cm 钢绞线）。锚索锁定后，做好标记，观察 3 天，没有异常情况则将外露较长预应力钢绞线割除，用混凝土封锚，封锚混凝土强度应满足设计及规范要求

续上表

序号	工序	作业要点
8	安全文明施工	①严格按照安全管理制度和安全操作规程作业； ②高空作业平台必须牢固可靠并有足够的作业面积； ③钻孔作业前,应对地下管道、电缆线路的部位进行确认,钻孔时应避开有危险的埋设物或采取相应的安全措施； ④张拉时,不得碰撞千斤顶；千斤顶后方区域内严禁站人,应在可能有人员出入的位置设置警示牌和防护设施； ⑤钻孔作业区的粉尘浓度不应大于 10mg/m³；废水不得随意排放,应排入指定的三级沉淀池内

(3) 现场标准化作业(图 1-63~图 1-66)

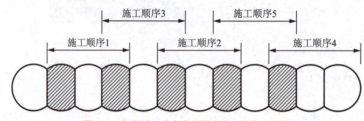

图 1-63 间隔式双孔全套复搅式施工顺序示意图

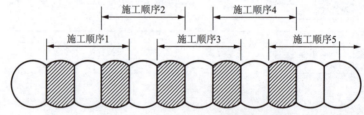

图 1-64 单侧挤压式施工顺序示意图

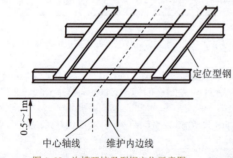

图 1-65 沟槽开挖及型钢定位示意图

图 1-66 水泥土搅拌桩施工

1.6.2 H 型钢插入

(1) 工艺流程(图 1-67)

图 1-67 施工工艺流程图

(2)作业要点(表 1-18)

H型钢插入施工工序及要点　　　　　表 1-18

序号	工 序	作 业 要 点
1	型钢进场、加工、质量检验	型钢长度不够需进行拼焊的,焊缝应均为坡口(坡口度小于 45°)满焊,焊好后检查焊缝是否有气泡、夹渣以及平整度是否合格,如不合格应进行补焊。最后用砂轮打磨焊缝至与型钢面一样平
2	型钢涂刷减摩剂	减摩剂要严格按试验配合比及操作方法并结合环境温度制备,将减摩剂均匀涂抹到型钢表面 2 遍以上,厚度控制在 3mm 左右,型钢表面不能有油污、老锈或块状锈斑
3	型钢吊放、定位	在插入型钢前,安装由型钢组合而成的导向轨,其边扣用橡胶皮包贴,以保证型钢能较垂直地插入桩体并减少表面减摩剂的受损。每搅拌 1~2 根桩,便及时将型钢插入,停止搅拌至插桩时间控制在 30min 内,不能超过 1h。现场还要准备锤压等机具,以备型钢依靠自重难以插入到位时使用。H型钢留置长度为高出顶圈梁 500mm,以便型钢回收时拔出
4	型钢固定	待型钢插入至设计高程后,将其固定在定位型钢上,直到孔内的水泥土桩体凝固
5	沟槽泥浆清理	由于水泥浆液定量注入搅拌孔内和 H型钢的插入,将有一部分水泥土被置换出沟槽内,采用挖机将沟槽内的水泥土清理出沟槽,保持沟槽沿边的整洁,确保下道工序的施工,被清理的水泥土在其硬化后运出场地,避免产生泥浆污染
6	安全文明施工	履带吊臂下不得站人、严禁人员走动,履带吊作业时必须有专人指挥,做到定机、定人、定指挥。经常检查机械的传动、升降、电气系统以及吊臂、钢丝绳及机械关键部位的安全性和牢固性,要特别注意安全操作。施工现场的洞、坑、沟等危险处,设防护设施或明显标志(如标牌、警戒线等)

(3)现场标准化作业(图 1-68~图 1-70)

图 1-68 H型钢涂刷减摩剂

图 1-69 H型钢插入施工

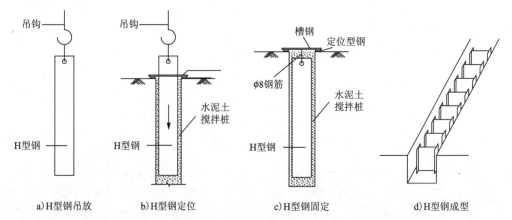

图 1-70 H型钢现场作业图

1.6.3 H型钢顶端压顶圈梁施工

(1)工艺流程(图1-71)

图1-71 施工工艺流程图

(2)作业要点(表1-19)

H型钢顶端压顶圈梁施工工序及要点 表1-19

序号	工序	作业要点
1	沟槽清理	根据设计圈梁尺寸,采用挖机和人工配合的方式进行沟槽清理;清理出作业操作面
2	H型钢涂刷减摩剂	在钢筋绑扎前涂刷H型钢减摩剂或做其他型钢保护,以便型钢顺利拔除回收
3	钢筋绑扎	根据设计要求进行钢筋绑扎,在H型钢中间空隙处按设计要求增设箍筋,不得把钢筋和H型钢连接在一起

(3)现场标准化作业(图1-72、图1-73)

图1-72 沟槽清理

图1-73 钢筋绑扎

1.6.4 H型钢拔除

(1)工艺流程(图1-74)

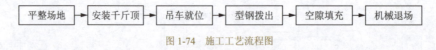

图1-74 施工工艺流程图

(2)作业要点(表1-20)

H型钢拔除工序及要点 表1-20

序号	工序	作业要点
1	平整场地	拔H型钢前,必须先进行顶圈梁上的清土工作,以保证千斤顶垂直平稳放置
2	安装千斤顶	将两个千斤顶平稳地安放在顶圈梁上,若圈梁拆除的放在铁垫块上,要拔除的型钢的两边用吊车将H型钢起拔架吊起,冲头部分"哈夫"圆孔对准插入H型钢上部的圆孔并将销子插入,销子两端用开口销固定以防销子滑落,然后插入起拔架与H型钢翼羽之间的锤型钢板夹住H型钢

续上表

序号	工　序	作业要点
3	H型钢拔除	开启高压油泵,两个千斤顶同时向上顶住起拔架的横梁部分进行起拔,待千斤顶行程到位时,敲松锤型钢板,起拔架随千斤顶缓缓放下至原位。待第二次起拔时,吊车须用钢丝绳穿入H型钢上部的圆孔吊住H型钢,重复以上工序将H型钢拔出
4	空隙填充	为避免拔出H型钢后其孔隙对周围建筑及场地地下土层结构的影响,拔出H型钢后及时填充,以水泥浆液为主
5	安全文明施工	履带吊臂下不得站人、严禁人员走动,履带吊作业时必须有专人指挥,做到定机、定人、定指挥。经常检查机械的传动、升降、电气系统以及吊臂、钢丝绳及机械关键部位的安全性和牢固性,要特别注意安全操作。施工现场的洞、坑、沟等危险处,设防护设施或明显标志(如标牌、警戒线等)

(3)现场标准化作业(图1-75、图1-76)

图1-75　安装H型钢拔除设备

图1-76　H型钢拔除

第 2 章

地下车站

2.1 井点降水

2.1.1 轻型井点降水

轻型井点降水分单层轻型井点降水和多层轻型井点降水,适于渗透系数为 0.1~50m/d 的黏土、粉质黏土以及砂土地层使用。单层轻型井点降水最大降低水位深度不大于 6m;多层轻型井点降水最大降低水位深度不大于 12m;井点间距 0.8~2m。

施工关键工序:①钻孔;②下管;③填滤料;④安装泵组、连接总管;⑤调试及运转。

(1)工艺流程(图2-1)

图 2-1　轻型井点降水施工流程图

(2)作业要点(表2-1)

轻型井点降水施工工序及要点　　　　表 2-1

序号	工序	作业要点
1	施工准备	平整场地,测量放线确定井点位置,准备砂砾滤料、封口黏土、井点管
2	钻孔	易塌易缩松软地层:钻孔施工采用清水或稀泥浆钻进或高压水套管冲击钻进成孔;自稳性较好地层:地质钻机或长螺旋钻机施工成孔,孔径应比管径大 200~300mm;孔壁应垂直,孔径上下一致,孔底比管底深 0.5~1m
3	下管	滤料投放前应清孔稀释泥浆,含泥量不大于 5%,返清水 3~5min 后下直径 38~55mm 的钢管
4	填滤料	滤料应洁净,采用直径 4~6mm 中粗砂,沿井管周围投放滤料,滤料填至井口下 1m 时应用黏土填实夯平
5	安装泵组、连接总管	泵组应稳固地设在平整、坚实、无积水的地基上。水箱吸水口与集水总管、井点管口等高程宜一致;泵组宜置于集水总管中部;管路系统各部件应连接严密;集水总管与井点管应采用高压软管连接;各组集水总管之间宜采用阀门隔开
6	调试及运转	各组井点系统安装完毕,应及时进行试抽水调试,检查管路连接质量、井点出水和泵组工作水压力、真空度及运转等情况
7	效果观察	设置水位观测孔监测降水效果
8	安全文明施工	①基坑周围上部应挖好水沟,防止雨水流入基坑。井点位置应距坑边保持一定距离,防止边坡产生流砂、流土、潜蚀、塌方等现象;②钻孔机操作时应安放平稳,防止机具突然倾倒或钻具下落,造成人员伤亡或设备损坏;③已成孔尚未下井点前,井孔应用盖板封严;④在降水过程中,要对降水影响范围内的周围建筑物进行连续监测,直至变形影响稳定或降水结束为止

(3)现场标准化作业(图 2-2、图 2-3)

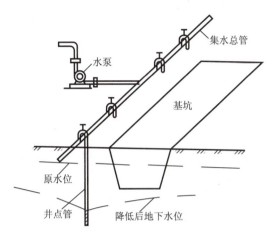

图 2-2 轻型井点降水示意图

图 2-3 轻型井点降水布置图

2.1.2 喷射井点降水

喷射井点降水是在井点管内装设特制的喷射器,用高压水泵通过井点管中的内管向喷射器输入高压水形成水气射流,将地下水经井点外管与内管之间的间隙抽走。喷射井点降水法适于渗透系数为 0.1 ~ 50m/d 的黏土、粉质黏土以及砂土地层使用。最大降水深度可达 8 ~ 30m,井点间距 1.5 ~ 3m。

施工关键工序:①钻孔;②安装喷射井点管;③填滤料;④连接总管;⑤调试及运行。

(1)工艺流程(图 2-4)

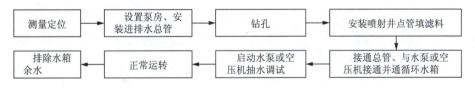

图 2-4 喷射井点施工流程图

(2)作业要点(表 2-2)

喷射井点降水工序及要点 表 2-2

序号	工序	作业要点
1	施工准备	平整场地,测量放线确定井点位置,准备砂砾滤料、封口黏土以及井点管材料
2	钻孔	孔口应设置护筒;孔径应比管径大 200 ~ 300mm;孔径应垂直,上下一致,孔底比管底深 0.5 ~ 1m
3	安装喷射井点管、填滤料	下管时,水泵应先开始运转,以便每下好一根井管,立即与总管接通(不接回水管)后及时进行单根试抽排泥,并测定真空度,待井管出水变清为止,地面测定真空度不宜小于 93.3kPa
4	填滤料	滤料投放前应清孔稀释泥浆; 应沿井管周围均匀投放,投放量不得小于计算量的 95%;滤料填至井口下 1m 左右时应用黏土填实夯平

续上表

序号	工 序	作业要点
5	接通总管、与水泵或空压机接通并通循环水箱	泵组应稳固地设在平整、坚实、无积水的地基上。 水箱吸水口与集水总管、井点管口等高程宜一致;各套进水总管均应用阀门隔开,各套回水管应分开;管路系统各部件应连接严密
6	调试	①各组井点系统安装完毕,应及时进行试抽水调试,全面检查管路连接质量、井点出水和泵组工作水压力、真空度及运转等情况; ②开泵时压力要小于 0.3MPa,然后逐步开足压力。如发现井点管周围有翻砂、冒水现象,应立即关闭井管检修; ③工作水应保持清洁,试抽两天后应更换清水,此后视水质污浊程度定期更换清水,以便减轻工作水对喷嘴及水泵叶轮等的磨损
7	效果观察	设置水位观测孔或开挖后观察降水效果
8	安全文明施工	同轻型井点降水

(3)现场标准化作业(图 2-5)

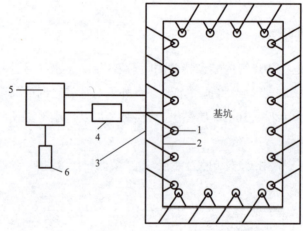

图 2-5 平面布置示意图

1- 喷射井管;2- 供水总管;3- 排水总管;4- 高压水泵;5- 水池;6- 排水泵

2.1.3 管井降水

管井降水是通过埋置深于基底的井管,通过设置在基底的潜水泵将地下水抽出。适用于含水层颗粒较粗的粗砂、卵石地层,渗透系数较大、水量较大且降水较深的潜水或承压水地区。

施工关键工序:①钻孔;②下管;③填滤料;④洗井;⑤降水运行;⑥封井。

(1)工艺流程(图 2-6)

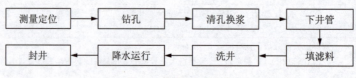

图 2-6 管井降水流程图

(2)作业要点(表2-3)

管井降水工序及要点　　　　　　　　　表2-3

序号	工 序	作 业 要 点
1	施工准备	平整场地,测量放线确定井点位置,准备砂砾滤料、封口黏土以及井点管材料
2	钻孔	管井降水成孔的钻进方法根据地层条件可选用冲击钻、螺旋钻、旋挖钻、回转钻或者反循环钻进成孔,特殊条件可人工成孔。孔径应比管径大200～300mm;孔径应垂直,上下一致,孔底比管底深0.5～1m
3	清孔换浆	成孔施工采用孔内自然造浆,钻进过程中泥浆密度控制在1.10～1.15,以防止孔壁坍塌。成孔至设计高程后,将钻杆提至离孔底0.50m,进行冲孔清除孔内杂物,同时将孔内的泥浆密度逐步调至1.10,孔底沉淤小于30cm,返出的泥浆内不含泥块为止
4	下井管	下管时严禁井管强行插入,过滤管顶端应始终低于设计动水位埋深;井管顶端应高出地面0.3～0.5m
5	填滤料	滤料投放前应清孔稀释泥浆;应沿井管周围均匀投放,投放量不得小于计算量的95%;滤料填至井口下1m左右时应用黏土填实夯平
6	洗井	洗井时采用活塞洗井,活塞从滤水管下部向上拉,将水拉出孔口,对出水量很少的井可将活塞在过滤器部位上下窜动,冲击孔壁泥皮,向井内边注水边拉活塞。当活塞拉出的水基本不含泥砂后,可换用空压机抽水洗井,吹出管底沉淤,直到水清不含砂为止
7	降水运行	抽水需每天24h派人现场值班,并做好抽水记录;降水井要配备独立的电源线,以确保降水连续进行
8	封井	封井采取在井管内先填瓜子片然后注浆再灌注混凝土的封堵方法,降水井的封堵宜采用"先内后外,先深后浅"的原则
9	安全文明施工	加强水位观测,使靠近建筑物的深井水位与附近水位之差小于1.0m,防止周边建筑物出现不均匀沉降;含泥砂的污水,应按集中排入指定地点,严禁随地排放

(3)现场标准化作业(图2-7～图2-10)

图2-7 滤管包裹

图2-8 下井管、回填滤料

图2-9 洗井

图2-10 成井效果

2.1.4 砂砾渗井降水

适用于基坑地层上部分布有上层滞水或潜水含水层,而下部存在不透水层,且上下水位差较大,下部含水层的渗透性较好,厚度较大的地层地质情况。井点间距根据地层含水情况按 2~6m 设置。

施工关键工序:①钻孔;②清孔换浆;③填滤料;④洗井;⑤正常运行。

(1)工艺流程(图 2-11)

图 2-11 砂砾渗井施工工艺流程图

(2)作业要点(表 2-4)

砂砾渗井降水工序及要点　　　　　表 2-4

序号	工序	作业要点
1	施工准备	清理并平整场地,测量放线确定井点位置,准备砂砾滤料
2	钻孔	渗井的钻进方法和钻具应根据地层特性、场地条件、井身结构和钻进设备等因素确定。孔口应设置护筒;孔径应比管径大 200~300mm;孔径应垂直,上下一致,孔底比管底深 0.5~1m;井孔孔径不应小于 300mm,其深水强导水层不应小于 3m
3	清孔换浆	进行冲孔清除孔内杂物,同时将孔内的泥浆密度逐步调至 1.10,孔底沉淤小于 30cm,返出的泥浆内不含泥块为止
4	填滤料	应沿井管周围均匀投放,投放量不得小于计算量的 95%
5	洗井运行	洗井至管井孔内清净,且水中不含有泥浆等施工物质;井口封闭保护
6	安全文明施工	①严格管理钻孔桩排出的污水、废弃泥浆,外运过程中不得外漏; ②采取有效措施控制现场的粉尘土、废气、污水、噪声振动对环境的污染和危害,不燃烧各种有毒的物质

(3)现场标准化作业(图 2-12)

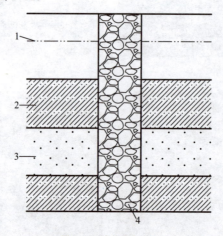

图 2-12 渗井井点构造

1-上层滞水水位;2-相对隔水层;3-下部透水层;4-砂砾料

2.2 钢（混凝土）支撑

2.2.1 钢支撑

(1) 工艺流程（图 2-13）

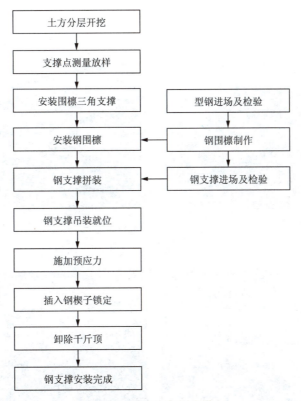

图 2-13　钢支撑施工流程图

(2) 作业要点是（表 2-5）

钢支撑工序及要点　　　　表 2-5

序号	工　序	作　业　要　点
1	施工准备	做好场地清理及规划，材料必须经过检测试验合格后方可施工使用
2	钢支撑制作	三角钢支架与预埋钢板必须双面满焊，焊好后的钢支架应保证两直角边相互垂直，并有足够的稳定性，不得出现歪扭、虚焊现象。钢围檩架设时应紧贴地连墙内边，距地连墙如有空隙，需将空隙填满或连接将围檩水平压力传至地连墙，防止围檩变形
3	钢支撑安装	钢支撑拼接后，两头中心线的偏心度应符合规范要求。钢支撑必须采用两点吊装，禁止一点吊装施工，吊点一般在离端部 0.2L 左右为宜。钢支撑两端应有附加可靠的支托或吊挂措施，严防因围护变形或施工撞击而发生脱落。支撑轴力应按设计及规范要求分级施加，预应力施加完毕且稳定后，方可卸除钢支撑吊绳

续上表

序号	工 序	作业要点
4	支撑拆除	拆除前,先对上一层钢支撑进行预加轴力,达到设计要求后,分级释放需拆除的钢支撑轴力,拆除时应避免瞬间预加应力释放过大而导致结构局部变形、开裂,轴力释放完后,取出所有楔块,用龙门吊或吊机将钢管支撑轻放至稳定平面上
5	安全文明施工	①吊装过程中严禁在钢支撑下面有作业人员,严禁在吊臂旋转半径内有作业人员,现场必须设置安全警示标识牌; ②钢支撑吊装完毕后及时加力并设置保险绳固定; ③支座焊接安装过程中,作业人员必须按规范佩戴劳动防护用品,现场设置消防器材; ④整个安装、拆除过程中必须有专人指挥

(3)现场标准化作业(图2-14～图2-17)

图2-14 钢支撑拼装

图2-15 钢支撑安装(直撑段)

图2-16 钢支撑安装(斜撑段)

图2-17 钢支撑拆除

2.2.2 混凝土支撑

(1)工艺流程(图2-18)

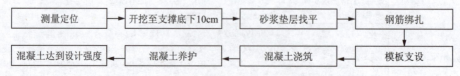

图2-18 混凝土支撑施工流程图

（2）作业要点（表 2-6）

混凝土支撑工序及要点　　　表 2-6

序号	工　序	作业要点
1	准备工作	测量定位，将支撑处清平并垫层
2	钢筋绑扎	钢筋绑扎必须符合设计及规范要求，确保支撑与冠梁或腰梁连接体系质量安全
3	模板安装	模板安装后结构尺寸必须符合设计及规范要求，模板加固必须稳定性可靠，经报验检查合格后方可进行混凝土浇筑
4	混凝土浇筑	混凝土浇筑完成后，应及时进行养护，待混凝土强度达到设计强度 80% 后，方可进行下一步开挖
5	支撑拆除	在需拆除的钢筋混凝土支撑下施工临时支架，支架应邻近支撑底面，且必须稳定可靠，能承载拆除的支撑重量。先分段切断支撑混凝土，再分段切割钢筋，随后吊至地面后再进行破除
6	安全文明施工	①支撑拆除前必须做好临时防护，拆除过程中设置专人指挥； ②吊装拆除支撑时起重机旋转半径内及支撑下方严禁有人员作业，设置明显警戒线； ③及时清理现场各类杂物、废料；各种原材、半成品规范堆放，明码标识

（3）现场标准化作业（图 2-19、图 2-20）

图 2-19　混凝土支撑钢筋绑扎

图 2-20　混凝土支撑（第一道撑）

2.3　基　坑　开　挖

2.3.1　明挖顺作法

明挖顺作法是指在维护结构和支撑体系的保护下，自地面向下垂直开挖，挖至设计高程后，在基坑底部由下向上施作主体结构，待主体结构施工完毕后回填土方，恢复路面和管线。

主要施工步骤（以地下二层车站为例）：①围护结构施工；②负一层开挖、支撑；③负二层开挖、支撑；④综合接地施工；⑤底板防水、结构施工；⑥侧墙及中板防水、结构施工；⑦顶板防水、结构施工；⑧顶板回填。

（1）工艺流程

①明挖顺作工艺流程（图 2-21）

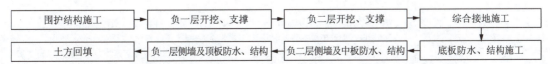

图 2-21　明挖顺作法施工工艺流程图

②明挖顺作施工示意图(图2-22)

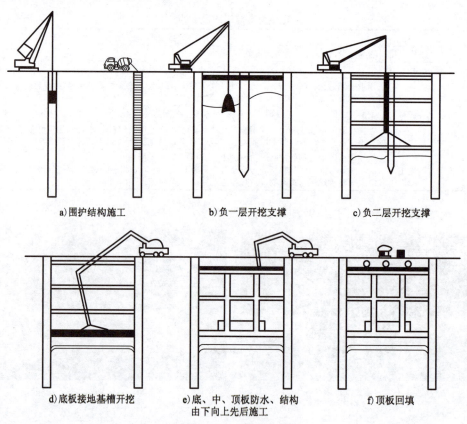

图 2-22　明挖顺作施工示意图

(2)作业要点(表2-7)

明挖顺作法施工工艺及作业要点　　　　表2-7

序号	工　序	作业要点
1	开挖准备	开挖前做好场地规划与机械人员准备,做好基坑内降水,并及时跟进水位监测,保证水位在开挖面以下不小于1m
2	基坑开挖	①开挖中须遵循"先撑后挖、随挖随撑、同步对称、及时封闭"的原则,防止基坑变形及周边建筑物变形; ②基坑开挖过程中严禁超挖,基坑纵向放坡不得大于安全坡度,严防纵向滑坡; ③加强基坑稳定的观察和监控量测工作,以便发现施工安全隐患,并通过监测反馈及时调整开挖程序; ④为防止超挖,距离支撑底面0.2m范围内的土方采用人工开挖
3	基坑清理	基坑底预留30cm厚土方采用人工开挖,人工开挖期间测量组跟班进行高程测量,确保基坑底开挖高程符合设计要求,防止超挖
4	安全文明施工	①车作业区域设置明显警戒线,并设置专人指挥,吊装半径内严禁人员进入; ②基坑开挖、钢筋模板安装及混凝土浇筑过程中严禁上下垂直、交叉作业; ③基坑临边设置符合要求的临边防护及安全警示标识,临边堆载必须符合《建筑深基坑工程施工安全技术规范》(JGJ 311—2013)规定要求

（3）现场标准化作业（图2-23）

图2-23　明挖分层开挖施工

2.3.2　盖挖顺作法

盖挖顺作法施工是在现有场地上，按设计位置在地表完成围护结构及中间桩后，以定型的预制标准构件覆盖于围护结构上，形成"盖"，以维持场地的正常使用；然后往下逐层进行土方开挖及架设横撑，直至开挖到设计的底高程，然后再依序自下而上施作建筑结构主体及防水工程。待主体结构完成后，拆除临时路面系统的"盖"后回填土并恢复路面交通的使用。

主要施工步骤（以地下二层车站为例）：①围护结构及中间桩施工；②临时铺盖结构施工；③负一层开挖、支撑；④负二层开挖、支撑；⑤综合接地施工；⑥底板防水、结构施工；⑦负二层侧墙及中板结构、防水施工；⑧负一层侧墙及顶板结构、防水施工；⑨顶板回填及恢复路面。

（1）工艺流程

①盖挖顺作法工艺流程（图2-24）

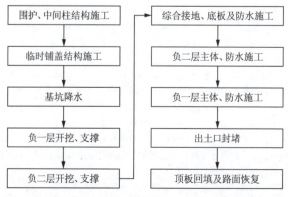

图2-24　盖挖顺作法施工工艺流程图

② 盖挖顺作施工示意图（图 2-25）

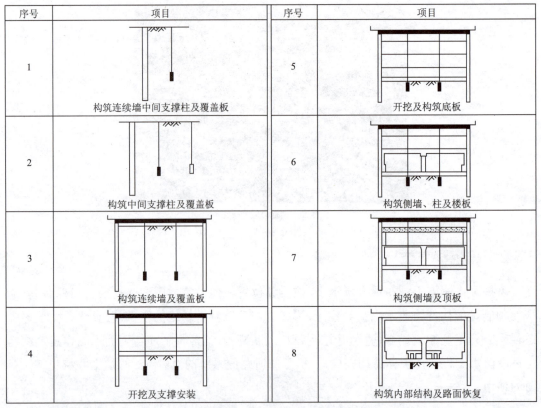

图 2-25　盖挖顺作工艺示意

序号	项目	序号	项目
1	构筑连续墙中间支撑柱及覆盖板	5	开挖及构筑底板
2	构筑中间支撑柱及覆盖板	6	构筑侧墙、柱及楼板
3	构筑连续墙及覆盖板	7	构筑侧墙及顶板
4	开挖及支撑安装	8	构筑内部结构及路面恢复

（2）作业要点（表 2-8）

盖挖顺作法施工工序及要点　　表 2-8

序号	工序	作业要点
1	中间桩、柱施工	中间立柱结构施工时，必须注意根据立柱的支承方式，编制合理的施工方案，保证立柱的强度、刚度、稳定性；中间支承柱施工时定位及高程必须符合设计要求，垂直度必须满足设计及规范要求
2	开挖准备	开挖前做好场地规划与机械人员准备，做好基坑内降水，并及时跟进水位监测，保证水位在开挖面以下不小于 1m
3	铺盖系统	距离（铺盖）顶板底面 20cm 范围内用人工开挖，测量人员跟踪基底水平高程，严禁超挖破坏原始稳定土层，同时必须保证铺盖系统结构高程准确，如铺盖系统高程段地基承载力不能满足要求，必须进行回填、夯实等地基处理后方可进行施工
4	基坑开挖	开挖遵循"先撑后挖、随挖随撑、同步对称、及时封闭"的原则，防止基坑变形及周边建筑物变形；加强基坑监控量测工作，确保基坑安全；开挖时加强高程控制，防止超挖
5	出土口	出土口宜靠近地面运输道路设置，布置在基坑端头或侧边，便于安装提升设备；出土口处结构构件应预留结构钢筋，后期进行封闭时保证结构质量
6	安全文明施工	①吊车作业区域设置明显警戒线，并设置专人指挥，吊装半径内严禁人员进入； ②基坑临边设置符合要求的临边防护及安全警示标识，临边堆载必须符合《建筑深基坑工程施工安全技术规范》（JGJ 311—2013）规定要求； ③中立柱定位过程设置专人指挥，作业人员按规范佩戴劳动保护用品； ④渣土必须吊运至指定临时存渣场，按规范要求做好防护、标识，并定期进行清理

（3）现场标准化作业（图2-26、图2-27）

图2-26 中立柱吊装

图2-27 中立柱定位

2.3.3 盖挖逆作法

盖挖逆作法是先在地表面向下做基坑的围护结构和中间桩柱，中间支撑多利用主体结构本身的中间立柱以降低工程造价，随后开挖表层土体至主体结构顶板地面高程，利用未开挖的土体作为土模浇筑顶板及防水结构；回填土后将道路复原，恢复交通；在顶板覆盖下，自上而下逐层开挖并施工主体结构及防水结构，直至底板。

主要施工步骤（以地下二层车站为例）：①围护结构及中间桩施工；②顶板土方开挖；③顶板及防水施工；④土方回填及路面恢复；⑤负一层土方开挖；⑥中板、负一层侧墙防水及结构施工；⑦负二层土方开挖；⑧底板、负二层侧墙防水及结构施工；⑨出土口孔洞封堵及恢复路面。

（1）工艺流程

①盖挖逆作法工艺流程（图2-28）

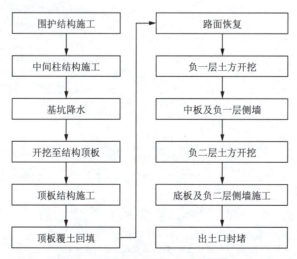

图2-28 盖挖逆作法施工工艺流程图

②盖挖逆作法施工示意图(图2-29)

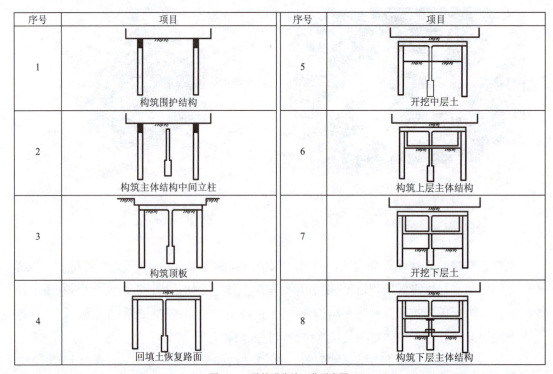

图2-29　盖挖逆作法工艺示意图

(2)作业要点(表2-9)

盖挖逆作法施工工序及要点　　　　表2-9

序号	工序	作业要点
1	中间桩、柱施工	①中间立柱结构施工时,必须注意根据立柱的支承方式,编制合理的施工方案,保证立柱的强度、刚度、稳定性; ②中间支承柱施工时定位及高程必须符合设计要求,垂直度必须满足设计及规范要求
2	开挖准备	开挖前做好场地规划与机械人员准备,做好基坑内降水,并及时跟进水位监测,保证水位在开挖面以下不小于1m
3	铺盖系统	距离(铺盖)顶板底面20cm范围内用人工开挖,测量人员跟踪基底水平高程,严禁超挖破坏原始稳定土层,同时必须保证铺盖系统结构高程准确,如铺盖系统高程段地基承载力不能满足要求,必须进行回填、夯实等地基处理后方可进行施工
4	基坑开挖	①开挖遵循"先挖先撑、随挖随撑、同步对策、及时封闭"的原则,防止基坑变形及周边建筑物变形; ②加强基坑稳定观察和监控量测工作,确保基坑安全; ③开挖时加强高程控测,防止超挖
5	出土口	出土口宜靠近地面运输道路设置,布置在基坑端头或侧边,便于安装提升设备;出土口处结构构件应预留结构钢筋,后期进行封闭时保证结构质量
6	主体结构	因主体结构自上而下逆作施工,需特别注意防止主体结构墙、柱等结构构件预留钢筋漏留,且必须预留准确,保证后期结构施工质量
7	安全文明施工	①吊车作业区域设置明显警戒线,并设置专人指挥,吊装半径内严禁人员进入; ②基坑临边设置符合要求的临边防护及安全警示标识,临边堆载必须符合《建筑深基坑工程施工安全技术规范》(JGJ 311—2013)规定要求; ③中立柱定位过程设置专人指挥,作业人员按规范佩戴劳动保护用品; ④渣土必须吊运至指定临时存渣场,按规范要求做好防护、标识,并定期进行清理

（3）现场标准化作业（图2-30～图2-32）

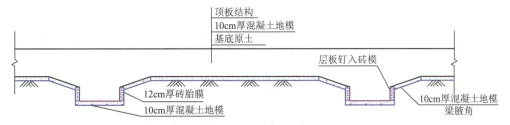

图2-30　顶板、顶梁地模示意

图2-31　地模（砖模）施工

图2-32　顶板梁钢筋绑扎

2.4　综合接地体

（1）工艺流程（图2-33）

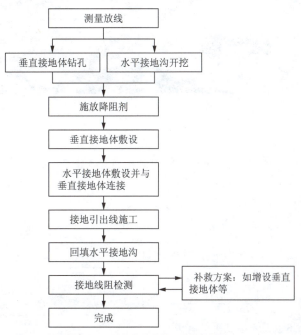

图2-33　综合接地体施工工艺流程图

(2)作业要点(表 2-10)

综合接地体施工工序及要点　　　　　　表 2-10

序号	工　序	作 业 要 点
1	测放定位	在土方挖至设计高程后,人工平整场地,测放出接地网垂直接地体的位置,用地质钻机按设计要求的深度和位置成孔埋设
2	接地线连接	在基坑上测放出接地网水平接地体的位置,人工开挖网沟,沟深满足设计要求,接地网的连接必须效果良好,接地网参数必须满足设计及规范要求。接地引出线不可埋于结构底板或侧墙内,必须按设计要求引出
3	接地线保护及检测	在结构施工过程中注意保护接地线不受损坏,结构完成后对其加以保护与标记,完工后及时测量接地电阻、接触电位差及跨步电位差等技术参数是否满足要求,如不满足要求,视情况进行处理
4	安全文明施工	①特殊工种人员必须持证上岗,规范作业; ②现场各种材料堆码整齐,废料、杂物及时清理

(3)现场标准化作业(图 2-34～图 2-37)

图 2-34　线槽开挖作业

图 2-35　垂直接地体埋设

图 2-36　水平铜排热熔焊接

图 2-37　接地电阻检测

2.5　主体结构钢筋制作、安装

(1)工艺流程(图 2-38)

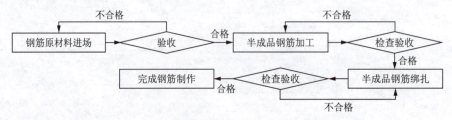

图 2-38　钢筋加工与安装流程图

（2）作业要点（表 2-11）

主体结构钢筋制作、安装工序及要点　　　　表 2-11

序号	工　序	作业要点
1	原材料	钢筋规格、品种必须符合设计要求；抽取的试件做力学性能检测，质量必须符合规范设计要求
2	半成品加工	钢筋表面洁净，粘着的油污、泥土、浮锈等必须清除干净。经调直后的钢筋不得有局部弯曲、死弯、小波浪形等。钢筋切断时，根据钢筋下料表中编号、直径、数量、尺寸进行搭配，先断长料，后断短料，尽量减少钢筋接头
3	钢筋连接	①钢筋接头采用帮条焊或搭接焊时，焊缝长度单面焊为 10d，双面焊为 5d； ②绑扎接头：绑扎接头两根钢筋搭接长度不小于 35d，各受力钢筋绑扎接头位置相互错开，间距必须满足设计要求，有绑扎接头的受力钢筋截面面积占受力钢筋总截面面积的百分率必须满足设计要求； ③直螺纹套筒连接：标准型套筒每端外露丝扣长度不应超过 2P；连接完的接头用扭力扳手校核拧紧扭矩，拧紧扭矩值应符合规范相应的标准值
4	钢筋绑扎	钢筋绑扎前将构件内杂物清理干净。绑扎时按从下到上、由主到次的顺序进行，合理统一安排。钢筋接头位置设置必须满足设计及规范要求。不同构件连接节点处，必须按规范要求保证钢筋的锚固长度。钢筋保护层厚度要符合设计要求
5	安全文明施工	①现场各种机器具必须有良好的安全防护装置； ②特种作业人员必须持证上岗； ③现场氧气、乙炔规范放置，严格按规定配置消防器材，严格动火作业管理； ④各种原材、半成品、废料堆码整齐，标识清楚，做到下垫上盖

（3）现场标准化作业（图 2-39～图 2-41）

图 2-39　直螺纹加工及丝口保护

图 2-40　结构梁钢筋安装

图 2-41　结构板钢筋安装

2.6 模板支立

（1）工艺流程（图2-42）

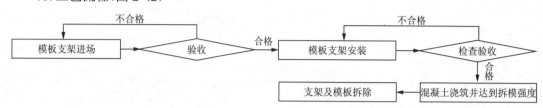

图2-42 模板支架安装工艺流程图

（2）作业要点（表2-12）

模板支立工序及要点   表2-12

序号	工序	作业要点
1	模板构件选用	所选用的模板支架材料质量需符合现行国家标准规定。使用前应对材料进行取样抽检，合格后方可施工
2	支架搭设	立杆脚部设置横向、纵向扫地杆。在模板支架四边与中间每隔四排支架立杆设置一道剪刀撑，由底至顶连续设置；每道剪刀撑跨越立杆的根数不得超过7根，每道剪刀撑宽度不小于4跨，且不小于6m
3	模板安装	模板支架体系必须报验查看，确认合格后才可浇筑混凝土；模板的接缝不应漏浆，在浇筑混凝土前，将模板内杂物清理干净，木模板应浇水湿润，但模板内不应有积水，钢模板涂刷隔离剂
4	模板体系拆除	拆除时遵循先支后拆、先板后梁、侧墙由上向下拆、梁板拆除时由中间向两边拆。拆下的模板应按指定地点堆放，并做到及时清理、维修及刷涂隔离剂，以备待用
5	安全文明施工	①严格规范配置消防器材；②模板、钢管堆码整齐，明码标识，下垫上盖；③设置人员上下专用通道，严禁攀爬脚手架；④严禁人员上下垂直同时作业，规范配到劳动防护用品；⑤拆除作业应从上而下，严格按照"先支后拆，后支先拆"原则，高处作业各种物件严禁抛弃

（3）现场标准化作业（图2-43、图2-44）

图2-43 满堂支架安装

图2-44 侧墙斜支架及模板安装

2.7 车站移动模板台车

(1)工艺流程(图2-45)

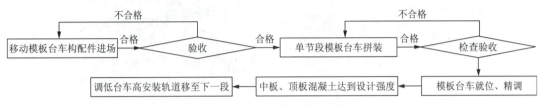

图2-45 移动模板台车安装工艺流程图

(2)作业要点(表2-13)

车站移动模板台车工序及要点　　　　　表2-13

序号	工序	作业要点
1	模板台车方案设计、验算	根据现场需要设计模板台车加工生产方案,并用模型验算强度、刚度、稳定性是否符合设计规范要求。同时,因模板台车制作费用较高,设计时应考虑地铁车站的适用性,以便重复使用
2	模板台车加工生产	按照模板台车设计方案加工生产,所有构配件出厂前必须经过严格验收
3	模板台车厂内预拼装	按照设计方案,对模板台车进行预拼装,并对其进行受力检验,符合要求方可允许出厂
4	模板台架拼装、吊装	构配件进场后,按照方案在车站底板、中板单节段台架拼装,拼装应从上至上进行,完成后组织验收
5	安装顶模板	每一节段模板台架安装完成后,安装顶模板(面板),模板安装完成后,形成模板台车
6	检查模板位置、平整度	面板就位后,启动液压系统,调平消除间隙,检查模板位置正确性,并检查平整度,检查各个螺栓是否锁紧,全部合格后,涂刷隔离剂
7	模板台车移动	待中板、顶板混凝土达到设计强度后,松开液压系统,调低面板,拆开整个模板台车为单组模板台车,安装轨道,移动到下一个工作断面进行拼装成整体模板台车
8	模板台车拆除	车站中板、顶板施工完成,开始拆除模板台车。拆除应从上至下进行,专人进行指挥作业
9	安全文明施工	①严格规范配置消防器材; ②模板、钢架堆码整齐,明码标识,下垫上盖; ③设置人员上下专用通道,严禁攀爬; ④严禁人员上下垂直同时作业,规范配到劳动防护用品; ⑤模板台车在拼装、移动、拆除时需派专人进行安全防护和统一协调指挥

(3)现场标准化作业(图2-46~图2-49)

图2-46 移动模板台车单节段安装

图2-47 移动模板台车面板安装

图2-48 拼装好的移动模板台车

图2-49 移动模板台车

2.8 单侧壁液压大模板台车侧墙施工

（1）工艺流程（图2-50）

图2-50 单侧壁液压大模板台车侧墙施工工艺流程图

（2）作业要点（表2-14）

单侧壁液压大模板台车侧墙施工工序及要点   表2-14

序号	工序	作业要点
1	组装	首先在地面进行模板台车整体分段组装，分段长度根据吊装能力及吊装孔洞尺寸确定，为4.5～6m，15m长模板台车共分3段；台车首次拼装时应对模板面进行打磨并涂刷脱模剂，脱模剂采用柴机油1:2兑用。台车下基坑吊装作业采用160t吊车分节吊装
2	就位	按台车轨距要求，铺设轨道，轨道要求平直，无明显三角坑，接头无错台，前后、左右高差＜5mm，中心线尽量与隧道中心线重合，其误差＜15mm，并用道钉钉牢，钢轨采用38kg/m重轨。利用汽车吊将组装好的模板台车分段从结构板预留孔吊入，安装于已铺设好的走行轨道上，并用法兰螺栓及三角架底纵梁连接成整体。利用集成于模板台车上的液压千斤顶，横向调整模板与矮边墙密贴，竖向与矮边墙有10cm搭接，模板就位
3	加固	模板调整就位后，安装模板与支撑架间的连接丝杆并紧固，在模板支撑架顶安装抗浮顶，在支撑架连接纵梁与轨道之间安装支撑顶，安装地锚杆，施加配重
4	堵头模支设	堵头模采用普通木模加固，将拉杆与矮墙钢筋可靠焊接后，背住背楞钢管，拉杆间距400mm×800mm，木模接缝处采用快易收口网堵塞避免漏浆
5	混凝土浇筑	在模板上下各开两个人孔，利用人孔进入振捣，混凝土从已施工矮边墙内预埋套管从上下浇筑。混凝土浇筑时应将设专人观察模板台车变形情况，特别针对上口、下口、已堵头模进行巡视，如出现较大变形应立即停止浇筑并进行加固处理。浇筑过程中，不得将泵管放置于模板台车上，以免泵送时候振动导致模板台车移位
6	脱模及滑移走行	混凝土达到设计强度后，松开连接丝杆及支撑顶，拆除地锚杆，卸下配重，通过液压千斤顶油缸回油，将模板与侧墙混凝土面分离脱模，脱模后，利用台车自带的电机走行系统，整体滑移至下一施工节段

(3)现场标准化作业(图 2-51~图 2-53)

图 2-51　侧墙模板台车组装

图 2-52　侧墙模板台车就位及加固

图 2-53　侧墙模板台车脱模及滑移走行

2.9　结构混凝土灌注

(1)工艺流程(图 2-54)

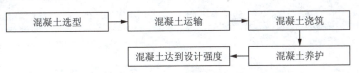

图 2-54　混凝土浇筑施工流程图

(2)作业要点(表 2-15)

结构混凝土灌注工序及要点　　　　表 2-15

序号	工　序	作业要点
1	组装	首先在地面进行模板台车整体分段组装,分段长度根据吊装能力及吊装孔洞尺寸确定,为 4.5~6m,15m 长模板台车共分 3 段;台车首次拼装时应对模板面进行打磨并涂刷脱模剂,脱模剂采用柴机油 1∶2 兑用。台车下基坑吊装作业采用 160t 吊车分节吊装
2	就位	按台车轨距要求,铺设轨道,轨道要求平直,无明显三角坑,接头无错台,前后、左右高差<5mm,中心线尽量与隧道中心线重合,其误差<15mm,并用道钉固牢,钢轨采用 38kg/m 重轨。利用汽车吊将组装好的模板台车分段从结构板预留孔吊入,安装于已铺设好的走行轨道上,并用法兰螺栓及三角架底纵梁连接成整体。利用集成于模板台车上的液压千斤顶,横向调整模板与矮边墙密贴,竖向与矮边墙有 10cm 搭接,模板就位

续上表

序号	工　序	作业要点
3	加固	模板调整就位后，安装模板与支撑架间的连接丝杆并紧固，在模板支撑架顶安装抗浮顶，在支撑架连接纵梁与轨道之间安装支撑顶，安装地锚杆，施加配重
4	堵头模支设	堵头模采用普通木模加固，将拉杆与侧墙钢筋可靠焊接后，背住背楞钢管，拉杆间距400mm×800mm，木模接缝处采用快易收口网堵塞避免漏浆
5	混凝土浇筑	在模板上下各开两个人孔，利用人孔进入振捣，混凝土从已施工矮边墙内预埋套管从上到下浇筑。混凝土浇筑时应设专人观察模板台车变形情况，特别针对上口、下口、已经堵头模进行巡视，如出现较大变形应立即停止浇筑并进行加固处理。浇筑过程中，不得将泵管放置于模板台车上，以免泵送时候振动导致模板台车移位
6	脱模及滑移走行	混凝土达到设计强度后，松开连接丝杆及支撑顶，拆除地锚杆，卸下配重，通过液压千斤顶油缸回油，将模板与侧墙混凝土面分离脱模，脱模后，利用台车自带的电机走行系统，整体滑移至下一施工节段

(3)现场标准化作业（图 2-55～图 2-58）

图 2-55　结构板混凝土浇筑施工

图 2-56　结构梁混凝土浇筑施工

图 2-57　侧墙浇筑施工

图 2-58　混凝土覆膜洒水养护

2.10 结构外防水

(1) 工艺流程(图 2-59)

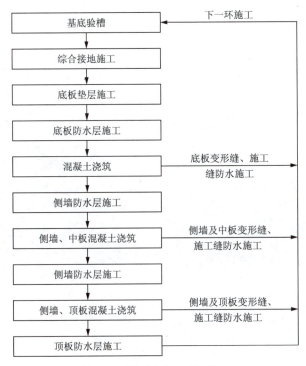

图 2-59 结构防水施工工艺流程图

(2) 作业要点(表 2-16)

结构外防水施工工序及要点 表 2-16

序号	工序	作业要点
1	施工准备	审核主体结构防水施工图、制定合理防水施工方案,材料检验进场,并做好降排水措施
2	止水带施工	中埋式钢边橡胶止水带:设置在结构中线位置,绑扎牢固可靠,避免浇筑和振捣混凝土时固定点脱落导致止水带倒伏、扭曲;止水带部位的模板应安装定位准确、牢固,避免跑模、胀模等影响止水带定位的准确性。外贴橡胶止水带:应整根悬吊安装,现场不宜出现接头;纵向中心线应与接缝对齐,安装完毕后,不得出现翘边、过大的空鼓等部位,转角部位应采用转角预制件或采取其他防止齿条倒伏的措施。镀锌钢板止水带:止水带可焊接于主体钢筋上,固定牢靠;钢板止水带搭接与交叉连接均应满焊,其搭接长度应满足设计要求,交叉连接贴合四边满焊
3	涂层防水层施工	涂膜防水层的基层应牢固,表面洁净、平整阴阳角处呈圆弧形或钝角。一般采用3~4遍涂刷完成,每层涂料涂刷之后应让涂膜有充分的时间固化,上下两层涂膜涂刷间隔时间不宜少于24h;先在阴阳角和施工缝等特殊部位涂刷防水涂膜加强层,加强层厚1mm,然后开始大面的涂膜防水层施工;防水层施工完毕并经过验收合格后,应及时施作防水层保护层
4	安全文明施工	①按要求配置消防器材,并严格执行动火制度; ②各种原材、半成品统一管理,规范放置,明码标识; ③及时清理现场各类废旧料,确保场地清洁

(3)现场标准化作业(图 2-60～图 2-63)

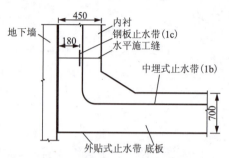

图 2-60　侧墙与底板交接处防水构造图

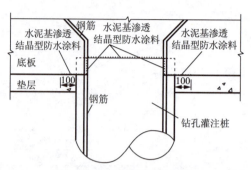

图 2-61　桩与底板接头防水处理

图 2-62　顶板防水加强层施工

图 2-63　顶板油毛毡铺设及混凝土保护层钢筋铺设

第 3 章

车辆段、停车场

3.1 站场土石方

施工关键工序(图 3-1):①测量放线;②土方开挖;③土方回填。

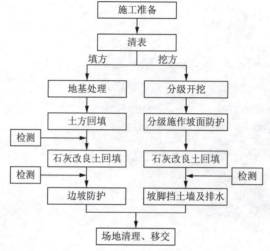

图 3-1 站场土石方工艺流程图

站场土方工程施工如图 3-2 所示。

图 3-2 站场土方工程施工

3.1.1 土方开挖

(1)工艺流程

土方开挖采用机械开挖,遵循自上而下分层开挖原则。土层较薄时,一次性开挖至岩层出露,开挖厚度较大时,分段分层施工,分层高度按 2m 控制,局部位置根据实际情况进行调整。挖掘机挖土装车,自卸汽车运输到土石方弃渣目的地。

（2）作业要点（表3-1）

土方开挖工序及要点 表3-1

序号	工　序	作　业　要　点
1	清表	先挖除表面浮土，同时施作排水系统
2	放坡开挖	按照设计文件及相关规范要求，分层、分段、分台阶进行开挖
3	安全文明施工	①施工机械离边坡应有一定的安全距离，以防坍方，造成翻机事故。 ②在开挖过程中对边坡进行严密监测，如有异常，立即处理。 ③开挖工作面的下方严禁人员机械进入，应设明显的安全警示标志，且安排专人在现场监护

（3）现场标准化作业（图3-3）

图3-3　土方分层开挖

3.1.2　土方回填

（1）工艺流程

由于土方回填面积较大，高度较高，采用机械回填。回填前对表面进行排水疏干，做好排水系统，基床整体水平分层填筑。

（2）作业要点（表3-2）

土方回填工序及要点 表3-2

序号	工　序	作　业　要　点
1	清表	基底清淤、换填，清除表面渣土
2	分层填筑	根据现场工艺试验确定分层厚度，机械选型及最佳含水率的土壤
3	检测	根据设计文件及相关规范要求进行压实度检测
4	安全文明施工	①施工机械离边坡应有一定的安全距离，以防坍方，造成机破事故。 ②在开挖过程中对边坡进行严密监测，如有异常，立即处理。 ③施工现场根据实际情况配置洒水车，做好降尘工作

(3)现场标准化作业(图 3-4、图 3-5)

图 3-4　分层摊铺

图 3-5　震动碾压

3.2　软基处理

车辆段软基处理常利用深层水泥搅拌桩机进行处理,采用两喷四搅的湿作业法成桩加固地基。

(1)工艺流程(图 3-6)

图 3-6　深层水泥搅拌桩施工工艺流程

（2）作业要点（表3-3）

软基处理工序及要点 表3-3

序号	工 序	作 业 要 点
1	桩机就位	根据布桩图放出桩位十字中心线，在地面采用φ8钢筋进行标记以及用白灰洒出桩位十字线，钻杆中心应与测量放样桩位对中，调直机架，用铅垂线校准机架垂直度，每工作班检查不少于2次，垂直度偏差不得超过1%，桩位偏差不得大于50mm
2	浆液配置	浆液施工配合比采用试桩结果，采用人工配合拌浆机进行制浆，配置好的浆液应进行过筛，并将水泥浆倒入制浆池中备用，随机抽检浆液相对密度，保证浆液水泥用量满足设计要求
3	搅拌下沉	在下钻过程中，查看电流表读数，一般在淤泥层的电流读数在30～40A，当进入淤泥层一段时间后，电流发生突变时，并保持在稳定的较高值，且钻杆仍可下钻时，证明进入持力层。一般在砂土层显示在50A左右，黏土层或中砂层显示在60～70A
4	提升喷浆	深层搅拌机下沉至设计深度后，开启灰浆泵，将水泥浆通过搅拌机压入地基中，边喷浆边旋转，同时按试桩确定的提升速度提升钻杆至地面，灰浆泵喷浆压力为0.4～0.6MPa，提升速度应小于0.5m/min
5	安全文明施工	①正确使用安全设施、设备及佩戴防护用品。 ②作业现场场地平整，道路、排水畅通，标识齐全，各类机械设备安全防护装置齐全有效，临时用电执行一机一闸一保护。 ③做好场地平整，并设置排水坡度避免积水。 ④遵守劳动纪律，禁止违章指挥、违章作业。 ⑤合理布置后台浆液搅拌设备，做好防尘措施

（3）现场标准化作业（图3-7～图3-10）

图3-7 场地平整

图3-8 搅拌桩施工

图3-9 后台浆液配置

图3-10 成桩检测

3.3 天沟与侧沟

车辆段软基处理常利用深层水泥搅拌桩机进行处理,采用两喷四搅的湿作业法成桩加固地基。

(1)工艺流程(图 3-11)

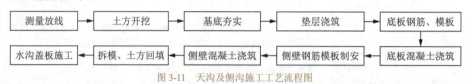

图 3-11 天沟及侧沟施工工艺流程图

(2)作业要点(表 3-4)

天沟与侧沟施工工序及要点 表 3-4

序号	工序	作业要点
1	测量放线	根据排水沟的平面布置图,放出需要开挖的排水沟,水沟基槽开挖宽度 = 水沟宽度 +0.5m×2,按设计图纸控制沟底
2	基底处理	开挖完成后,对水沟基底进行地基夯实,碾压处理后,水沟地基承载力应大于或等于 120kPa。经检测满足设计要求后,浇筑 10cm 厚 C15 细石混凝土垫层
3	钢筋绑扎	钢筋加工前需根据施工图纸要求、国家规范要求作出翻样图,作好钢筋配料单,经钢筋工长确认后方可下料配制。钢筋连接应严格执行设计规范要求,关键卡控钢筋机械连接,原材、接头应按规要求见证送检
4	模板制安	模板安装前应将表面清理干净,均匀涂刷脱模剂。应严格控制模板安装的平整度、垂直度、拼缝、截面尺寸以及安装位置,接缝位置应封堵密实。模板安装后应按方案要求加固
5	混凝土浇筑	混凝土浇筑前,应浇水湿润模板和底部。由于水沟为条形构筑物,应分段浇筑,宜采用机械振捣棒人工插入式振捣,分层分段振捣,振捣棒应插入下层混凝土 300mm,振捣时间 20～30s,振捣间距 500mm
6	安全文明施工	①正确使用安全设施、设备及佩戴防护用品。 ②各类机械设备安全防护装置齐全有效,临时用电执行一机一闸一保护。 ③排水沟槽开挖过程中做到随挖随转运,保持现场整洁。 ④遵守劳动纪律,禁止违章指挥违章作业

(3)现场标准化作业(图 3-12～图 3-14)

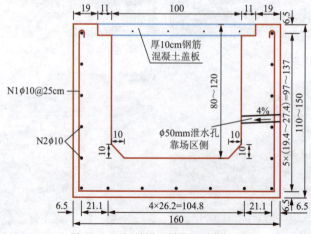

图 3-12 天沟及侧沟大样图(尺寸单位:cm)

图 3-13　天沟及侧沟土方开挖　　　　　　　图 3-14　天沟及侧沟盖板施工

3.4　站场排水

施工关键工序：①测量放线；②沟槽开挖；③排水沟或排水管施工；④土方回填（图 3-15）。

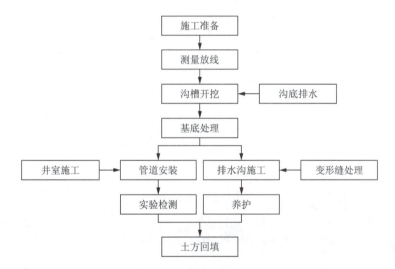

图 3-15　站场排水施工工艺流程图

站场排水系统如图 3-16 所示。

图 3-16　站场排水系统

3.4.1 排水沟施工

作为排水设施,排水沟在施工过程中严格控制排水坡度及变形缝位置的防水处理。

(1)工艺流程(图 3-17)

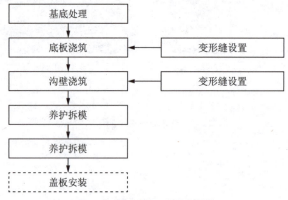

图 3-17 排水沟施工工艺流程图

(2)作业要点(表 3-5)

排水沟施工工序及要点　　　　　表 3-5

序号	工　序	作 业 要 点
1	基底处理	开挖完沟底后,用打夯机夯实沟底,同时修整沟底,如局部超挖则应用相同土质填补,整实至接近天然密实度,或用砂或砂砾石填补整实
2	底板浇筑	混凝土振捣时,要振捣均匀,振动棒应保持与模板 10～20cm 间距,避免振捣棒接触模板使模板变形,振捣完成后派专人进行收面,根据设计设置变形缝
3	沟壁浇筑	已浇筑底板混凝土面与沟身交接处必须凿毛以增强底板混凝土和墙身混凝土之间的连接,防止裂缝、崩塌或脱落。浇筑沟壁混凝土应连续进行,如必须间歇,时间应尽量缩短,并应在前层混凝土初凝之前,将次层混凝土浇筑完毕,根据设计设置变形缝
4	养护	混凝土浇筑完成后立即安排专人负责养护,混凝土表面覆盖土工布,定时洒水,使土工布保持湿润
5	盖板安装(如有)	沟壁混凝土达到强度后安装盖板,安装前按照图纸复合排水沟尺寸、高程,确认无误后开始安装。安装时采用同强度砂浆固定盖板
6	安全文明施工	①混凝土运输车及输送泵的清洗,项目部设置二级以上污水沉淀池,经沉淀后排放。 ②混凝土浇筑后进行养护使用的塑料布和覆盖物及时回收,防止污染周围环境。 ③混凝土浇筑完毕后及时清理施工区域内遗落的混凝土料。养护过程中避免场地内造成积水

(3)现场标准化作业(图 3-18、图 3-19)

图 3-18 排水沟底板

图 3-19 排水沟侧墙

3.4.2 排水管道施工

排水管道在施工过程中需严格控制管道进水口及出水口高程,防止出现反坡现象,管道接口处严格按照相关规范进行处理。

(1)工艺流程(图 3-20)

图 3-20 排水管道施工工艺流程图

(2)作业要点(表 3-6)

排水管道施工工序及要点 表 3-6

序号	工 序	作 业 要 点
1	基底处理	开挖完沟底后,用打夯机夯实沟底,同时修整沟底,如局部超挖则应用相同土质填补,整实至接近天然密实度,或用砂或砂砾石填补整实
2	垫层铺设	根据不同材质的管道及相应的规范图集,铺设管道垫层
3	下管稳管	下管前进行管道外观检查,质量存在缺陷的管道,修复后方可使用。管道平面位置根据测量放线确定,稳管时,检查管内对口情况,防止错口现象
4	接头处理	根据不同材质的管道及相应规范图集,对接头位置进行处理
5	井室施工	根据设计图纸要求,参照相应规范图集进行施工,对于在路面范围内的井室,应严格控制井盖高程,做好井筒周围路面填筑工作
6	试验检测	进行检测前,管道未回填土且沟槽内无积水,全部预留孔洞已封堵且无渗水,管道两端堵板承载力经核算应大于水压力的合力,除预留进出水管外,应封堵坚固,不得渗水
7	安全文明施工	①在沟槽开挖较深的地方,如不能及时回填,要设置标示标牌,晚上挂警示灯和维护; ②做好基坑降水和排水工作,避免基坑长时间浸水

(3)现场标准化作业(图 3-21)

图 3-21 排水管道及井室

3.4.3 土方回填

土方回填应严格参照相关规范进行回填,避免回填不当造成地面沉降及管道破坏。

(1)工艺流程(图3-22)

图3-22 土方回填工艺流程图

(2)作业要点(表3-7)

土方回填工序及要点　　　　　　　　表3-7

序号	工序	作业要点
1	沟槽清理	土方回填前做好沟槽内清底工作,沟槽内不得有积水、淤泥,所用填料禁止有砖头、混凝土块、树根、垃圾和腐殖质
2	分层填筑	覆土厚度1m以内的采用人工回填,小型机械夯实,每层回填厚度不大于30cm。覆土厚度大于1m的可采用机械回填,压路机压实。检查井、井池3m范围内人工回填
3	检测	满足设计文件及相关规范要求
4	安全文明施工	①机械操作人员应身体健康,经专业培训合格,持证上岗; ②在填土过程中要随时注意边坡上的变化,对坑槽、沟壁有松土掉落或塌方的危险时,应采取适当的支护措施

(3)现场标准化作业(图3-23)

图3-23 土方回填

3.5 高边坡处理

施工关键工序:①测量放样;②边坡开挖;③坡面防护;④喷播植草(图3-24)。
已完工骨架护坡如图3-25所示。

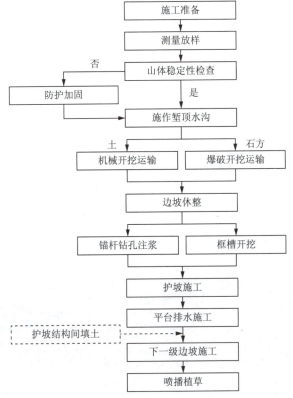

图 3-24　高边坡处理工艺流程图

图 3-25　已完工骨架护坡

3.5.1　边坡开挖

（1）工艺流程

高边坡开挖采用机械配合人工开挖，应严格按照从上到下的顺序逐级开挖，待上级边坡锚固工程实施并产生加固作用后方可进行下级边坡的开挖，逐级开挖逐级加固，直至全部防护工程结束。

（2）作业要点（表 3-8）

边坡开挖工序及要点　　　　　　　　　　　表 3-8

序号	工序	作业要点
1	土方边坡开挖	根据测量放样，预留 0.2~0.3m 的保护层，以利于人工修坡，施工时逐层控制。挖掘机分层分幅开挖，每层开挖深度控制在 3~5m，每幅宽度控制在 8~10m
2	石方边坡开挖	小方量石方段采用机械打眼小炮开挖，大方量石方地段采用浅孔松动控制爆破技术分层开挖，严禁大炮开挖。靠近边坡处，平行于边坡打预裂孔，先起爆预裂孔，再依次从临空面向边坡方向爆破。靠近基床部位，预留 30cm 光爆层。爆破后，使基床、边坡和堑顶山体稳定，不受扰动，爆出的坡面平顺
3	安全文明施工	①土石方开挖严格按照自上而下、分层开挖，先清除危石、滑坡体，再进行开挖，严禁将坡面挖成反坡； ②对边坡上出现的断层、裂隙、破碎带等不良地质构造要及时处理； ③严格执行爆破安全规定，并结合实际地质情况进行爆破试验，选择合理爆破参数； ④在开挖过程中及时跟进排水系统施工，并对边坡进行严密监测，如有异常，立即处理； ⑤开挖工作面的下方严禁人员机械进入，应设明显的安全警示标志，且安排专人在现场监护

（3）现场标准化作业（图 3-26）

图 3-26　边坡人工开槽、砌筑骨架

3.5.2　坡面防护

坡面防护采用骨架护坡形式，排水系统和骨架护坡同步实施。

（1）工艺流程（图 3-27）

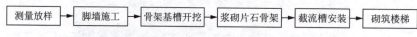

图 3-27　骨架护坡工艺流程图

（2）作业要点（表 3-9）

坡面防护施工工序及要点　　　　　　　　　　　表 3-9

序号	工序	作业要点
1	脚墙施工	根据设计文件及规范要求施工，回填完成后再进行下一步工序施工
2	骨架沟槽开挖	根据测量放样进行开挖，坡面应密实平整
3	浆砌片石骨架	施工时先施工骨架衔接处，再施工其他部位骨架，两骨架衔接处于同一高度。自上而下逐条砌筑骨架。骨架与坡面密贴，骨架流水面应与草坡表面平顺
4	截流槽安装	混凝土预制块砌筑要求整齐、顺直、无凹凸不平现象。混凝土预制块自下而上挂线砌筑，保证坡面平顺，并交错嵌紧。按照设计文件设置沉降缝，预留泄水孔
5	安全文明施工	①不得将材料堆放在坡顶位置； ②施工过程中做好临时排水系统； ③砌筑工作面的下方严禁人员机械进入，应设明显的安全警示标志，且安排专人在现场监护

(3)现场标准化作业(图3-28)

图3-28 骨架砌筑浆砌片石

3.5.3 喷播植草

(1)工艺流程

坡面防护完成后,按设计文件要求平整坡面,喷播含有草籽的营养土,完成及时覆盖土工布或塑料薄膜进行养护,直至发芽成活为止。

(2)作业要点(表3-10)

喷播植草工序及要点　　　　　　　　表3-10

序号	工　序	作　业　要　点
1	坡面修整	根据设计文件要求,人工整平夯实坡面
2	喷播	用特制的液压泵把含有草籽的营养土均匀地喷在平整好的坡面上
3	养护	初期养护需加盖无纺布或塑料薄膜,30～45d后待草苗长到一定高度时揭开;后期养护时若天气长期持续干旱则应适当予以浇水养护
4	安全文明施工	①及时清理坡面危石,坡面应整理平顺; ②喷播工作面的下方严禁人员机械进入,应设明显的安全警示标志,且安排专人在现场监护

(3)现场标准化作业(图3-29)

图3-29 植草养护

3.6 滑坡防治

采用钢筋混凝土抗滑桩和预应力锚索相结合的方式作为滑坡防治措施。

施工关键工序：①测量放线；②抗滑桩施工；③预应力锚索施工；④排水沟施工（图3-30）。

图3-30　滑坡防治工艺流程图

滑坡防治如图3-31所示。

图3-31　滑坡防治

3.6.1 抗滑桩施工

钢筋混凝土抗滑锚固桩治理滑坡体，抗滑桩施工采用人工开挖，商品混凝土灌注。

（1）工艺流程（图3-32）

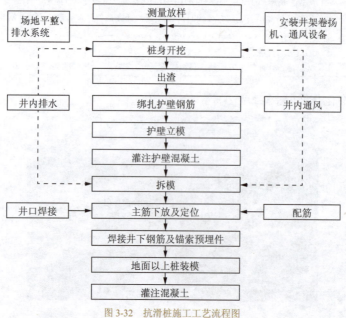

图3-32　抗滑桩施工工艺流程图

(2)作业要点(表 3-11)

抗滑桩施工工序及要点 表 3-11

序号	工　序	作 业 要 点
1	桩身开挖	跳桩开挖,井口设置 0.5m 深锁口,每节挖至 1.5~2m 深时施作护壁。每次开挖或施工护壁时都应吊线,防止超欠挖及桩偏斜
2	桩身护壁	桩井边挖边护,浇筑前应清除岩壁上的浮土和松动石块,使护壁混凝土紧贴围岩
3	井内通风	井口处设置通风机,向井下送风,保证井下有新鲜空气
4	灌注桩身混凝土	使用溜槽和串筒输送混凝土至井下,混凝土灌注必须连续进行,每一捣固层厚度以不超过 30cm 为宜
5	安全文明施工	①桩周围严禁堆土,挖除渣土全部运至指定堆土场; ②确保通风机能够正常工作,保证井下有新鲜空气; ③吊放钢筋笼时注意观察周围有无高压电线等,如有则要保持足够的安全距离

(3)现场标准化作业(图 3-33～图 3-36)

图 3-33　护壁施工

图 3-34　浇筑混凝土

图 3-35　桩身钢筋

图 3-36　桩身钢筋

3.6.2　预应力锚索施工

采用机械成孔,封锚之后同时进行排水设施的施工。

(1)工艺流程(图 3-37)

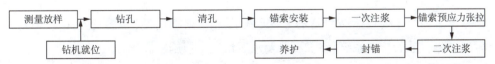

图 3-37　预应力锚索施工工艺流程图

预应力锚索挡墙如图 3-38 所示。

图 3-38　预应力锚索挡墙

（2）作业要点（表 3-12）

预应力锚索挡墙施工工序及要点　　　　　　表 3-12

序号	工序	作业要点
1	钻孔清孔	钻孔应采用干钻，减少锚索施工对岩体地质稳定性的影响，清孔要彻底，孔底不应有淤泥，保证水泥砂浆与孔壁岩体的黏结强度
2	锚索制作	严格按照设计文件要求编制锚索，做好钢绞线的防腐工作。锚索张拉严格按照相关规范参照执行
3	安全文明施工	①所有机械操作手必须持证上岗； ②搭设的临时支架一定要牢固可靠； ③施工工作面的下方严禁人员机械进入，应设明显的安全警示标志，且安排专人在现场监护

（3）现场标准化作业（图 3-39、图 3-40）

图 3-39　锚索制作　　　　　　　　图 3-40　二次注浆

3.7　路基施工

路基施工内容主要包括：砂（碎石）垫层施工、土工格栅铺设、AB 及 ABC 组填料回填、地下管线、路肩挡墙、排水系统、路缘石以及水泥稳定土层施工。

车辆段及停车场路基施工如图 3-41 所示。

路基施工流程如图 3-42 所示。

图 3-41　车辆段及停车场路基施工

图 3-42　路基施工流程图

3.7.1　砂（碎）石垫层施工

（1）工艺流程（图 3-43）

图 3-43　砂（碎）石垫层施工工艺流程图

（2）作业要点（表 3-13）

砂（碎）石垫层施工工序及要点　　　　表 3-13

序号	工　序	作业要点
1	材料选择	砂石垫层材料，宜采用级配良好、质地坚硬的中砂、粗砂、石屑和碎石、卵石等，含泥量不应超过 5%，且不含植物残体、垃圾等杂质。若用作排水固结地基的，含泥量不应超过 3%；在缺少中、粗砂的地区，若用细砂或石屑，因其不容易压实，而强度也不高，因此在用作换填材料时，应掺入粒径不超过 50mm，不少于总重 30% 的碎石或卵石并拌和均匀。若回填在碾压、夯、振地基上时，其最大粒径不超过 80mm
2	场地地表清理	根据施工红线以及控制基线标定出场坪施工范围，严格控制地表清理高程，清理下承层上的杂物及浮土等，使其保持表面洁净，回填前，应对基层的高程、平整度、压实度、横坡度等进行检测，并洒水湿润
3	砂砾石垫层回填	在大面积填筑前，根据初选的机械设备及填料，进行现场填筑压实工艺试验；砂砾石垫层分两层进行铺设、压实，场地内预先安好 5m×5m 网格标桩，控制每层砂砾石的铺设厚度，采用汽车运输，平地机摊铺的施工方案，随时测量控制垫层的松铺厚度及高程、横坡度。摊铺后的砂砾垫层应无明显离析现象，或采用细集料作嵌缝处理
4	压实	碾压应先轻后重、由边向中、由低至高，碾压速度和碾压遍数按试验路段提供的数据；一般采用 3Y10-12 压路机进行初步稳压，再用 12t 以上的 CA30 振动压路机进行碾压。碾压时，后轮重叠 1/2 轮宽，后轮必须超过两段的接缝处。后轮压完路面全宽时，即为一遍。碾压一直进行到要求的密实度为止，碾压完成后表面无明显轮迹。压路机的碾压速度，头两遍采用 1.5～1.7km/h，以后采用 2.0～2.5km/h，路面两侧的碾压遍数增加两遍
5	检测	砂石垫层的施工质量检验，应随施工分层进行，检验方法可采用环刀法和贯入法

续上表

序号	工 序	作 业 要 点
6	安全文明施工	①在推土机及平地机进行铺垫的时候，禁止工人在过程中进行局部找平，以免发生意外伤亡； ②现场施工员一定要严格控制施工机械有序堆放，防止施工机械相撞事故的发生； ③砂、碎石运载机械在运输过程中一定要注意行车安全，禁止运输车辆为了自身利益超载超速行驶，以免发生交通事故； ④运载汽车在运输砂、碎石的过程中，一定要用篷布将砂石盖住，以免在行驶过程中砂石掉到公路上，影响道路环境； ⑤施工地点靠近居民区时，要派专人对相关道路进行清洁，防止尘土飞扬，影响当地居民生活

（3）现场标准化作业（图3-44～图3-47）

图3-44 场地清表

图3-45 压实度检测

图3-46 砂砾石铺设

图3-47 土工格栅铺设

3.7.2 AB及ABC组料回填

（1）工艺流程（图3-48）

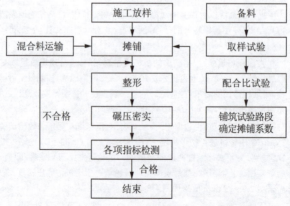

图3-48 AB及ABC组回填施工工艺流程图

（2）作业要点（表3-14）

AB及ABC组料回填工序及要点 表3-14

序号	工　序	作业要点
1	材料选择	中细砂标准：粒径大于0.075mm颗粒的质量超过总质量的85%，细粒含量小于5%。填砂碾压密实度控制标准为相对密度D_r=0.7或地基系数K_{30}=0.8MPa/cm，填料及基底的塑性指数不应大于12，液限不应大于32%。封闭土及改良封闭土密实度要求K_h=0.91，塑性指数不得大于12，渗透系数小于$5×10^9$m/s。股道区应采用非渗水性A、B组改良封闭土，采用化学改良，掺加6%（重量比）强度等级为42.5的普通硅酸盐水泥，并进行必要的现场试验，满足股道表层A、B组填料的要求
2	回填	AB组填料均采用摊铺机摊铺，摊铺前按路宽放好边线，架设好高程基准杠尺，摊铺机调整就位完毕，材料准备齐全后，开始摊铺，摊铺速度控制在2～3m/min，摊铺厚度以试验段确定数值为准，每层厚度最大不宜超过30cm，最小不宜小于15cm
3	压实	混合料经摊铺、整形后，立即在全宽范围内进行碾压。碾压以"先慢后快""先轻后重"为宜。压路机逐次倒轴碾压，对于重叠宽度，三轮压路机为二分之一后轮宽，双轮压路机不小于30cm。碾压时纵向搭接长度不得小于2m，纵向行与行之间的轮迹重叠压实不小于0.3m，横向同层接头处重叠压实不小于1m，上下两层填筑接头应错开且不小于3m
4	检测	AB及ABC组回填的施工质量检验，应随施工分层进行，检验方法可采用环刀法和贯入法
5	安全文明施工	①在推土机及平地机进行铺垫的时候，禁止工人在过程中进行局部找平，以免发生意外伤亡； ②现场施工员一定要严格控制施工机械有序堆放，防止施工机械相撞事故的发生； ③填料运载机械在运输过程中一定要注意行车安全，禁止运输车辆为了自身利益超载超速行驶，以免发生交通事故； ④运载汽车在运输填料的过程中，一定要用篷布盖住，以免在行驶过程中砂石掉到公路上，影响道路环境； ⑤施工地点靠近居民区时，要派专人对相关道路进行清洁，防止尘土飞扬，影响当地居民生活

（3）现场标准化作业（图3-49、图3-50）

图3-49 分层回填

图3-50 碾压密实

3.7.3 水泥稳定土层施工

（1）工艺流程（图 3-51）

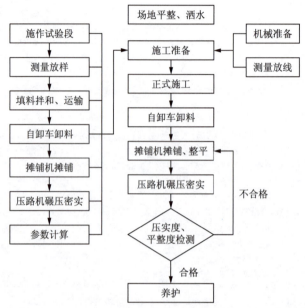

图 3-51　水泥稳定土层施工工艺流程图

（2）作业要点（表 3-15）

水泥稳定土层施工工序及要点　　　　　　　　　　　　　　　表 3-15

序号	工 序	作 业 要 点
1	材料选择	水泥、碎石、水应满足设计规范要求。碎石针片状含量应小于15%，压碎值不大于30%，塑性指数不大于9，以无塑指数最佳，基层碎石应不含土。路面基层宜采用强度等级较低的水泥，但要求水泥各龄期强度达到相应指标要求，安定性合格，初凝时间 3h 以上，终凝时间不短于 6h。路面基层用水和养护用水，一般只采用人畜能用的水，未经处理的工业废水、污水、沼泽水、酸性水不得使用
2	混合料摊铺	摊铺前，应将路床适当洒水润湿，宜使用装有喷雾式洒水管的洒水车洒一层水。调整好传感器臂与导向控制线的关系，严格控制基层厚度和高程，且路拱横坡应与面层一致。基层混合料摊铺采用两台摊铺机梯队作业，一前一后应保证速度一致，摊铺厚度一致，松铺系数一致，摊铺平整度一致，振动频率一致，两机摊铺接缝平整
3	混合料碾压	每台摊铺机后面，应配有振动压路机、三轮或双钢轮压路机和轮胎压路机组合进行碾压，一次碾压长度一般以不超过 80m 为宜。应在混合料含水率处于或略大于最佳含水率时进行碾压，直到达到要求的压实度。碾压应遵循生产试验路段确定的程序与工艺，先钢轮静压，后振动压，再是轮胎压路机静压，最后用最大型双钢轮压路机静压。压实时可先轻静压，后重静压，压至无轮迹为止。碾压结束后立即用核子仪初检压实度，不合格时重复再压。压路机碾压时的行驶速度，第 1～2 遍为 1.5～1.7km/h，以后各遍应为 2～2.5km/h。碾压过程中，水泥稳定层的表面应始终保证湿润
4	养生	碾压完成后应封闭交通，并及时进行养护，在养护期内严禁车辆通过，养护采用不透水薄膜覆盖，搭接宽度不小于 300mm，盖严以防水分散失，养护时间不宜少于 7d
5	检测验收	水泥稳定土层验收分为平整度、高程的测量验收和试验检测验收，测量验收严格按规范要求，采用方格网布点，方格间距 5m×5m 进行测量验收，并对整体平整度作出评价，试验检测验收采用重型击实试验和现场 CBR 试验对水泥稳定碎石的密实度、填料强度和含水量进行检测，要求基层达到实验确定的最大干密度的 97%

续上表

序号	工　序	作业要点
6	安全文明施工	①机械设备操作手必须持有劳动部门颁发的岗位证书； ②施工现场必须设专人指挥机械设备； ③配备必要的劳动保护用品； ④机械设备必须按规程定期维修保养，保证机械设备性能良好； ⑤施工垃圾应随施工随清理；定期或不定期运输到指定地点处理；污水应排放到当地污水系统； ⑥装卸石料应尽量选择在白天进行，如必须在夜间作业时应采用降噪措施。适当控制车载，以避免车辆大油门行驶产生的强噪声，夜间行车尽量减少鸣笛； ⑦临时施工道路必须设专用水车不间断洒水降尘，并派专人清扫临时道路上遗洒的易起尘材料

（3）现场标准化作业（图 3-52、图 3-53）

图 3-52　水稳层摊铺

图 3-53　水稳层养生

3.8　主体结构工程

主体结构工程施工内容主要包括：墩柱施工、脚手架工程、钢筋工程、模板工程（含高支模）、混凝土工程、砌体工程、防水工程、钢结构工程（图 3-54）。

车辆段及停车场主体结构工程如图 3-55 所示。

图 3-54　主体结构流程图　　　　图 3-55　车辆段及停车场主体结构工程

3.8.1 墩柱施工

（1）工艺流程（图 3-56）

图 3-56 墩柱施工流程图

（2）作业要点（表 3-16）

墩柱施工工序及要点　　　　表 3-16

序号	工序	作业要点
1	场地平整	在搭设墩柱施工脚手架前，应先将承台地梁开挖的基槽分层回填并夯填密实、平整，经检测合格后方可进行下一道工序
2	灯笼架搭设	根据车辆段及停车场情况，可采用移动式灯笼架施工工法，先分段批量制作成型灯笼架，验收合格后转运至施工区域拼装。灯笼架制作过程应严格按设计及规范要求进行，拼装过程中应有专人旁站
3	钢筋制安	钢筋加工前需根据施工图纸要求、国家规范要求作出翻样图，作好钢筋配料单，经钢筋工长确认后方可下料配制。钢筋连接应严格执行设计规范要求，关键卡控钢筋机械连接，原材、接头应按规范要求见证送检
4	模板安装	根据墩柱规格尺寸以及施工要求，合理选择模板。模板安装前应将表面清理干净，均匀涂刷脱模剂。应严格控制模板安装的平整度、垂直度、拼缝、截面尺寸以及安装位置，接缝位置应封堵密实。模板安装后应按方案要求加固，采用揽风绳、钢管顶托等进行固定及校正，模板加固体系应与灯笼架操作平台分开
5	混凝土浇筑	混凝土浇筑前，应浇水湿润模板和底部，并先浇筑同强度水泥砂浆 30～50mm 垫底。由于墩柱较高，墩柱浇筑混凝土应分层浇筑，每层厚度不超过 1000mm，宜采用机械振捣棒人工插入式振捣，分层振捣，振捣棒应插入下层混凝土 300mm，振捣时间 20～30s，振捣间距 50cm
6	拆模及养护	墩柱混凝土达到拆模强度后，应及时拆除模板，同时洒水湿润墩柱混凝土，立即用塑料布围裹，定时人工从柱顶向下淋水，每次间隔时间应少于 4h，养护时间不少于 7d
7	安全文明施工	①施工现场设安全标示标牌，内容完善，位置醒目； ②施工人员正确佩戴有标识、标记的合格安全帽，特殊工种作业落实防护措施； ③搭设脚手架作业平台，控制作业面人数，脚手板上的废弃杂物及时清理，不得在平台上放置施工工具； ④施工现场应保持整洁，场地平整无积水，废弃物集中地点堆放，并及时清运

（3）现场标准化作业（图 3-57～图 3-59）

图 3-57 灯笼架搭设及钢筋制安

图 3-58 墩柱混凝土浇筑

图 3-59 墩柱养护

3.8.2 脚手架工程

(1) 工艺流程

脚手架采用承插型盘扣式钢管、碗扣式钢管、扣件式钢管。脚手架的搭设应考虑到钢筋的绑扎、混凝土的施工及钢模的拆除。

混凝土地面硬化→钢管位置布线→竖立杆→摆放扫地杆,并与立杆连接,形成构架的起始段→按上述要求依次向前延伸搭设,直至第一步架交圈完成。交圈后,再全面检查一遍构架质量,严格确保设计要求和构架质量杆→随搭设进程及时装设连墙杆和剪刀撑→铺设脚手板和装设作业层栏杆、铺挡脚板。

(2) 操作要点 (表 3-17)

脚手架工程施工工序及要点　　　表 3-17

序号	工 序	作业要点
1	支架地基处理	支架基础必须具备足够的地基承载力
2	脚手架原材质量检验	脚手架必须有足够的承载能力、刚度和稳定性,在施工各种荷载作用下不发生失稳倒塌以及超出规范容许的变形、倾斜和扭曲现象,以确保安全使用
3	扫地杆及竖向斜杆设置	最底层水平杆离地 300mm 作为扫地杆,沿架体外侧纵向每 5 跨间设置一根竖向斜杆,端跨的横向每层设置竖向斜杆
4	脚手架安全防护设置	作业层脚手板应满铺、铺稳。外侧应设置挡脚板和防护栏杆,防护栏杆可在每层作业面立杆的 0.5m 和 1.0m 的盘扣节点处设置上、中两道水平杆,并应在外侧满挂安全网。作业层与模板间的空隙应设置内侧防护网。顶层外侧防护栏高出顶层作业层的高度为 1500mm
5	安拆顺序要求	脚手架的拆除应按后装先拆、先装后拆的原则进行,严禁上下同时作业
6	安全文明施工	①现场设置安全通道、安全网和安全标志齐全; ②钢管、模板、脚手板等周转材料分类堆码整齐,堆放高度不超过 2m; ③操作人员的操作工具要随手放入工具袋,不便放入工具袋的要拴绳系在身上或放在稳妥的地方

（3）现场标准化作业（图 3-60～图 3-63）

图 3-60　外墙脚手架

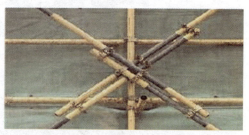

图 3-61　剪刀撑连接

图 3-62　满堂脚手架搭设（一）

图 3-63　满堂脚手架搭设（二）

3.8.3　钢筋工程

（1）工艺流程

钢筋在钢筋加工场集中进行加工，运至现场进行安装，加工时严格按交底大样图下料配筋，钢筋的绑扎和连接满足现行规范和验标的要求（图 3-64）。

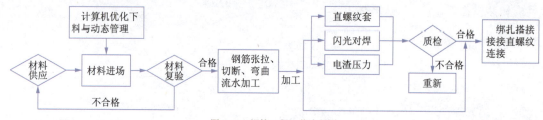

图 3-64　钢筋工程工艺流程图

（2）作业要点（表 3-18）

钢筋工程工序及要点　　　　　　　表 3-18

序号	工序	作业要点
1	钢筋加工	严格按照按设计图下料配筋，钢筋原材料性能应符合规范及设计要求，原材进场送检后才允许使用
2	预留钢筋处理	对墩柱预留钢筋进行除锈、除泥和整形处理，保证主筋的垂直度
3	钢筋连接	纵向受力钢筋若采用直螺纹套筒连接，钢筋接头宜相互错开。钢筋套筒连接的连接区段长度应取 35d。在同一连接区段内有接头的受力钢筋截面面积占受力钢筋总截面面积的百分率，应符合设计及规范要求。纵向受力钢筋若采用焊接，焊接焊缝长度及焊接质量需满足设计及规范要求
4	钢筋保护层厚度	安装钢筋时，钢筋的位置和保护层的厚度，应符合设计要求。钢筋与模板之间使用与混凝土等强的砂浆垫块来控制保护层厚度

续上表

序号	工序	作业要点
5	钢筋安装要求	钢筋的级别、直径、根数和间距均应符合设计要求。绑扎或连接的钢筋应牢固,钢筋位置准确
6	安全文明施工	①搬运钢筋时,要注意前后方向有无碰撞危险或被钩挂料物; ②起吊安装钢筋时,应和附近高压线路或电源保持安全距离; ③在高空安装钢筋应选好位置站稳,系好安全带

(3)现场标准化作业(图3-65、图3-66)

图3-65 钢筋间距卡控

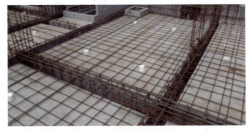

图3-66 梁板钢筋安装

3.8.4 高支模支架工程

为满足车辆通行及管线安装要求,车辆段及停车场设计净高一般超过8m,故梁板结构支撑体系为高支模支撑体系,对于超过一定规模危险性较大的分部分项工程,方案需经过专家评审。

(1)工艺流程(图3-67)

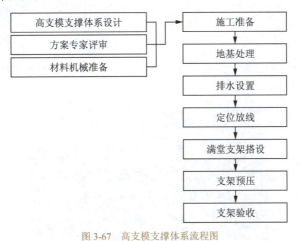

图3-67 高支模支撑体系流程图

(2)作业要点(表3-19)

高支模支架工程施工工序及要点　　　　表3-19

序号	工序	作业要点
1	材料准备	所有钢管、扣件、底座、顶托等材料的供应商应为公司认可的分供方,进场后均严格按照合同和施工方案的要求逐一检查,对于不合格品必须退货,不得投入使用,每批进场的钢管都必须进行抽样检验。钢管管壁厚度、焊接质量、外观质量、可调底座和可调托撑丝杆直径均应达到方案及规范要求

续上表

序号	工 序	作 业 要 点
2	地基处理	梁板施工前需要对搭设支架的地面进行整平、压实、硬化,应满足结构板高支模地基承载力,才能满足支架承载力要求,在支架搭设前需对地基承载力进行验收。根据地质情况,可对高支模支架以及施工脚手架需要搭设的地坪采用 C20 混凝土进行地基硬化
3	排水设置	在每个搭设区域的满堂支架四周设置排水沟,排水沟接顺接场内排水沟,保证支架地基不被水浸泡
4	支架搭设	严格按放线定位→摆放底托→立杆搭设并扣紧→安装纵、横向横杆并与立杆扣紧→安装第二层及以上支架→斜杆、剪刀撑搭设→安装调节杆→安装顶托→在顶托上居中安装主梁钢管→铺设横向方木小梁的施工顺序搭设支架,纵、横立杆间距应严格按方案要求设置。底托、顶托、剪刀撑、接头设置等均应按方案及规范要求操作
5	满堂支架预压	浇筑混凝土前,应对满堂支架地基以及满堂支架进行检验。检验满堂支架地基实际承载力是否满足要求,支架是否具有足够的强度、刚度和稳定性,在荷载作用下的弹性与非弹性沉降量值
6	安全文明施工	①施工现场设安全标示标牌,内容完善,位置醒目; ②施工材料分别堆放整齐,施工人员配戴工作卡,统一着装,管理人员和作业人员以颜色区别; ③脚手架作业平台应控制作业面人数,脚手板上的废弃杂物及时清理; ④起吊作业必须严格遵守起重"十不吊"的规定要求执行,吊车司机运作幅度不宜过大,必须服从统一口令,指挥员口令清楚、规范,其他任何人都不得随意指挥; ⑤施工现场应保持整洁,场地平整无积水,废弃物集中地点堆放,并及时清运

(3)现场标准化作业(图 3-68～图 3-70)

图 3-68 材料进场验收

图 3-69 满堂支架搭设验收

图 3-70 满堂支架预载、预压

3.8.5 高支模模板工程

为满足车辆通行及管线安装要求,车辆段及停车场设计净高一般超过 8m,故梁板结构模板体系为高支模体系。

(1)工艺流程(图 3-71)

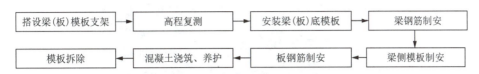

图 3-71 高支模模板安装流程图

(2)作业要点(表 3-20)

高支模模板工程施工工序及要点　　　　表 3-20

序号	工序	作业要点
1	材料准备	所有模板、木方、高强对拉螺栓、碗扣架体等的供应商应为公司认可的分供方。所有模板进场后均严格按照合同和施工方案的要求逐一检查,对于不合格品必须退货,不得投入使用,每批进场的模板都必须进行抽样检验。拆除模板按标识号运到堆放场地,由模板保养人员及时对模板进行清理、修正、刷脱模剂,做到精心保养,延长使用期限
2	高程复测	施工时,应先弹出梁的轴线点,并在已经浇筑完毕的中柱混凝土上弹出梁的下部边线。然后沿梁轴线方向铺设底模的主龙骨,铺设横向次龙骨,然后按照梁下净空尺寸调整模板高程并起拱,最后铺设木模板。应根据设计要求起拱。梁的钢筋绑扎完毕后,开始安装侧模,调整紧固,并校正梁中线、高程和断面尺寸,最后与两端的板模连固
3	模板安装	模板安装前应将表面清理干净,均匀涂刷脱模剂。应严格控制模板安装的平整度、垂直度、拼缝、截面尺寸以及安装位置,接缝位置应封堵密实,梁模板安装后应按方案要求加固
4	模板拆除	梁混凝土达到拆模强度后,经项目技术负责人同意,方可拆除模板。模板拆除应遵循先支的后拆、后支的先拆、先拆非承重模板、后拆承重模板,拆除时从上而下进行拆除。拆下的模板、加固配件等不得抛扔,放在指定位置并堆码整齐。应先拆梁、板侧模,再拆除楼板模板,最后拆除梁底模
5	安全文明施工	①施工现场设安全标示标牌,内容完善,位置醒目; ②施工材料分别堆放整齐,施工人员佩戴工作卡,统一着装,管理人员和作业人员以颜色区别; ③脚手架作业平台应控制作业面人数,脚手板上的废弃杂物及时清理; ④起吊作业必须严格遵守起重"十不吊"的规定要求执行,吊车司机运作幅度不宜过大,必须服从统一口令,指挥员口令清楚、规范,其他任何人都不得随意指挥; ⑤施工现场应保持整洁,场地平整无积水,废弃物集中地点堆放,并及时清运; ⑥施工现场禁止吸烟,进行经常性的防火安全检查,及时制止、纠正违法、违章行为,消除火险隐患

(3)现场标准化作业(图 3-72~图 3-74)

图 3-72 支架搭设及方木铺设

图 3-73 梁板底模板制安

图 3-74 梁侧模板安装

3.8.6 混凝土工程

（1）工艺流程（图 3-75）

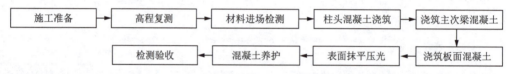

图 3-75 混凝土工程工艺流程图

（2）作业要点（表 3-21）

混凝土工程施工工序及要点　　　　　表 3-21

序号	工序	作业要点
1	材料准备	商品混凝土应满足设计规范要求，进场后及时进行试块取样、制作、养护。浇筑混凝土的同时做同条件养护试块，以确定拆模时间。认真组织混凝土生产、运输、泵送工作，防止混凝土生产、运输、泵送环节造成间歇浇筑。施工时，严格按照事先确定的浇筑程序浇筑，同时按照施工规范要求振捣密实。混凝土严格按照试验室选定的配合比计量
2	混凝土浇筑	梁板混凝土宜采用"一个坡度，循序推进，一次到顶"的灌注方法，减少施工过程冷缝。施工过程应严格控制混凝土的入模温度，防止混凝土中心与表面温差过大，混凝土表面产生有害裂纹。混凝土的浇筑与振捣必须密切配合。采用插入式机械振捣棒和平板振捣器进行振捣。振捣棒振捣时应快插慢拔，振捣间距 50cm，振捣时间 20~30s。楼板混凝土用平板振捣器垂直浇筑方向来回振捣，不得漏振、过振。振捣时避免碰触模板、预埋件等，混凝土灌注后终凝前进行"提浆、压实、抹光"工艺
3	养护	在混凝土初凝后及时覆盖土工布洒水养护，终凝后采用加气混凝土块砌筑围堰进行关水养护，关水深度不小于 10cm，养护时间不得少于设计规范要求
4	安全文明施工	①施工现场设安全标示标牌，内容完善，位置醒目；②施工材料分别堆放整齐，施工人员佩戴工作卡，统一着装，管理人员和作业人员以颜色区别；③起吊作业必须严格遵守起重"十不吊"的规定要求执行，吊车司机运作幅度不宜过大，必须服从统一口令，指挥员口令清楚、规范，其他任何人都不得随意指挥

(3)现场标准化作业(图3-76～图3-78)

图3-76 混凝土浇筑

图3-77 表面压光

图3-78 混凝土养护

3.8.7 砌体工程

(1)工艺流程

定位放线→卫生间反坎制作→拉墙钢筋植筋→摆砖撂底→挂垂直线和立皮数杆→分层砌筑→腰梁和窗台压顶梁→分层砌筑→门窗过梁施工→分层施工到梁板底留置高度(标准砖长度45°～60°,即16～20cm双向斜顶设置)→砌体砂浆沉降稳定至少7d后砌筑斜顶砖→支模浇灌构造柱并在24h后拆除模板和人工精细凿除突出墙面的混凝土→线槽线盒切槽预留与封闭→分批验收。

(2)作业要点(表3-22)

砌体工程施工工序及要点　　　　　表3-22

序号	工序	作业要点
1	定位放线	根据建筑图纸放好细部线,包括门窗洞口和竖向线盒统一留置的高度。结构经验收合格后,把砌筑基层楼地面的浮浆残渣清理干净,并根据设计图纸进行墙身、门窗洞口位置弹线,同时在结构墙柱上标出高程线
2	拉结筋	砌体与钢筋混凝土框架柱的拉结预埋筋位置应准确,要依据全高及策划的构造位置针对性地留设,拉结于在墙体内砌长度应符合设计要求。钢筋墙体拉接筋为2ϕ6@500,伸入墙内的长度不小于墙长的1/5,且不小于700mm,端部弯90°弯钩。钻孔采用比钢筋大两号的钻头,成孔深度200mm。孔洞的清理要求用专用电动吹风机,确保粉尘的清理效果。墙体拉接筋抗拔试验合格后才能进行砌筑
3	排砖撂底	加气块墙底部砌不小于200mm高的灰砂砖墙脚,用Mb5混合砂浆砌筑,凡卫生间的墙体部位应设置高出楼地面不小于200mm的现浇混凝土坎台,厚度与墙体相同

续上表

序号	工序	作业要点
4	分层砌筑	砌筑时应预先试排砌块,并优先使用整体砌块。不得已须断开砌块时,应使用手锯、切割机等工具锯裁整齐,并保护好砌块的棱角,锯裁砌块的长度不应小于砌块总长度的1/3。长度不大于150mm的砌块不得上墙。砌筑最底层砌块时,当灰缝厚度大于20mm时,应使用细石混凝土铺密实,上下皮灰缝应错开搭砌,搭缝长度不应小于砌块总长的1/3。砌块墙的转角处,应隔皮纵、横墙砌块相互搭砌。砌块墙的T字交接处,应使横墙砌块隔皮断面露头
5	灰缝	竖向灰缝宽度和水平灰缝厚度宜分别为20mm和15mm。灰缝应横平竖直、砂浆饱满,正、反手墙面均宜进行勾缝。砂浆的饱满度不得小于80%。横向灰缝的一次铺灰长度不应大于2m,竖向灰缝应采用临时内外夹板夹紧后灌缝
6	构造柱、圈梁	有抗震要求的砌体填充墙按设计要求应设置构造柱、圈梁,构造柱的宽度由设计确定,厚度一般与墙同厚,圈梁宽度与墙同宽,高度不应小于120mm。圈梁、构造柱的插筋宜优先预埋在结构混凝土构件中或后植筋,预留长度符合设计要求。构造柱施工时按要求应留马牙槎,马牙槎宜先退后进,进退尺寸不小于60mm,高度为300mm左右。当设计无要求时,构造柱应设置在填充墙的转角处、T形交接处或端部;当墙长大于5m时,应间隔设置
7	顶砖	顶墙砌至接近梁、板底,预留一定空隙,待间隔至少7d时间后,用配砖两侧斜砌45°～60°补砌挤紧,并在中部设置三角形混凝土配套砌块,保证砌筑砂浆密实,避免砌体顶部产生收缩裂缝
8	浇筑构造柱混凝土	整面墙砌筑封顶7d后浇筑构造柱,构造柱的模板采用对拉螺杆拉结,并在柱顶端制作喇叭口,混凝土浇筑成牛腿,模板拆除后将牛腿凿除

(3)现场标准化作业(图3-79～图3-82)

图3-79 错缝搭砌

图3-80 墙砖顶砌

图3-81 门洞砌筑

图3-82 填充墙砌筑效果

3.8.8 防水工程

为满足车辆通行及管线安装要求,车辆段及停车场设计净高一般超过8m,故梁板结构模板体系为高支模体系。

(1)工艺流程

高聚物改性沥青防水卷材工程施工工艺流程:基层清理→涂刷基层处理剂→铺贴卷材

附加层→加热卷材表面→铺贴卷材→排气→压实→热熔封边→蓄水试验→做保护层

（2）作业要点（表3-23）

防水工程施工工序及要点　　　　　　表3-23

序号	工序	作业要点
1	清理基层	施工前将验收合格的基层表面尘土、杂物清理干净。应用水泥砂浆找平，并按设计要求找好坡度，做到平整、坚实、清洁，无凹凸形、尖锐颗粒，用2m直尺检查，最大空隙不应超过5mm，表面处理成细麻面
2	涂刷基层处理剂	高聚物改性沥青防水卷材施工，按产品说明书配套使用，基层处理剂是将氯丁橡胶沥青胶黏剂加入工业汽油稀释，搅拌均匀，用长把滚刷均匀涂刷在基层表面上，常温经过4h后（以不粘脚为准），开始铺贴卷材
3	附加层施工	待基层处理剂干燥后，先对女儿墙、水落口、管根、檐口、阴阳角等细部先做附加处理，在其中心200mm范围内，均匀涂刷1mm厚的黏结剂，干后再黏结一层聚酯纤维无纺布，在其上再涂刷1mm厚的胶黏剂，干燥后形成一层无接缝和弹塑性的整体附加层。排汽道、排汽帽必须畅通，排汽道上的附加卷材每边宽度不小于250mm，必须单面点粘。阴阳角圆弧半径$R=30\sim50$mm（阳角可为$R=30$mm）。铺贴在立墙上的卷材高度不小于250mm
4	铺贴卷材	一般采用热熔法进行铺贴。卷材的层数、厚度应符合设计要求。铺贴方向应考虑屋面坡度及屋面是否受震动和历年主导风向的情况（必须从下风方向开始），坡度小于3%时，宜平行于屋脊铺贴，坡度在3%～15%时，平行或垂直于屋面铺贴；当坡度大于15%或屋面受震动，卷材应垂直于屋脊铺贴。多层铺设时，上下层接缝应错开不小于250mm。将改性沥青防水卷材剪成相应尺寸，用原卷心卷好备用；铺贴时随放卷随时用火焰加热器加热基层和卷材的交接处，火焰加热器距加热面300mm，经往返均匀加热，至卷材表面呈光亮黑色，即卷材的材面熔化时，将卷材向前滚铺、粘贴，搭接部位应满粘牢固，搭接宽度满粘法长边为80mm，短边为100mm。铺第二层卷材时，上下层卷材不得互相垂直铺贴
5	热熔封边	将卷材搭接处用火焰加热器加热，趁热使两者黏结牢固，以边缘溢出沥青为度，末端收头可用密封膏嵌填严密。如为多层，每层封边必须牢固，不得只在面层封牢
6	防水保护层施工	上人屋面按设计要求做各种刚性防水层屋面保护层（细石混凝土、水泥砂浆、贴地砖等）。保护层施工前，必须做油纸或玻纤布隔离层；刚性保护层的分隔缝留置应符合设计要求，无设计要求者，水泥砂浆保护层的分格面积为1m^2，缝宽、深为10mm，并嵌填沥青砂浆；块保护层分格面积不宜大于100m^2，缝宽不宜小于20mm，细石混凝土保护层分格面积不大于36m^2；刚性保护层与女儿墙、山墙间应预留30mm宽的缝，并用密封材料嵌填严密。女儿墙内侧砂浆保护层分格间距不大于1m，缝宽、深为10mm，内填沥青嵌缝膏。保护层的分格缝必须与找平层和保温层的分格缝上下对齐

（3）现场标准化作业（图3-83～图3-86）

图3-83　基底清理

图3-84　涂刷基层处理剂

图3-85　卷材铺贴

图3-86　封边处理

4
第 4 章

钢筋混凝土高架桥

4.1 基　　础

4.1.1 桩基础（钻孔桩基工艺详见第一章——1.2节）

4.1.2 承台

主要施工工序（图4-1）：①基坑防护及开挖、回填；②桩头凿除、垫层施工及桩基检测；③钢筋绑扎；④模板安装；⑤混凝土浇筑及养护。

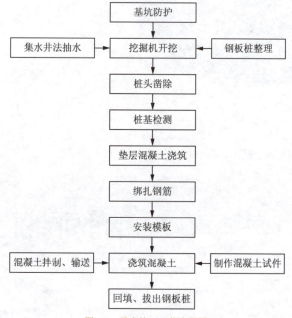

图 4-1　承台施工工艺流程图

已完工承台如图4-2所示。

图 4-2　已完工承台

4.1.2.1 基坑防护及开挖

基坑防护采用拉森钢板桩围堰施工。

（1）工艺流程（图4-3）

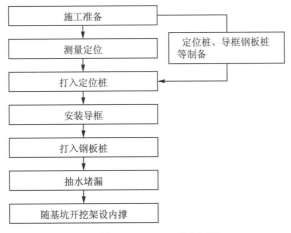

图4-3 钢板桩围堰施工工艺流程图

（2）作业要点（表4-1）

基坑防护及开挖工序及要点　　　　　　表4-1

序号	工序	作业要点
1	钢板桩打入	用液压振动锤打设钢板桩，打设时注意锁口有效、上端平齐、高出地面1m，防止基坑外雨水流入基坑，内侧平直
2	基坑开挖	采用人工配合挖掘机进行，距离基底20cm人工开挖清底，严禁使用挖掘机，平整度不大于2cm
3	钢板桩拔出	拔出仍用履带式液压拔桩机，拔出时拔桩机尽量少振动，减少对周围土体的扰动。桩拔出后留下的空隙用黄砂回填密实，防止日后周围土体位移
4	基坑回填	混凝土达到设计强度后进行基坑回填，用挖机分层回填，回填厚度不超过30cm，每层用振动夯机进行夯实
5	安全文明施工	①现场设置临边防护、醒目的安全警示标志、安全标语； ②设置人员上下通道。坑边荷载（积土、料具堆放，机械设备作业）与槽边距离符合规定； ③打桩作业振动、噪声较大，打桩施工按环境保护规定的时间段进行施工

（3）现场标准化作业（图4-4、图4-5）

图4-4 钢板桩基坑围护

图4-5 桩基质量检测

4.1.2.2 钢筋绑扎

垫层混凝土达到设计强度75%后进行钢筋绑扎。

(1) 工艺流程(图4-6)

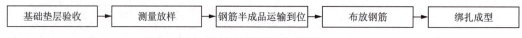

图4-6 钢筋绑扎工艺流程图

(2) 作业要点(表4-2)

钢筋绑扎工序及要点 表4-2

序号	工序	作业要点
1	底层钢筋	在绑扎承台钢筋前,先进行承台的平面位置放样,在封底混凝土面上标出每根底层钢筋的平面位置,准确安放底层钢筋,底层钢筋安装时使用几字形钢筋(马凳)进行垫设
2	架立钢筋	底层钢筋网片安装完成后安装承台四个角点架立筋,每个角点架立筋采用一根竖向及两根斜撑筋
3	预埋钢筋	在绑扎承台顶网钢筋后,将墩身的竖向钢筋预埋,预埋件的位置采用型钢定位架定位,确保预埋件位置正确
4	安全文明施工	①人工搬运和绑扎钢筋时,互相配合,同步操作。在已安装的钢筋上不得行走,并架设交通跳板;②搬运钢筋时,要注意前后方向有无碰撞危险或被钩挂料物

(3) 现场标准化作业(图4-7)

图4-7 钢筋绑扎施工

4.1.2.3 模板安装

施工用模板采用定型钢模,现场拼装。

(1) 工艺流程(图4-8)

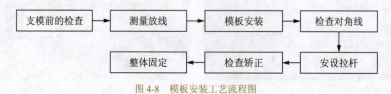

图4-8 模板安装工艺流程图

（2）作业要点（表4-3）

模板安装工序及要点 表4-3

序号	工 序	作业要点
1	安装	安装前打磨并涂刷脱模剂，拼接部位贴双面胶
2	加固	竖向3层，每层5根，中间一层采用钢绞线穿管对拉，上、下层采用$\phi16$钢筋与上、下层网片筋焊接拉结
3	拆除	浇筑后强度达到2.5MPa或者以不损坏棱角为标准，拆除后立即修补表面缺陷
4	安全文明施工	①模板安装中不得间歇，柱头、搭头、立柱顶撑、拉杆等必须安装牢固成整体后，作业人员才允许离开；②模板一侧设置人行梯道，现场作业人员必须走人行梯道，严禁利用模板支撑上下攀登；③多人共同操作或扛抬模板时，要密切配合，协调一致，互相呼应。拆模作业人员必须站在平稳牢固可靠的地方，保持自身平衡，不得猛撬，以防失稳坠落

（3）现场标准化作业（图4-9）

图4-9 模板安装（对拉筋加固）

4.1.2.4 混凝土浇筑及养护

（1）工艺流程（图4-10）

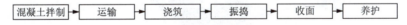

图4-10 混凝土浇筑及养护工艺流程图

（2）作业要点

①混凝土浇筑（表4-4）

混凝土浇筑工序及要点 表4-4

序号	工 序	作业要点
1	浇筑条件	混凝土必须在无水的条件下浇筑，局部温度不高于+40℃，在下层混凝土初凝或能重塑前浇筑完上层混凝土，混凝土下落高差不大于2.0 m
2	浇筑方式	混凝土浇筑采用分层连续浇筑，可利用混凝土层面散热，同时便于振捣，分层厚度为30cm。层内从承台短边开始，由两边向中间浇筑，并在前层混凝土初凝之前，将次层混凝土浇筑完毕，保证无层间冷缝发生
3	振捣	振捣采用插入式振动器，振捣时严禁碰撞钢筋和模板。振动时要快插慢拔，不断上下移动振动棒，以便捣实均匀。对每一个振动部位，振动到该部位混凝土密实为止，即混凝土不再冒出气泡，表面出现平坦泛浆

续上表

序号	工序	作业要点
4	收面	混凝土施工完毕后,在初凝之前对混凝土表面进行抹压收汗,以清除混凝土表面早期产生的塑性裂缝
5	安全文明施工	①混凝土运输车及输送泵的清洗,项目部设置二级以上污水沉淀池,经沉淀后排放; ②严禁向下抛扔材料及其他杂物; ③混凝土浇筑后进行养护使用的塑料布和覆盖物及时回收,防止污染周围环境

②大体积混凝土浇筑(表4-5)

大体积混凝土浇筑工序及要点   表4-5

序号	工序	作业要点
1	冷却管散热	用冷却管散热,采用φ25焊接钢管,接头采用钢接头,拐角处采用弯头。安装完毕后,进行试通水,检查管路通水正常方可进行下一道工序
2	原材料控制	用改善骨料级配、降低水灰比、掺入混合料、外加剂等方法减少水泥的用量。采用低水化热水泥,如矿渣水泥、粉煤灰水泥
3	浇筑时间	天气炎热时,宜在下午16时以后浇筑
4	安全文明施工	①体积混凝土浇筑施工必须编制专项施工方案; ②混凝土作业人员要穿戴好防护用品; ③用电设备(电缆)要做绝缘检查

(3)现场标准化作业(图4-11)

图4-11 承台混凝土养护

4.2 墩台身

主要施工工序:①测量放样;②脚手架搭设;③钢筋加工及安装;④模板安装;⑤混凝土浇筑(图4-12)。

墩身施工如图 4-13 所示。

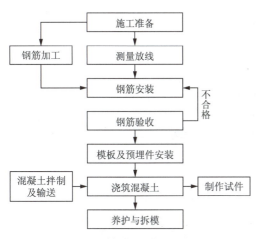

图 4-12 墩台施工工艺流程图

图 4-13 墩身施工（墩顶段已做）

脚手架搭设工艺流程及作业要点如下。

（1）工艺流程

脚手架采用承插型盘扣式钢管。脚手架的搭设应考虑到钢筋的绑扎、混凝土的施工及钢模的拆除。

（2）作业要点（表 4-6）

脚手架搭设工序及要点   表 4-6

序号	工 序	作 业 要 点
1	支架地基处理	支架基础必须具备足够的地基承载力
2	脚手架原材质量检验	脚手架必须有足够的承载能力、刚度和稳定性，在施工各种荷载作用下不发生失稳倒塌以及超出规范容许的变形、倾斜和扭曲现象，以确保安全使用
3	扫地杆及竖向斜杆设置	最底层水平杆离地 300mm 作为扫地杆，沿架体外侧纵向每 5 跨间设置一根竖向斜杆，端跨的横向每层设置竖向斜杆
4	脚手架安全防护设置	作业层脚手板应满铺、铺稳。外侧应设置挡脚板和防护栏杆，防护栏杆可在每层作业面立杆的 0.5m 和 1.0m 的盘扣节点处设置上、中两道水平杆，并应在外侧满挂安全网。作业层与模板间的空隙应设置内侧防护网。顶层外侧防护栏高出顶层作业层的高度为 1500mm
5	安拆顺序要求	脚手架的拆除应按后装先拆、先装后拆的原则进行，严禁上下同时作业
6	安全文明施工	①现场设置安全通道、安全网和安全标志齐全； ②钢管、模板、脚手板等周转材料分类堆码整齐，堆放高度不超过 2m； ③操作人员的操作工具要随手放入工具袋，不便放入工具袋的要拴绳系在身上或放在稳妥的地方

（3）现场标准化作业（图 4-14）

图 4-14　盘扣支架搭设

4.3　支架现浇梁

主要施工工序：①支架搭设；②模板工程；③钢筋安装；④混凝土浇筑；⑤预应力施工（图 4-15）。

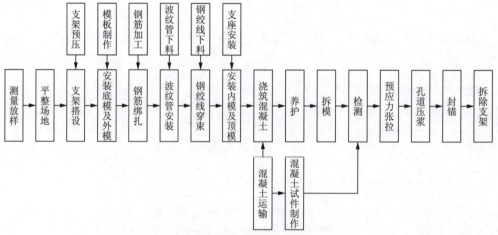

图 4-15　梁施工工艺流程图

满堂支架搭设如图 4-16 所示。

图 4-16　满堂支架搭设

4.3.1 支架搭设

现浇梁支架基础承载力需满足施工要求。通过支架预压以消除地基和支架的非弹性变形、检测弹性变形和检查支架的承载能力,从而指导梁底预拱度的设置,对支架进行调整。支架整体需具备足够的强度、刚度和稳定性要求。

(1)工艺流程(图 4-17)

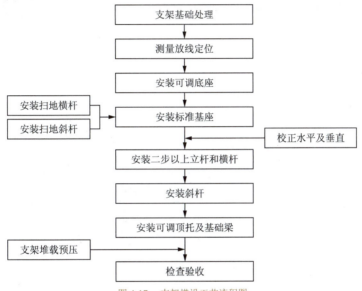

图 4-17 支架搭设工艺流程图

(2)作业要点(表 4-7)

支架搭设工序及要点 表 4-7

序号	工 序	作 业 要 点
1	地基处理	原状土清理彻底,清理后基面成台阶状。分层碾压厚度不大于 30cm,处理完成后应做承载力试验,验证处理效果符合要求
2	支架搭设	支架支墩或立柱必须安装在有足够承载力的基础上,并保证在浇筑混凝土后不发生超过允许值的沉落量。碗扣式钢管支架拼装鹰架时,必须严格掌握可调底托和顶托的可调范围,留在立杆内长度应不少于 30cm,防止因"过调"导致底、顶托失稳;纵横向应按照支架的拼装要求,严格控制竖杆的垂直度和剪力撑及扫地杆的间距和数量,保证钢管及支架整体稳定性。可调托座和可调底座伸出水平杆的悬臂长度应符合设计限定要求。水平杆扣接头与立杆连接盘的插销应击紧至所需插入深度的标志刻度
3	支架预压	按总荷载值的 60%、100% 和 125% 分三级加载,各级加载后静停 15min 测量竖向及横向变形值,第三级加载后静停 30min 开始分级卸载并逐级观测弹性变形值加载完成后,以 1d(24h)两次观测结果差值不大于 2mm,且 2d(48h)观测结果差值不大于 3mm 时,认为支架沉降处于稳定状态,沉降观测时间设为 3d
4	安全文明施工	①现场设置安全通道、安全网和安全标志齐全; ②钢管、模板、脚手板等周转材料分类堆码整齐,堆放高度不超过 2m; ③操作人员的操作工具要随手放入工具袋,不便放入工具袋的要拴绳系在身上或放在稳妥的地方; ④操作时严格遵守高空作业安全规程

(3)现场标准化作业(图 4-18、图 4-19)

图 4-18　支架搭设检查

图 4-19　支架预压

4.3.2　模板工程

(1)工艺流程(图 4-20)

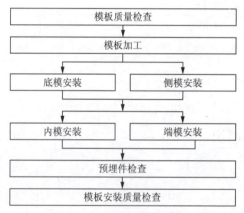

图 4-20　模板工程工艺流程图

(2)作业要点(表 4-8)

模板工程施工工序及要点　　　　　　　　　表 4-8

序号	工序	作业要点
1	材质检查	具有足够强度、刚度，表面平整度允许偏差 3mm
2	脱模剂	产品质保书、出厂合格证均必须合格
3	拼缝	接缝严密，不得漏浆
4	定位	模板轴线允许偏差：15mm；垂直度允许偏差：1‰ Hmm
5	支撑	模板支撑应具有足够强度、刚度、稳定性且须满足施工要求
6	施工平台	施工平台位置应按施工方案进行设置且须设防护栏和挡脚板
7	拆除	拆除按照与安装相反的顺序进行；梁体外模拆除宜在纵向预应力张拉完成后进行；否则应考虑其拆除对底模支架的不利影响
8	安全文明施工	①多人共同操作或扛抬模板时，要密切配合，协调一致，互相呼应； ②设置钢管脚手架，现场作业人员必须走人行梯道，严禁利用模板支撑上下攀登； ③刮六级以上大风必须暂停模板吊装及高空作业，下大雨后应对作业面上积水进行处理干后再作业； ④模板吊装时应由司索工进行指挥，吊装下方禁止站人； ⑤操作时严格遵守高空作业安全规程

(3)现场标准化作业(图 4-21)

图 4-21　模板打磨、涂刷脱模剂

4.3.3　钢筋安装

钢筋由钢筋加工场集中加工制作,转运至施工现场绑扎成型。

(1)工艺流程(图 4-22)

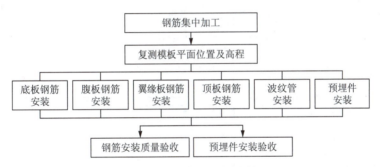

图 4-22　钢筋安装工艺流程图

(2)作业要点(表 4-9)

钢筋安装工序及要点　　　　　　　　　　　　　表 4-9

序号	工　序	作业要点
1	运输	钢筋由钢筋加工场集中加工制作,运至现场由吊车提升、现场绑扎成型
2	钢筋绑扎	测量人员复测模板的平面位置及高程,其中高程包括按吊架的计算挠度所设的预拱度,无误后方可进行钢筋绑扎。纵向普通钢筋在两梁段的接缝处的连接方法及连接长度满足设计及规范要求。钢筋分两次绑扎,第一次安装底板及腹板钢筋,第二次安装翼缘板及顶板钢筋,其他梁段钢筋一次绑扎成型
3	钢筋保护层厚度	安装钢筋时,钢筋的位置和保护层的厚度,应符合设计要求。钢筋与模板之间使用与混凝土等强的砂浆垫块来控制保护层厚度
4	预应力管道安装	顶板、腹板内有大量的预埋波纹管,为了不使波纹管损坏,一切焊接在波纹管埋置前进行,管道安装后尽量不焊接,当普通钢筋与波纹管位置发生矛盾时,适当移动钢筋位置,准确安装定位钢筋网,确保管道位置准确
5	安全文明施工	①搬运钢筋时,要注意前后方向有无碰撞危险或被钩挂料物; ②起吊安装钢筋时,应和附近高压线路或电源保持安全距离; ③在高空安装钢筋应选好位置站稳,系好安全带

(3)现场标准化作业(图 4-23)

图 4-23　钢筋安装

4.3.4　混凝土施工

现浇梁混凝土浇筑必须对顶面高程严格控制并对称浇筑,浇筑过程中专人观察支架和模板的变形记沉降观测,保证施工安全及质量。

(1)工艺流程(图 4-24)

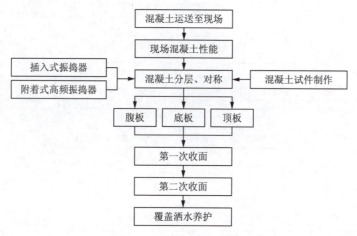

图 4-24　混凝土施工工艺流程图

(2)作业要点(表 4-10)

混凝土施工工序及要点　　　　　表 4-10

序号	工　序	作 业 要 点
1	检查	钢筋及预应力筋和各种预埋件位置符合要求
2	混凝土浇筑	支架上浇筑梁体混凝土时,应采取适当的缓凝措施,保证梁体混凝土在最先浇筑的混凝土初凝前全部浇筑完毕。梁体混凝土浇筑方法宜从跨中向两端、从悬臂向桥墩按混凝土浇筑工艺设计进行浇筑
3	混凝土振捣	使用插入式振捣器时,移动间距不超过振捣器作用半径的 1.5 倍,与侧模保持 50～100mm 的距离,插入下层混凝土 50～100mm,每一处振毕,徐徐提出振捣棒。不得将振捣器在混凝土拌和物内平拖,不得用振捣器驱赶混凝土。振动部位必须振动到该部位混凝土密实为止,密实的标志是混凝土停止下沉,不再冒出气泡,表面呈现平坦、泛浆

续上表

序号	工 序	作业要点
4	收面压光	混凝土浇筑完成后,对混凝土裸露面应及时进行抹平,等定浆后再抹第二遍并压光
5	养护	混凝土浇筑完毕后,顶面采用麻袋覆盖并浇水养护,箱内及侧墙用流水养护,施工单位应进行同条件养护试件试验
6	安全文明施工	①运输车及输送泵的清洗,设置二级以上污水沉淀池,经沉淀后排放; ②立体交叉作业时,不得在同一垂直方向操作,严禁向下抛扔材料及其他杂物; ③混凝土浇筑后进行养护使用的塑料布和覆盖物及时回收,防止污染周围环境; ④混凝土浇筑完毕后及时清理施工区域内遗落的混凝土料。养护过程中避免场地内造成积水; ⑤混凝土浇筑作业人员作业时应配备绝缘胶鞋及绝缘手套

(3)现场标准化作业(图4-25、图4-26)

图4-25 混凝土浇筑

图4-26 梁混凝土养护

4.3.5 预应力施工

根据设计及规范,梁体混凝土强度达到要求后进行预应力施工。

(1)工艺流程(图4-27)

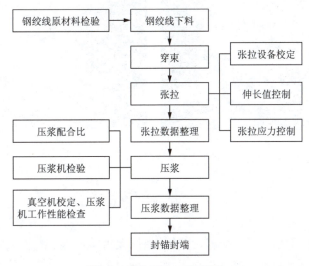

图4-27 预应力施工工艺流程图

（2）作业要点（表4-11）

预应力施工工序及要点　　　　　　　表4-11

序号	工序	作业要点
1	材料检测	材料型号、规格、水泥强度等级必须符合设计要求，产品质保书、出厂合格证、复试报告均必须合格
2	锚具	产品质保书、出厂合格证、复试报告必须合格且品种、规格、数量必须符合设计要求，夹片式锚具内缩量限值：有顶压为5mm，无顶压为6~8mm
3	张拉	混凝土强度必须符合设计要求，当无设计要求时应达到设计强度的80%，预应力筋的实际伸长值与计算伸长值的差值不得大于±6%，预应力筋断裂或滑脱数量不得超过预应力筋总数的5‰，并不得位于结构同一侧，且每束内断丝不得超过1根
4	锚固	按设计要求对锚具和预应力筋做防锈和防水处理
5	切割	钢绞线外露长度应符合设计要求，当无设计要求时，外露长度不宜小于预应力筋直径的1.5倍，且不宜小于30mm
6	封锚	当设计无要求时还应满足：凸出式锚固端锚具的保护层厚度不宜小于50mm，外露预应力筋的保护层厚度不宜小于30mm
7	管道压浆	终张拉完毕48h内组织管道压浆。压浆时及压浆后3d内，梁体及环境温度不得低于5℃
8	封端	锚垫板清理干净，锚具、锚垫板表面及外露钢绞线用防水涂料进行防水处理，锚穴周边混凝土凿毛应全面
9	安全文明施工	张拉预应力筋时其周围及两端设完善的防护措施，并设置明显的警示标志。作业人员不得站在预应力筋的两端，同时在张拉千斤顶的后面应设立防护装置

（3）现场标准化作业（图4-28、图4-29）

图4-28　张拉（伸长值测量）

图4-29　预应力管道注浆

4.4　悬臂浇筑梁

主要施工工序：①0号梁段施工；②挂篮拼装及拆除；③悬臂施工；④钢筋加工及安装；⑤混凝土工程；⑥预应力施工；⑦合龙段施工（图4-30）。

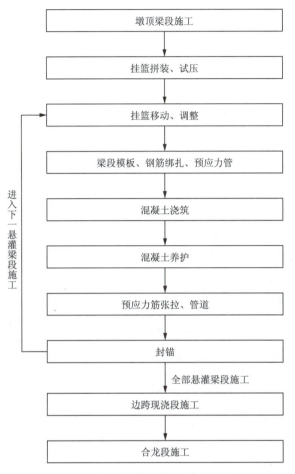

图 4-30　悬臂浇筑梁施工工艺流程图

悬臂浇筑梁施工如图 4-31 所示。

图 4-31　悬臂浇筑梁施工

4.4.1 0号梁段施工

(1)工艺流程(图4-32)

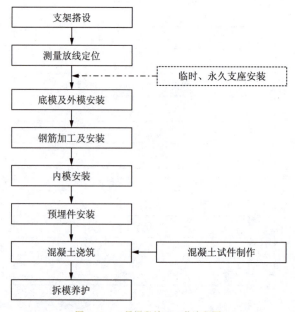

图4-32 0号梁段施工工艺流程图

(2)作业要点(表4-12)

0号梁段施工工序及要点 表4-12

序号	工 序	作业要点
1	施工准备	安装支架,复测桥墩顶部设计高程、设计中线位置
2	支架	0号梁段的施工支架,顶面长度、宽度满足施工操作需要。托架预压方法符合设计要求,使加载位置和顺序尽可能与梁体混凝土施工加载情况相一致
3	模板	外侧模板满足翼板坡度变化调节需要,底模要适应梁底线变化和加宽的需要,模板底梁的位置、规格、数量严格按设计要求设置。模板底梁垫平使用模块时,模块应有保险措施,保证浇捣混凝土时不发生松脱。内模要便于拆除,端模要牢固可靠
4	钢筋	底板钢筋分上下层制成网片,腹板钢筋制成骨架,顶板及悬臂板钢筋分上下层制成网片,锚头垫板与螺旋筋焊成整体
5	混凝土	0号梁段混凝土从底板开始,前后左右对称、水平分层浇筑一次整体成型,并应在最先浇筑的混凝土初凝前全部浇筑完成
6	预应力	按先纵向、次横向、后竖向顺序进行预应力筋张拉,符合设计要求进行锚固。纵向预应力按先腹板后顶板、先上后下、先中后边、左右对称进行张拉
7	孔道压浆	孔道压浆在预应力筋终拉后24h内完成,特殊情况时必须在48h内完成,并按先纵向、次竖向、后横向顺序进行施作,竖向预应力孔道应从最低点开始压浆
8	支座	支座中线位置偏差不大于2mm,保持清洁。临时支座宜采用内部埋设电阻丝的硫磺水泥砂浆垫块对称、等高设置在永久支座的两侧
9	安全文明施工	施工现场设安全通道,平台边缘处,设安全防护设施,挂设文明 安全防护网,安全标志齐全。墩身两侧斜拉托架平台之间搭设的人行道板连接牢固

(3)现场标准化作业(图 4-33)

图 4-33　0 号梁段预压

4.4.2　挂篮拼装及拆除

施工挂篮采用菱形挂篮,主要由主桁架、行走及锚固系统、吊带系统、底平台系统、模板系统五大部分组成。挂篮结构构件运达施工现场后,利用吊车吊至已浇梁段顶面,在已浇好的 0 号梁段顶面拼装。

(1)工艺流程(图 4-34、图 4-35)

①挂篮拼装工艺流程

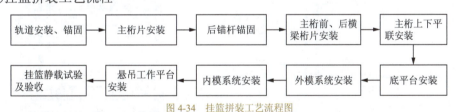

图 4-34　挂篮拼装工艺流程图

②挂篮拆除工艺流程

图 4-35　挂篮拆除工艺流程图

(2)作业要点(表 4-13)

挂篮拼装及拆除工序及要点　　　　　　　表 4-13

序号	工　序	作 业 要 点
1	吊装	吊装前吊钩、索具、钢丝绳、信号指挥等特殊作业人员证书须合格,受力点检查须符合要求
2	试拼	中心轴线、高程须符合设计要求,且应具有足够的稳定性
3	工作平台	须按施工方案进行布置且应满足施工工艺要求
4	底模安装	轴线位置偏差:5mm,表面平整度:5mm,高程偏差:±5mm,底模拱度:(+5,-2)mm,相邻两板表面高低差:2mm

续上表

序号	工　序	作业要点
5	后锚点检查	其位置、抗拉强度须满足施工设计要求
6	堆载预压检测	试压块分布与箱梁块分布一致,分级加载,预压荷载不小于支架承受的混凝土结构恒载与模板重量之和的1.1倍。各监测点最初24h的沉降量平均值小于1mm,各监测点最初72h的沉降量平均值小于5mm
7	拆除	箱内拱顶支架采取拆零取出,侧模、底模系统采用卷扬机整体吊放,主桁架采取先退至墩位再利用吊机进行拆零
8	安全文明施工	①起重作业必须由专人负责现场指挥,并严格遵守起重作业安全规程; ②桁架在没连接成型前要有牢固的支撑,以免倒塌。在安装侧模和底模前要保证有2个以上已锚牢的后锚; ③侧模和底模提升到位后要尽快穿好各吊带及锚杆,不能让卷扬机长时间受载

(3)现场标准化作业(图4-36~图4-38)

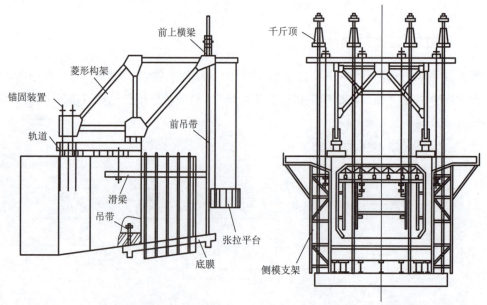

图4-36　主桁构造示意图

图4-37　检查轨道与轨枕螺栓连接

图4-38　挂篮临边防护

4.4.3 挂篮移动

在每一梁段混凝土浇筑及预应力张拉完毕后,将挂篮沿行走轨道移至下一梁段位置进行施工,直到悬灌梁段施工完毕。

(1)工艺流程

①挂篮调整及锚固工艺流程(图4-39)

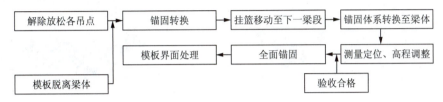

图4-39 挂篮调整及锚固工艺流程图

②挂篮移动工艺流程(图4-40)

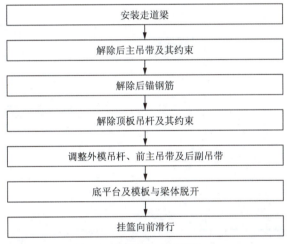

图4-40 挂篮移动工艺流程图

(2)作业要点(表4-14)

挂篮移动工序及要点　　　　　　　　　　　表4-14

序号	工序	作业要点
1	调整锚固	挂篮就位后,先进行主桁梁上锚固转换给梁体的锚筋上和底篮后锚安装转换在梁体上,然后通过测量仪器进行中线、高程测量、定位,通过千斤顶进行高程调整,经过检查确定合格后,最后进行全面锚固
2	移动	移动挂篮时设专人统一指挥,专人观察挂篮移动情况。滑道应铺设平顺,并按要求做好锚固,挂篮行走前检查走行系统、吊挂系统、模板系统。墩两侧挂篮应对称移位,尾部设制动装置,移动速度应控制在0.1m/min以内,后端应有稳定及保护措施。挂篮移动到位后应及时锚固,前吊杆、后锚杆的锚固力应调试均匀,前端限位装置应设置牢固
3	安全文明施工	①挂篮作业平台应挂安全网,四周设围栏,上下应有专用扶梯; ②挂篮使用时,后锚固筋、张拉平台的保险绳等应经常检查; ③遇有雷雨、大风、大雾等恶劣天气时,严禁移动挂篮

（3）现场标准化作业（图4-41、图4-42）

图4-41 液压泵站控制挂篮前移

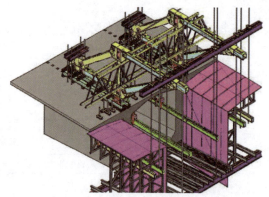

图4-42 挂篮前移示意图

4.4.4 合龙段施工

（1）工艺流程（图4-43）

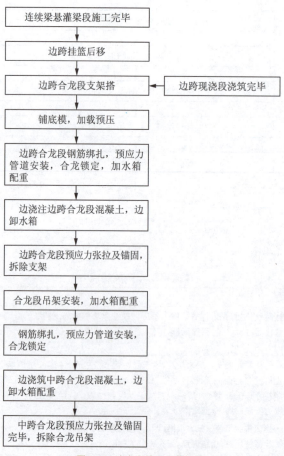

图4-43 合龙段施工工艺框图

（2）作业要点（表4-15）

合龙段施工工序及要点　　　　　　　　　　　　　　　　表 4-15

序号	工　序	作业要点
1	施工方案	施工前应编制专项方案。 边跨现浇段的施工→后主跨合龙→体系转换
2	边跨合龙	距合龙口 2~3 个梁段时，应对合龙口两侧悬臂端的中线及高程进行联测调控，使合龙口中线及高程偏差控制在允许范围内。边跨非对称现浇梁段采用膺架法施工时，混凝土浇筑应快速、连续施工。靠近合龙口的梁段混凝土浇筑方向应向合龙口靠拢，并对梁段中线及高程进行监测，使合龙两端的任何方向的相对偏差均控制在 15mm 范围内。膺架的预加压重宜按照等量换重方式，在混凝土浇筑过程中由桥台向合龙口逐步撤除
3	中跨合龙	合龙梁段混凝土浇筑前，为稳定悬臂，在合龙口两端悬臂预加压重应符合设计要求，并应于混凝土浇筑过程中按等量换重方式逐步撤除
4	体系转换	纵向预应力筋张拉完毕，立即解除支座临时锁定，实现体系转换。合龙口临时锁定设施应在纵向预应力筋张拉后拆除。连续梁拆除梁墩临时固结设施和临时支座时，应对称、均衡进行施作
5	安全文明施工	合龙段混凝土应在一天中气温最低时间快速、连续浇筑。现场施工平台边缘处，设安全防护设施，挂设安全防护网，安全标志齐全

（3）现场标准化作业（图4-44～图4-46）

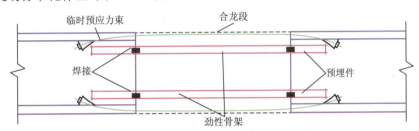

图 4-44　合龙段合龙锁定

图 4-45　合龙段施工

图 4-46　边跨直线段施工

4.5　装配式节段梁

4.5.1　节段箱梁预制

桥梁节段箱梁预制施工内容主要包括：①钢筋制安；②模板工程；③混凝土工程；④横向

预应力施工;⑤节段箱梁吊运、存梁和出梁(图4-47)。

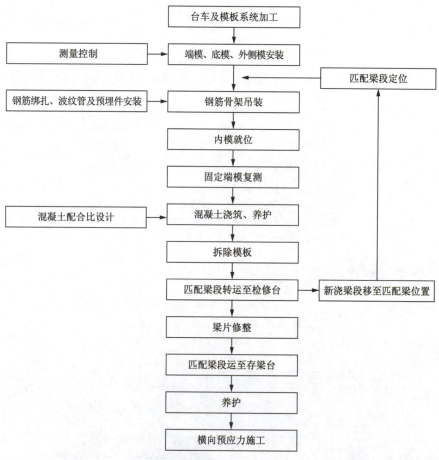

图4-47 节段梁施工工艺流程图

节段梁梁场如图4-48所示。

图4-48 节段梁梁场

4.5.1.1 钢筋制安

（1）工艺流程（图4-49）

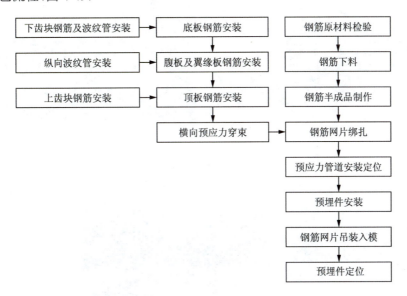

图4-49 钢筋工程工艺流程图

（2）作业要点（表4-16）

钢筋制安工序及要点 表4-16

序号	工 序	作 业 要 点
1	钢筋下料	产品质保书、出厂合格证、复试报告均合格后方可进行加工下料
2	加工场地	钢筋制作场地应进行硬化，钢筋笼加工及堆放场地设置防雨棚
3	制作	根据梁体钢筋编号和供料尺寸的长短，统筹安排，采用连续配料法下料减少钢筋的损耗
4	绑扎	钢筋网片长、宽、网眼尺寸为±10mm，网片两对角线之差为10mm，钢筋骨架长、宽、高为（+5，-10）mm，受力钢筋间距为±20mm，箍筋及构造筋间距为±10mm
5	吊装入模	起吊钢筋骨架的吊点间距纵向、横向均不大于2.0m，吊点利用花篮螺丝来调整起吊钢丝绳的松紧度，起吊时不得将吊钩直接挂在箱梁钢筋上，以免造成钢筋变形或脱钩，起吊钢筋时钢筋骨架下不得站人
6	波纹管安装	波纹管定位筋在直线段按0.5m的间距设置，曲线段按0.3m的间距设置
7	波纹管定位	详细检查和调整定位网钢筋，检查其位置是否正确，波纹管管曲线应圆顺符合要求
8	就位检查	钢筋吊装前，在台座两端放出刻度线便于钢筋骨架精确对位
9	保护层垫块	保护层垫块按梅花形布置，且满足4个/m²，并用镀锌铅丝固定牢固。垫块表面洁净，不能受到油污的污染，垫块颜色与结构混凝土外表一致
10	安全文明施工	①正确使用及佩戴安全设施材料、设备及防护用品； ②作业现场场地平整，区段分明，道路畅通，排水有序，标设齐全，各类机械设备安全防护装置齐全有效，执行一机一闸一保护； ③加工好的构件应编号、分类存放，并做好标识； ④吊装入模由专人指挥操作

(3)现场标准化作业(图 4-50～图 4-52)

图 4-50 钢筋绑扎台座

图 4-51 钢筋绑扎

图 4-52 钢筋吊装入模

4.5.1.2 模板工程

(1)工艺流程

短线法节段预制模板主要包括固定端模及支架、侧模及支架、底模及底模台车、内模及滑车、匹配梁(墩顶块及起始梁段为活动端模)等几部分组成(图 4-53)。

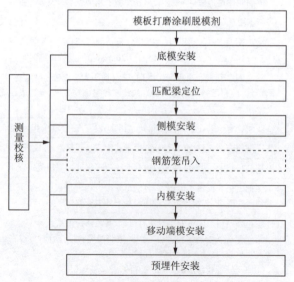
图 4-53 模板工程施工工艺流程图

（2）作业要点（表4-17）

模板工程施工工序及要点　　　　　　表4-17

序号	工　序	作　业　要　点
1	模板	所有模板均采用定型钢模板
2	端模	①待浇梁段的端模包括固定端模和匹配梁段的匹配面； ②端模模面与待浇梁段中轴线垂直，且在竖向保持铅直； ③端模上翼缘要进行高程检测，确保其水平度； ④端模支撑必须牢固，模板自身具有足够的刚度
3	侧面	①侧模就位后通过精轧螺纹钢筋与预制台座板可靠连接； ②确保侧模与底圆弧段与直线段相接处的加工精度，以保证该处过渡平顺，接缝严密； ③侧模与固定端模及匹配梁间的拼缝要严密，与匹配梁接缝间应设置止浆装置
4	内模	在端模、底模及侧模调校到位后，用龙门吊吊入钢筋骨架并定位。利用内模台车将内模移入钢筋骨架内腔（利用卷扬机牵引），用安装在滑梁上的液压系统将内模展开形成箱梁预制内模，再调节可调撑杆支撑、固定内模
5	匹配梁定位	根据新浇梁段测量的数据以及新浇梁段与匹配梁段相互位置关系，指挥人员操作底模台车上的油压千斤顶进行纵、横向及水平高程精确定位。定位后旋下底模上的四个螺旋撑脚，并使其受力，卸落底模台车千斤顶，完成受力支点的转换
6	模板拆除	模板拆除注意成品保护。操作底模台车上的千斤顶使匹配梁与新浇梁脱开时，避免造成剪力键损坏。拆除后不用的模板应立即清理干净后分类整齐堆放于模板堆场
7	安全文明施工	模板吊装时应由司索工进行指挥，吊装下方禁止站人

（3）现场标准化作业（图4-54、图4-55）

图4-54　内模支撑体系

图4-55　外模支撑体系

4.5.1.3 混凝土施工与养护

（1）工艺流程（图 4-56）

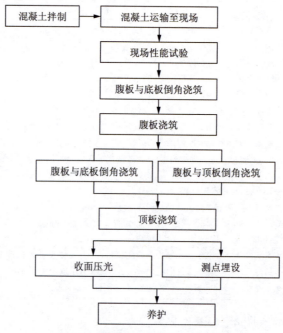

图 4-56　混凝土施工与养护工艺流程图

（2）作业要点（表 4-18）

混凝土施工与养护工序及要点　　　　　　表 4-18

序号	工　序	作业要点
1	施工准备	清理场地，人员及机械就位
2	混凝土运输与检测	通过混凝土搅拌运输车运输至现场，混凝土到达现场后核对报码单，并在现场作坍落度核对，允许±（1～2）cm 误差，超过者立即通知搅拌站调整，严禁在现场任意加水，并按规定留足抗压、抗渗试件，从搅拌车卸出的混凝土不得发生离析现象，将料卸到吊罐内后，由龙门吊吊送入模
3	混凝土浇筑	混凝土浇筑时两侧均匀布料，严格控制分层厚度在 30cm 以内，振捣时严格按"快插慢拔"的技术要领操作，并注意观察混凝土表面气泡排出情况，掌握好振捣时间，确保混凝土密实。在混凝土浇筑过程中，严禁振捣棒直接碰撞波纹管、预埋管、预埋件，防止预留预埋管件变位。同时注意布料时严格控制下料速度，防止混凝土对预留预埋管件造成过大的冲击
4	测量点埋设	在混凝土终凝前，进行测量测点埋设。测点共设有 6 个，2 个轴线控制点，4 个高程控制点。轴线控制点为 U 形钢筋埋件，高程点为"十"字头镀锌螺栓。在混凝土终凝后梁段拆模前，应对测点进行测量并输入线形监控程序。测量人员对两节梁段的控制点均进行两组独立的测量，并取平均值
5	混凝土养护	混凝土浇筑完毕终凝后开始喷水养护，在箱梁顶板及底板上覆盖土工布，土工布保持潮湿，模板未拆除前向模板表面洒水降温
6	安全文明施工	①混凝土灌注前认真检查电路、线路及设备状态，确保设备的安全使用和状态良好； ②作业时用的各种机具设备都应放置稳固，防止坠落伤人，做好临边防护

（3）现场标准化作业（图4-57）

图4-57 混凝土浇筑

4.5.1.4 横向预应力施工

（1）工艺流程（图4-58）

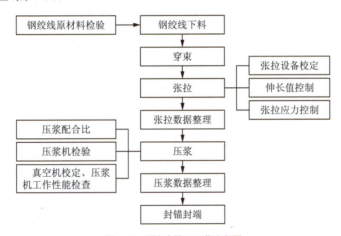

图4-58 预应力施工工艺流程图

（2）作业要点（表4-19）

横向预应力施工工序 及要点　　　　　　　　　　　　表4-19

序号	工　序	作 业 要 点
1	施工准备	施加预应力前,构件的混凝土强度达到设计张拉强度,并对混凝土构件进行检验,包括预埋件、预应力孔道、排气孔、压浆孔,然后用压力水冲洗孔道,并用压缩空气排除孔内积水。张拉设备经过配套标定合格后编号使用。锚、夹具及钢绞线经检查合格
2	张拉	预应力管道保持顺直;钢绞线张拉顺序按设计要求进行;张拉时单端千斤顶升降速度不宜太快,控制在5MPa/min左右,张拉记录保持完整、准确,无涂改或漏项。预应力筋的断丝、滑丝,不得超过规定。在任何情况下作业人员不得站在预应力筋的两端,同时在张拉千斤顶的后面应设立防护装置
3	孔道压浆	张拉完成后,应在48h内完成管道压浆,管道压浆必须密实,采用真空压浆工艺,水泥浆等级不低于C50
4	封端	孔道压浆后立即将梁端水泥浆冲洗干净。绑扎封端钢筋网,并将封端钢筋网与封端预留筋焊接。封端模板支护牢固,对梁体总长和角度进行检查,检查合格后方可进行混凝土浇筑。封锚前应将梁端槽口处混凝土凿毛,并对锚具进行防锈处理。浇筑封端混凝土时,使用ϕ10振捣棒振捣
5	安全文明施工	①下料、切割机切割时必须遵守切割机安全操作规则; ②穿束高层预留孔时,人员站立所用的工作平台必须稳固; ③张拉前,油泵等设备应进行安全检查,确保设备的良好状态

(3)现场标准化作业(图 4-59、图 4-60)

图 4-59 横向张拉

图 4-60 预应力管道回填压浆

4.5.1.5 节段箱梁吊运

(1)工艺流程(图 4-61)

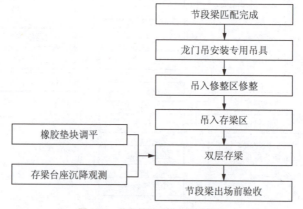

图 4-61 节段箱梁吊运工程流程图

(2)作业要点(表 4-20)

节段箱梁吊运工序及要点　　　　　　　　表 4-20

序号	工 序	作业要点
1	箱梁吊运	提梁前,龙门吊司机应对龙门吊的行走、起重卷扬、吊具、各部制动进行检查,对存在的问题及时处理,设备正常后方可进行提吊梁工作
2	梁段堆放	箱梁梁段分两层存放,单块箱梁梁段存放于相邻的两个存梁台座上,考虑到箱梁断面尺寸较小,为避免在堆存过程中产生过大的拉应力使箱梁损伤,受力点采用橡胶垫片进行调整。节段梁存放遵守先架在上、后架在下的原则
3	箱梁出梁	所有梁段出梁前均需由专人检查:预应力孔道位置及畅通情况,锚垫板型号及表面水泥浆清理情况;预埋件规格、型号、位置及表面清理、防腐处理情况;匹配面隔离剂及杂物清理情况;箱室内垃圾、箱梁外表面污染清理情况。经监理工程师确认合格后才能运输到拼装现场
4	安全文明施工	①作业前,对机械设备状态应严格检查,确保各种设备的良好状态,检查钢丝绳有无断丝超标现象,吊具是否牢固等; ②落граm梁时操作司机必须听从指挥人员指挥,按照指挥信号进行操作,存梁台位必须稳固、结实,不得有下沉等现象; ③梁片存放时,应支撑牢固,不得偏斜,并有防止梁体倾覆的措施。梁片的起顶、支垫、卸顶应对称平衡,支垫牢固

(3)现场标准化作业(图 4-62、图 4-63)

图 4-62　吊具安装

图 4-63　梁片吊运

4.5.2　节段箱梁架设

桥梁节段箱梁架设施工内容主要包括:①架桥机拼装;②节段梁拼装;③预应力施工;④箱梁孔道压浆;⑤湿接缝施工(图 4-64)。

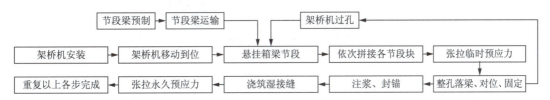

图 6-64　节段梁架设流程图

已安装成型梁如图 4-65 所示。

图 4-65　已安装成型梁

4.5.2.1　架桥机拼装

预制节段箱梁的架设采用上行式架桥机,其能够满足跨度 36～40m 节段箱梁的架设,适应桥梁平面曲线半径 $R \geqslant 500$m。

（1）工艺流程（图 4-66）

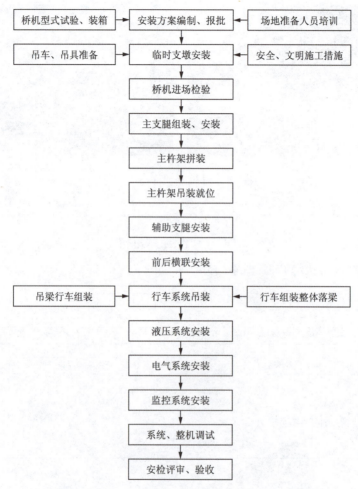

图 4-66　架桥机拼装工艺流程图

架桥机安装就位如图 4-67 所示。

图 4-67　架桥机安装就位

(2) 作业要点(表4-21)

架桥机拼装工序及要点　　　　　　　　　　　表4-21

序号	工　序	作业要点
1	进场验收	所选用的架桥机必须具有产品制造许可证、产品合格证且产品合格证具有唯一性,架桥机的出厂试验报告,产品使用维护说明书等资料
2	架桥机拼装	拼装架桥机的单位必须具备国家技术监督部门颁发的该类产品的安装许可证
3	架桥机使用	按《起重机试运转规程》进行试验和试吊,在取得国家技术监督部门的检验合格或复检合格后才能使用,并及时获取(安装监督检验报告)、(检验合格)牌或安装监督检验证书
4	安全文明施工	①建立架桥机过孔、喂梁、提梁、落梁、变跨等各作业工序操作流程或工序控制卡,各级指挥人员、作业人员严格按操作流程作业,每道流程中每个工序都须制定专人负责,认真检查; ②架梁机、桥墩台及梁上作业人员上下地点应设置上下扶梯,梁体张拉及湿接缝施工时应设置吊篮或工作平台。严禁作业人员利用吊钩上下

(3) 现场标准化作业(图4-68、图4-69)

图4-68　架桥机主桁架吊装　　　　　　　　图4-69　架桥机落梁行车安装

4.5.2.2 节段梁拼装

(1) 工艺流程(图4-70)

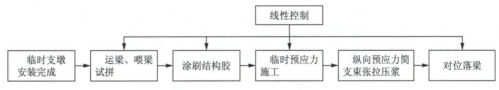

图4-70　架桥机拼装流程图

(2) 作业要点(表4-22)

节段梁拼装工序及要点　　　　　　　　　　　表4-22

序号	工　序	作业要点
1	施工准备	检查墩顶支座位置、架梁十字线;复核箱梁编号与铺架表孔跨编号是否一致。检查架桥机就位情况,运梁机是否正常、行走界限内有无障碍
2	临时支墩	加工尺寸、精度、材质、焊缝符合临时支墩体系设计要求。按钢管立柱设计位置放样轴线。采用M50高强砂浆进行调平处理,调平层宽度不小于80cm;最小厚度控制在1cm以上;按落梁高度减去砂箱、横梁、纵梁高度。垂直度偏差不超过$H/1000$且不大于10mm,柱头轴线偏差不大于5mm。每根钢管与承台间膨胀螺栓连接不少于4颗,管节之间采用螺栓全数连接。钢箱梁就位摆正位置后及时穿螺栓固定

续上表

序号	工序	作业要点
3	移梁	移梁前,应对移梁台车进行检查调试,确保台车系统运转正常;清除走行限界内的障碍物。吊(拉)索或千斤顶端部与梁体接触部位应设置垫木或护铁,保护梁体不受损伤
4	运梁	运梁前,派专人负责对运梁车经过的道路和已架桥梁进行检查,确定运输线路上无障碍物。运梁线路要达到质量要求,严禁急停急加速,控制速度在 5km/h 以内,坡道地段控制在 3km/h,雨雪及大风等恶劣条件下,不得进行运梁作业
5	喂梁试拼	梁片运至现场后,拖车在相关人员指挥下,将梁片喂入桥机正下方或利用提梁龙门吊将梁片转至运梁平车,利用平车将梁片喂入架桥机尾部,之后利用架桥机的吊梁行车提升、旋转功能,将梁片节段逐一提至所对应的挂梁装置上。挂梁次序通常为边梁→边梁→次边梁→中梁→次边梁
6	胶拼施工	用节段梁拼接专用胶进行胶拼。涂胶时,应先将节段梁表面清理干净,确保接合面无灰尘、浮浆、油污及水渍,用专用抹子将胶体均匀涂至接合面,厚度符合设计及规范要求,若接合面存在混凝土凹进部分,需用胶体将其填平,涂胶时间控制在 50min 之内
7	起始节段测量控制	①里程控制:吊梁小车沿架桥机主梁纵向移动,使其里程达到设计要求; ②轴线控制:在已完成的桥面上设轴向控制点,用经纬仪校核节段梁轴线,如有偏差,利用吊梁小车上的水平千斤顶将梁体顶至正确位置; ③高程控制:调整吊梁小车竖向千斤顶或梁端悬挂主液压油缸,测量第一段节段梁顶面的高程控制点,使其达到设计要求
8	整跨节段测量控制	梁体完成张拉预应力束并卸载之后,用扁平千斤顶进行整体调整
9	临时预应力施工	应在胶拼施工以后的 2h 内进行临时张拉拼接,临时张拉采用普通张拉,临时张拉应力为 0.5MPa,张拉采用上下、左右同时对称进行,利用节段梁内腔预制临时张拉台座和制作的上部钢制临时支座,通过精轧螺纹钢将相邻的两片节段梁拼接起来
10	落梁就位	落梁过程中,要有专人监视起重天车上的卷扬机、制动器。下落箱梁与已架箱梁不得相碰。就位时先对位固定支座端,后对位活动支座端。起重天车横移时禁止连续起、停点动
11	安全文明施工	①提、运、架梁设备操作人员必须是经过专门技术培训、经考试合格并取得操作证书后,持证方可上岗; ②提、运、架设备停留点应有人监护,严禁非工作人员走进及走上架梁机,严禁非操作人员进入操作室; ③落梁就位时观察起重卷扬机钢丝绳的运行情况。四个临时支撑应受力均匀。顶、落梁时每一端的千斤顶同步起落; ④架设设备停留或架梁时,应采取有效的防溜、防火、防盗、防滑措施; ⑤作业时,施工现场设专职防护安全员劝阻围观架梁人员避到安全距离外,严禁非作业人员上桥进入作业点

(3)现场标准化作业(图 4-71、图 4-72)

图 4-71 节段梁拼装

图 4-72 落梁就位

4.5.2.3 预应力施工

（1）工艺流程（图4-73）

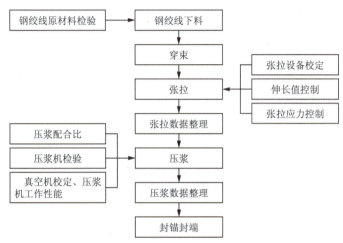

图4-73 预应力施工流程图

（2）作业要点（表4-23）

预应力施工工序及要点　　　　　　表4-23

序号	工序	作业要点
1	张拉	预应力管道保持顺直；钢绞线张拉顺序按设计要求进行；张拉时单端千斤顶升降速度不宜太快，控制在5MPa/min左右，张拉记录保持完整、准确，无涂改或漏项。预应力筋的断丝、滑丝，不得超过规定。在任何情况下作业人员不得站在预应力筋的两端，同时在张拉千斤顶的后面应设立防护装置
2	孔道压浆	张拉完成后，应在48h内完成管道压浆，管道压浆必须密实，采用真空压浆工艺，水泥浆等级不低于C50
3	封端	孔道压浆后立即将梁端水泥浆冲洗干净。绑扎封端钢筋网，并将封端钢筋网与封端预留筋焊接。封端模板支护牢固，对梁体总长和角度进行检查，检查合格后方可进行混凝土浇筑。封端混凝土均采用C60微膨胀混凝土。浇筑封端前应将梁端槽口处混凝土凿毛，并对锚具进行防锈处理。浇筑封端混凝土时，使用φ10振捣棒振捣
4	安全文明施工	张拉预应力筋时其周围及两端设完善的防护措施，并设置明显的警示标志。作业人员不得站在预应力筋的两端，同时在张拉千斤顶的后面应设立防护装置

（3）现场标准化作业（图4-74、图4-75）

图4-74 数控张拉操作台

图4-75 数控压浆操作台

4.5.2.4 湿接缝施工

（1）工艺流程（图 4-76）

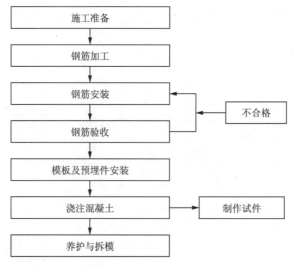

图 4-76　湿接缝施工流程图

（2）作业要点（表 4-24）

湿接缝施工工序及要点　　　　　　　　　　　表 4-24

序号	工　序	作 业 要 点
1	钢筋安装	钢筋的级别、直径、根数和间距均应符合设计要求。绑扎或连接的钢筋应牢固，钢筋位置准确
2	混凝土浇筑	混凝土浇筑时两侧均匀布料，严格控制分层厚度在 30cm 以内，振捣时严格按"快插慢拔"的技术要领操作，并注意观察混凝土表面气泡排出情况，掌握好振捣时间，确保混凝土密实。 在混凝土浇筑过程中，严禁振捣棒直接碰撞波纹管、预埋管、预埋件，防止预留预埋管件变位。同时注意布料时严格控制下料速度，防止混凝土对预留预埋管件造成过大的冲击
3	养护	混凝土的浇注后派专人负责养护，混凝土表面用土工布覆盖，再施水养护
4	安全文明施工	现场施工平台边缘处，设安全防护设施，挂设安全防护网，安全标志齐全

（3）现场标准化作业（图 4-77）

图 4-77　湿接缝钢筋安装

4.6 桥面附属

主要施工工序：①疏散平台基座施工；②挡板预制及安装；③桥面挡水台及伸缩缝施工；④防雷接地施工；⑤桥面防水施工（图4-78）。

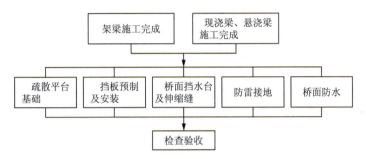

图4-78 桥面附属施工工艺流程图

4.6.1 疏散平台基础施工

（1）工艺流程（图4-79）

疏散平台基础施工根据设计要求在梁体施工时预埋基座钢筋。

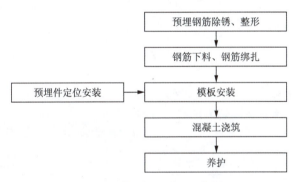

图4-79 疏散平台基础施工工艺流程

（2）作业要点（表4-25）

疏散平台基础施工工序及要点　　　表4-25

序号	工序	作业要点
1	预埋钢筋	预埋钢筋需确保限界要求，不能侵限
2	螺栓钢板物理性能	螺栓钢板需符合设计及规范要求，螺栓组件均需镀锌防腐
3	钢板螺栓预埋	预埋螺栓地面需保证水平，顶部偏离垂直位置的距离误差不大于1mm，偏角不大于0.5°
4	安全文明施工	①施工现场设标示标牌，内容完善，位置醒目；②施工材料分别堆放整齐，施工人员佩戴工作卡，统一着装，管理人员和作业人员以颜色区别

4.6.2 挡板预制及安装

桥面挡板施工采用场内预制,现场安装的方式。

(1)工艺流程(图 4-80)

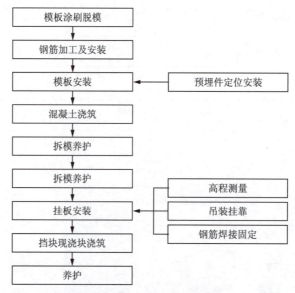

图 4-80 挡板预制及安装工艺流程

(2)作业要点(表 4-26)

挡板预制及安装工序及要点　　　　　表 4-26

序号	工 序	作业要点
1	挡板预制	挡板表面平整、密实、颜色均匀,不得有蜂窝、麻面、孔洞、疏松、和缺棱掉角等缺陷
2	高程控制	混凝土挡板按照每隔 10 m 定位拉线控制高程
3	现浇块	施工前必须对混凝土面进行凿毛,并整跨(单侧或双侧)一次性浇筑到位
4	安全文明施工	①施工现场设标示牌,内容完善,位置醒目; ②施工材料分别堆放整齐,施工人员佩戴工作卡,统一着装,管理人员和作业人员以颜色区别

(3)现场标准化作业(图 4-81～图 4-83)

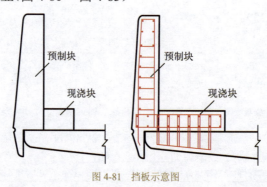

图 4-81 挡板示意图

图 4-82 挡板预制

图 4-83 挡板安装

4.6.3 桥面伸缩缝

梁体就位后,在梁端接缝处设置耐候钢伸缩缝。

(1)工艺流程(图 4-84)

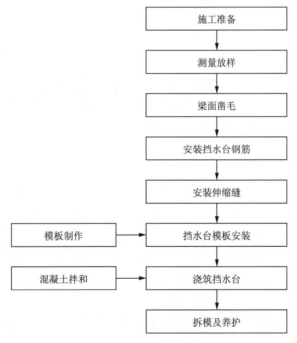

图 4-84 挡水台及伸缩缝施工工艺流程图

(2)作业要点(表 4-27)

桥面伸缩缝施工工序及要点　　　　表 4-27

序号	工　序	作业要点
1	伸缩缝安装	安装后的伸缩缝缝面必须平整
2	安全文明施工	①施工现场设标示标牌,内容完善,位置醒目; ②现场施工平台边缘处,设安全防护设施,挂设安全防护网,安全标志齐全

(3)现场标准化作业(图 4-85)

图 4-85　伸缩缝安装施工

4.6.4　防雷接地

桥梁结构考虑到防雷、防杂散电流,利用轨道结构钢筋作为杂散电流的导流网进行疏导,每隔一段距离设接地装置;由于高架桥高于地面建筑,为保证其免受雷击,通过在挡板及疏散平台设置防雷镀锌扁钢达到防雷效果。

(1)工艺流程(图 4-86)

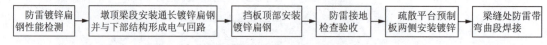

图 4-86　防雷接地施工工艺流程图

(2)作业要点(表 4-28)

防雷接地工序及要点　　　　　　　　表 4-28

序号	工　序	作业要点
1	镀锌钢板安装	镀锌钢板焊接必须牢靠且与引下线连通
2	安全文明施工	①施工现场设标示标牌,内容完善,位置醒目; ②现场施工平台边缘处,设安全防护设施,挂设安全防护网,安全标志齐全

4.6.5　桥面防水施工

桥面防水采用聚氨酯防水涂料,上铺纤维混凝土保护层,保护层设置返坡;在防水层与轨道板、疏散平台及挡板基础的接缝处使用防水涂料进行封边处理,严防漏水。

工艺流程如图 4-87 所示。

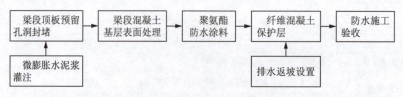

图 4-87　桥面防水施工工艺流程图

第 5 章

隧道盾构法

5.1 土压平衡盾构

5.1.1 始发（到达）地层加固

主要地层加固方法：①旋喷注浆；②冷冻法；③袖阀管注浆。

5.1.1.1 旋喷注浆

(1) 工艺流程（图 5-1）

图 5-1 工艺流程

(2) 作业要点（表 5-1）

旋喷注浆工序及要点 表 5-1

序号	工序	作业要点
1	施工准备	施工测量放样确定旋喷施工加固范围、认真进行场地范围内及周边的地下管线调查工作，并做好管线保护措施
2	钻机就位	调整桩机的垂直度，钻孔垂直度误差小于 0.3%；保证孔底高程满足设计要求
3	下注浆管	引孔至设计深度，拔出岩芯管，并换喷射注浆管。边射水边插管，水压不得超过 1MPa，高压水喷嘴用塑料布包裹
4	旋喷提升	喷嘴下沉到设计深度，喷射必须达到预定的喷射压力。钻杆旋转和提升须连续进行，钻机发生故障，应停止提升钻杆和旋转，以防断桩
5	钻机移位	旋喷提升到设计桩顶高程时停止旋喷，提升钻头出孔口，清洗注浆泵及输送管道，然后将钻机移位
6	安全文明施工	加强安全生产教育；机械操作人员经过岗位培训、持证上岗，穿戴好必要的防护用品；严格控制重点危险源；施工用电、机具的安全管理；做好临边防护、泥浆运至指定地点；进入施工现场所有人员必须佩戴安全帽，严禁违章作业

(3) 现场标准化作业（图 5-2）

图 5-2 旋喷注浆施工现场

5.1.1.2 冷冻法

(1)工艺流程(图 5-3)

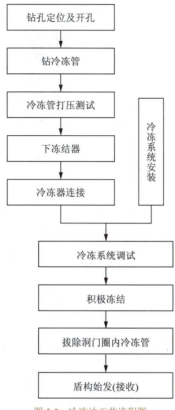

图 5-3 冷冻法工艺流程图

(2)作业要点(表 5-2)

冷冻法施工工序及要点 表 5-2

序号	工 序	作业要点
1	施工准备	清理盾构井,搭设脚手架,根据方案及几何尺寸放出冷冻孔位置
2	冷冻钻孔	用水钻将结构墙和连续墙钢筋层钻开,用台钻钻到设计的深度,且保证钻孔水平。安装冷冻钢管时,保证冷冻钢管的焊接质量;进行打压测试,保持 30 min 压力不变
3	安装冷冻站	冷冻站选址应使干路管路最短。冷冻设备安装在不妨碍施工的地方。保证管路密封。安装完成检查机械工作情况
4	冷冻管路连接	干路连接的时候选择距离短的连接方式,减少温度的损失。支路连接时将 4～5 个冷冻孔连接成一个支路,连接时保证接头的密封性。支路连接到干路时,切忌将来路和去路接反,连接时保证连接的密封性
5	积极冻结	测试冷冻机和管路是否有异常,积极冻结时要保证管路被保护好。巡查冷冻管路是否有漏冷冻液,管路是否被破坏,测试温度下降速率,判断温度变化情况是否正常
6	冷冻管拔除	加热设施尽量靠近洞门,使用手拉葫芦将冷冻管拉出,用木桩封死冷冻孔
7	安全文明施工	加强安全生产教育;所有施工人员经过岗前培训、持证上岗,穿戴必要的防护用品;严格控制重点危险源;施工用电、机具的安全管理;脚手架按规范搭设、做好临边防护、高处作业须佩戴安全带;进入施工现场所有人员必须佩戴安全帽,严禁违章作业

(3) 现场标准化作业（图 5-4、图 5-5）

图 5-4　冷冻站安装

图 5-5　冷冻管安装

5.1.1.3　袖阀管注浆

(1) 工艺流程（图 5-6）

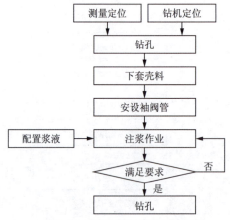

图 5-6　袖阀管注浆工艺流程图

(2) 作业要点（表 5-3）

袖阀管注浆工序及要点　　　　　　　　　　　　表 5-3

序号	工序	作业要点
1	施工准备	根据已布设好的控制点坐标，计算引孔的坐标位置，使用全站仪放出孔位，用水准仪测量地面高程，确定引孔深度
2	钻孔	采用套管护壁冲水法钻进成孔，钻进深度应达到注浆固结段。钻进过程中要做好记录，为注浆作业提供参考数据
3	下注浆管	根据引孔深度连接袖阀管，袖阀管上口露出地面 20cm，将连接好的袖阀管下口用尖底封好；然后将袖阀管下入孔中，要确保袖阀管下到孔底
4	洗孔封口	用高压水对孔内进行清洗，减少孔内沉渣和泥浆相对密度；在孔口周围的地面到地面以下 1m 的距离范围内采用速凝水泥砂浆封堵，以防止注浆过程中冒浆现象的发生
5	注浆	采取分段式注浆，注浆步距一般选取 0.6～1m，可以有效地减少地层不均一性对注浆效果的影响，注浆结束后，在注浆管口盖上闷盖，以便于复注施工
6	安全文明施工	加强安全生产教育；作业人员经过岗位培训、持证上岗，穿戴好必要的防护用品；严格控制重点危险源；施工用电、机具的安全管理；做好临边防护、泥浆运至指定地点；进入施工现场所有人员必须佩戴安全帽，严禁违章作业

（3）现场标准化作业（图5-7）

图5-7　袖阀管注浆施工现场

5.1.2　盾构吊装

（1）工艺流程（图5-8）

图5-8　盾构吊装工艺流程图

（2）作业要点（表5-4）

盾构吊装工序及要点　　　　　　表5-4

序号	工　序	作 业 要 点
1	施工准备	机械人员准备、吊装前吊装环境验收，根据施工现场实际情况，编制实际可行的盾构吊装方案。吊装之前组织安全交底会。地基采取加固措施，须符合承载力要求。各类机具设备符合方案实施需求，设备性能满足要求
2	翻转	盾构吊装一般需要两台吊车，一台为主吊，主要负责盾构吊装下井（吊出），一台为副吊，主要配合主吊进行盾构部件的翻转
3	试吊	翻转完毕后，起重机头离地500 mm下落试吊，检查地面承载情况，完好无异常后方可继续吊装
4	吊装	盾构机采用分块吊至井内预先安置好的基座上，下井吊装过程中，操作人员须明白各自职责、有条不紊，密切配合
5	安全文明施工	加强安全生产教育；起重机司机、司索、指挥必须经过岗位培训、持证上岗，遵守"十不吊"原则，拒绝违章和冒险作业，穿戴好必要的防护用品；严格控制重点危险源；进入施工现场所有人员必须佩戴安全帽，严禁违章作业。遇到恶劣天气禁止吊装作业。临边观察、高空作业时一定扣挂好安全带；采取边焊接边探伤的方式严格控制焊接质量

（3）现场标准化作业（图5-9～图5-17）

图5-9　盾构机吊装现场

图5-10　始发（接收）托架下井安装

a)

b)

图 5-11　后配套台车、设备连接桥下井组装

图 5-12　螺旋输送机吊装

图 5-13　中盾下井

图 5-14　前盾下井组装

图 5-15　刀盘下井组装

图 5-16　管片拼装机吊装

图 5-17　螺旋输送机安装

5.1.3 盾构始发

主要施工工序：①反力架安装；②洞门密封装置安装；③洞门凿除；④负环管片拼装；⑤始发掘进（图 5-18）。

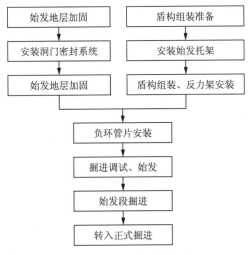

图 5-18 盾构始发工艺流程图

盾构机准备始发如图 5-19 所示。

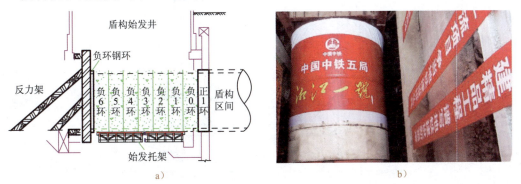

图 5-19 盾构机准备始发

5.1.3.1 反力架安装

（1）工艺流程（图 5-20）

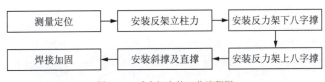

图 5-20 反力架安装工艺流程图

(2)作业要点(表 5-5)

反力架安装工序及要点 表 5-5

序号	工序	作业要点
1	施工准备	根据方案及几何尺寸定出反力架位置,找出车站底板预埋件。施工范围内有干扰物体及时进行清除
2	立柱安装	根据测量定位线进行焊接,立柱靠管片面与洞门在同一平面,以确保良好的始发姿态
3	安装下八字撑	根据测量定位线进行焊接。靠管片面应保证与立柱平面相平
4	安装上八字撑	根据测量定位线进行焊接。靠管片面应保证与立柱平面相平,保证负环管片位置刚好与反力架相平
5	装斜撑和直撑	斜撑和直撑采用双拼 H 型钢,满焊加固,用手拉葫芦将直撑吊到合适位置时进行焊接加固
6	焊接加固	将立柱以及直撑和斜撑进行再次焊接加固
7	安全文明施工	电焊等操作人员必须经过岗位培训,持证上岗,遵守安全操作规程,穿戴好必要的防护用品;严格控制重点危险源;施工用电、机具的安全管理;高处作业须系好安全带;进入施工现场必须佩戴安全帽,严禁违章作业

(3)现场标准化作业(图 5-21)

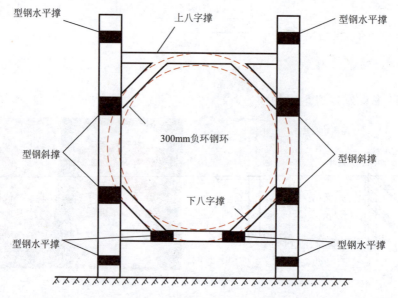

图 5-21 盾构始发反力架示意图

5.1.3.2 洞门密封装置安装

(1)工艺流程(图 5-22)

图 5-22 洞门密封装置安装工艺流程图

洞口密封装置安装如图 5-23 所示。

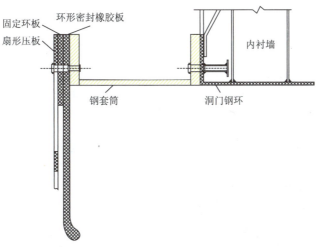

图 5-23 洞门密封装置安装示意图

(2)现场标准化作业(图 5-24、图 5-25)

图 5-24 洞门密封装置安装(侧面)

图 5-25 洞门密封装置安装(正面)

5.1.3.3 洞门凿除

(1)工艺流程(图 5-26)

图 5-26 洞门凿除工艺流程图

(2)作业要点(表 5-6)

洞门凿除工序及要点　　表 5-6

序号	工序	作业要点
1	施工准备	洞门中心已复核完毕,制定施工安全保证措施及应急预案。端头加固已达到强度要求
2	脚手架搭设	在盾构机头与内衬墙之间及洞圈内搭设钢管脚手架,钢管采用 $\phi 48mm \times 2.5mm$ 钢管,水平间距 $900mm \times 900mm$,步距 $900mm$,平行线路方向水平横杆前端与围护结构钢筋焊接后,铺设踏板。脚手架按规范要求搭设,底部设扫地杆,立面基坑侧设剪刀撑及斜撑
3	洞门探孔	洞门混凝土凿除前,通过开设的观察孔查看加固土体情况,若发现加固不到位或漏水涌砂现象,应该立即插导管封堵,并加注化学浆液进行二次加固止水止砂。确定加固土体达到要求后,方可进行洞门混凝土的凿除工作。观察孔采用水钻开孔,钻至加固土体

续上表

序号	工序	作业要点
4	凿除混凝土	根据围护结构厚度，先凿除其外层混凝土，凿除工作先上部后下部，暴露出的钢筋并割去，再由上至下凿除余下混凝土
5	安全文明施工	加强安全生产教育；机械操作人员经过岗位培训、持证上岗，穿戴好必要的防护用品；严格控制重点危险源；施工用电、机具的安全管理；脚手架按规范搭设，做好临边防护，高处作业须佩戴安全带；进入施工现场所有人员必须佩戴安全帽，严禁违章作业。及时清理混凝土渣

(3) 现场标准化作业（图5-27、图5-28）

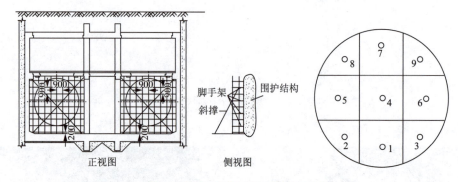

图5-27 脚手架搭设和探孔布置图（尺寸单位：mm）

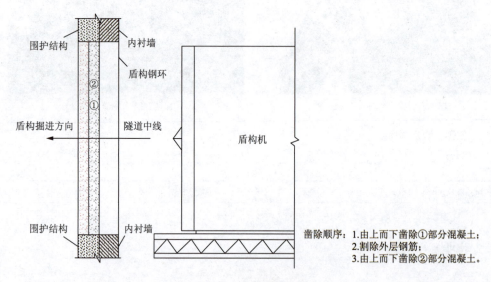

图5-28 洞门凿除示意图

5.1.3.4 负环管片拼装

(1) 工艺流程（图5-29）

图5-29 负环管片拼装工艺流程图

(2)作业要点(表 5-7)

负环管片拼装工序及要点 表 5-7

序号	工　序	作　业　要　点
1	施工准备	因盾尾内径与管片外径之间有间隙,在拼装负环管片时,需要在盾尾下部盾壳内焊接圆钢,位置为拼装末环负环管片时 B1、B2、B3 标准块两端各 1 根,沿盾构方向放置,尾部靠在盾尾刷附近。圆钢靠近撑靴处与盾壳点焊 2 个点,以方便负环管片安装完成后将其割除
2	拼装落底块 B2	负环管片封顶块 K 在 12 点钟方向,落底块 B2 中线与隧道铅垂中线重合。负环管片测量定位时,管片后端面应与线路中线垂直,在管片安装机位置定出隧道中线,落底块 B2 中线螺母与之对应,确保后期管片安装角度符合要求
3	拼装标准块 B1、B3	B1 在盾尾左侧,B3 在盾尾右侧。每安装一块管片,立即将管片环向连接螺栓插入连接孔,并戴上螺帽用气动扳手紧固。管片安装到位后,应及时伸出相应位置的推进千斤顶撑靴固定管片,防止管片倾覆,然后方可移开管片拼装机
4	拼装邻接块 L1、L2、封顶块 K	安装第一环负环管片上部 2 块邻接块及 1 块封顶块时,负环没有纵向螺栓固定管片,先将其与标准块的环向螺栓连接。现场实施将邻接块抬升,以便封顶块的插入,邻接块上部用 L 型钢板焊接在盾壳上。封顶块就位后,用螺栓连接,割除 L 型钢板,两块邻接块落下与封顶块搭接密实
5	负环后移与钢环连接	用拼装模式将负环管片后推,顶靠在反力架上,与反力架钢环连接。由于始发架与管片外侧有一定的空隙,为了避免负环管片全部推出盾尾后下沉,在始发架导轨上插打木楔,将负环管片托起,环向设置一道钢丝绳拉紧
6	安全文明施工	加强安全生产教育;电焊作业人员经过岗位培训、持证上岗,穿戴好必要的防护用品;严格控制重点危险源;施工用电、机具的安全管理。进入施工现场所有人员必须佩戴安全帽,严禁违章作业;及时清理管片,保证整洁

(3)现场标准化作业(图 5-30、图 5-31)

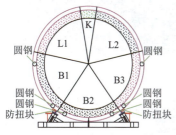

图 5-30　负环管片拼装示意图　　　　图 5-31　负环管片后移、钢丝绳拉紧

5.1.3.5　负环管片拆除

(1)工艺流程(图 5-32)

图 5-32　负环管片拆除工艺流程图

(2)作业要点(表 5-8)

负环管片拆除工序及要点 表 5-8

序号	工　序	作　业　要　点
1	施工准备	施工材料、机械准备,人员培训,技术交底落实等
2	反力架拆除	利用氧气乙炔设备沿反力架支撑于反力架间焊接接缝逐块割除支撑,割除完成后,分别拆除反力架顶梁、左侧立柱、右侧立柱及基座,拆除完成后,利用门吊吊运至预定位置

续上表

序号	工 序	作 业 要 点
3	第1环负环拆除	首先利用电钻将第1环封顶块吊装孔钻穿,安装穿心螺栓,门吊利用穿心螺栓、$\phi 20$钢丝绳将管片封顶块拉住,使钢丝绳处于微绷紧状态,然后拆除封顶块与邻接块以及相邻环管片的连接螺栓,最后提升吊钩,封顶块管片拆除完成。封顶块拆除完成后,依次拆除邻接块C块和B块,拆除C块时,门吊将管片C块拉住,使钢丝绳处于微绷紧状态,然后拆除C块与A3块以及相邻环管片间的连接螺栓,环、纵向管片螺栓各保留1颗不拆除(拆除螺帽,不拆除螺栓),待人员撤离后,门吊提升钢丝绳,拆除C块并吊运至预定位置
4	剩余负环拆除	采用同样方式依次拆除其他管片并吊运至预定位置
5	注意事项	所有施工操作过程必须严格按交底进行,未明确之处请及时与交底单位交底人联系,禁止盲目施工。施工过程中严禁私自按意图施工,确有交底过程中未明确或现场情况改变时,需报现场值班工程师批准后方可进行施工。管片安装按照"从上至下,左右对称"的原则进行拆除
6	安全文明施工	加强安全生产教育;作业人员经过岗位培训、持证上岗,穿戴好必要的防护用品;严格控制重点危险源;施工用电、机具的安全管理;进入施工现场所有人员必须佩戴安全帽,严禁违章作业;及时清理管片,保证整洁

(3)现场标准化作业(图5-33~图5-35)

图5-33 反力架支撑拆除

图5-34 反力架拆除

图5-35 负环拆除

5.1.4 盾构掘进

主要施工工序:①管片、预制、运输;②管片防水材料粘贴;③盾构掘进施工;④同步注浆;⑤管片拼装(图5-36)。

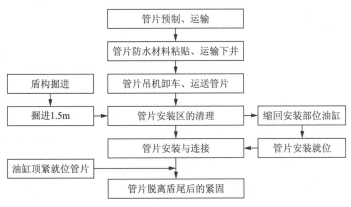

图 5-36　盾构掘进工艺流程图

盾构成型隧道段如图 5-37 所示。

图 5-37　盾构成型隧道段

5.1.4.1　管片预制

（1）工艺流程（图 5-38）

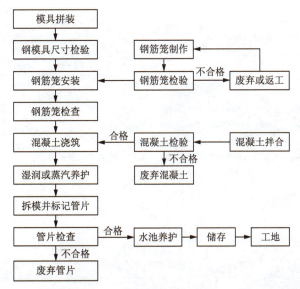

图 5-38　管片预制工艺流程图

（2）作业要点（表 5-9）

管片预制工序及要点　　　　表 5-9

序号	工序	作业要点
1	模板要求	选择具有钢模生产资质的专业厂家制造钢模，钢模要能满足工厂化、程序化的生产要求和产品的精度要求
2	原材料要求	水泥、粉煤灰、砂石料、外加剂、水等原材料应符合设计要求，经检验合格方可进场
3	配比	采用自动计量拌和系统。上料系统和搅拌系统要定期检验，使电子称量系统的精确度始终保持准确，搅拌机始终保持完好状态。严格控制混凝土搅拌时间
4	浇筑	从下料到振捣完毕的时间为 4～5min，坍落度控制在（50±20）mm 范围内，下料速度控制在 3min 以内，振动频率控制在（70±3）Hz
5	振捣	料斗开口对准模具中间进行放料；当混凝土注入模具一定量后才能启动振动台；全部振捣完成后，视气温及混凝土凝结情况掀开盖板进行光面
6	养护	蒸养前必须预养，时间不宜小于 2h，升温升温速度控制在每小时不超过 15℃，防止升温过快管片出现收缩裂纹，最高养护温度不高于 50℃，恒温时间不少于 2h。在整个过程中，由电脑监控调节蒸汽通入量的大小，降温速度不大于 10℃/h
7	安全文明施工	加强安全生产教育；机械、电焊操作人员经过岗位培训、持证上岗，穿戴好必要的防护用品；严格控制重点危险源；施工用电、机具的安全管理；进入施工现场所有人员必须佩戴安全帽，严禁违章作业。生产、生活垃圾分类处理和堆放，运输至指定地点并按规范处理

（3）现场标准化作业（图 5-39～图 5-42）

图 5-39　钢筋笼加工

图 5-40　钢筋笼入模及质检

图 5-41　混凝土振捣及抹面

图 5-42　水池养护

5.1.4.2　管片防水材料粘贴

（1）工艺流程（图 5-43）

图 5-43　管片防水材料粘贴工艺流程图

(2)作业要点(表 5-10)

管片防水材料粘贴工序及要点 表 5-10

序号	工 序	作业要点
1	防水涂料	管片外防水涂料涂刷前需均匀搅拌,若管片过于干燥时,需在施工前用清水充分润湿施工面。涂料第一次涂刷于基面后,间隔3h,再进行二次涂刷,涂刷基面为安装密封垫处以及外侧衬砌背面,涂刷完成8h内严禁管片遭雨水侵袭,涂料不粘手,养护满足设计要求后方可用于拼装
2	密封垫和海绵条粘贴	沟槽内粘贴面浮灰、油污清除干净,保持干燥、平整,材料进场并报验。密封垫嵌用木锤连续性敲击,粘贴后应牢固、平整、严密、位置正确,不得有起鼓、超长和缺口现象。自黏性橡胶薄板撕开贴纸后按设计位置粘贴,压平,粘牢
3	传力衬垫粘贴	传力衬垫的黏结剂为单组分氯丁—酚醛黏结剂,粘贴前将传力衬垫和管片粘贴处清理干净,均匀涂于管片和传力衬垫上,待不粘手时再粘贴,粘贴后应表面平整,不得出现脱胶、翘边、歪斜等。纵缝传力衬垫沿挡水槽内边缘粘贴,在每块管片的右侧贴一片,环向螺孔处留孔。变形缝传力衬垫粘贴在背千斤顶环面,封顶块贴一片,其他管片贴4片,粘贴尺寸同上,纵向螺栓孔处留孔
4	安全文明施工	加强安全生产教育;作业人员经过岗位培训,穿戴必要的防护用品;严格控制重点危险源;施工用电、机具的安全管理;进入施工现场所有人员必须佩戴安全帽,严禁违章作业。生产、生活垃圾分类处理和堆放,运输至指定地点并按规范处理

(3)现场标准化作业(图 5-44、图 5-45)

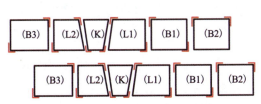

图 5-44 包角垫粘贴部位示意图

图 5-45 防水材料粘贴

5.1.4.3 盾构掘进施工

(1)工艺流程(图 5-46)

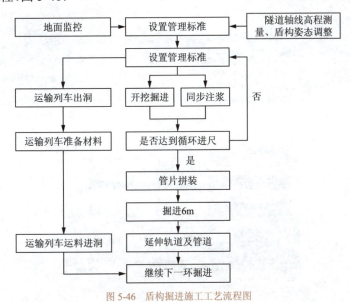

图 5-46 盾构掘进施工工艺流程图

(2) 作业要点(表 5-11)

盾构掘进施工工序及要点　　　　表 5-11

序号	工　序	作 业 要 点
1	施工准备	根据工程地质和水文地质条件、隧道埋深、线路平面与坡度、地表环境、施工监测结果、盾构姿态以及盾构始发掘进的施工参数经验设定盾构刀盘转速、推力、扭矩、螺旋输送机转速、土仓压力、排土量等掘进参数。做好材料准备,每环掘进前,相应的管片、油脂、泡沫、走道板、轨道、水管、水泥、膨润土、粉煤灰等材料需进场到位
2	材料运输	盾构掘进所需要的材料通过龙门吊垂直吊装、电瓶车有轨运输运送至隧道内。避免管片吊装过程中发生崩角等损坏或起吊时过猛造成的外部和内在的伤害。管片在电瓶车上用方木垫稳、卡实,防止管片在电瓶车运输过程中发生碰撞
3	轨道铺设	根据配套设备情况,按车辆最大行车速、最小半径、最大坡度、轨道材料、连接方式等要求进行铺设。运输轨道铺设顺直、固定牢靠、轨枕间距标准、轨道面平整。运行中对轨道、轨枕的维修保养指派专人负责,确保运输畅通和安全
4	渣土改良	盾构机上配置专用的泡沫及膨润土注入设备。向刀盘面、土仓或螺旋输送机内注入膨润土及泡沫剂,利用刀盘的旋转搅拌、土仓搅拌装置搅拌或螺旋输送机旋转搅拌使添加剂与土渣混合。通过渣土改良,可以更好地建立正面平衡压力,降低透水性,另外盾构切削下来的渣土也具有更好的流塑性和稠度
5	出渣量控制	每环实际出土量=理论出土量×松散系数,掘进时,盾构司机严格按照盾构掘进指令参数进行推进,同时做好出土量的记录。出现超、欠挖现象及时上报。必须使土充满土仓,并使排土量与开挖土量平衡。根据工程地质和水文地质条件,注入适当的添加剂,保持土质流塑状态
6	安全文明施工	加强安全生产教育;起重机司机、司索、指挥必须经过岗位培训、持证上岗,遵守"十不吊"原则,拒绝违章和冒险作业,穿戴好必要的防护用品;严格控制重点危险源;进入施工现场所有人员必须佩戴安全帽,严禁违章作业。遇有恶劣天气禁止吊装作业。洞内运输严格控制车速,保证电瓶车安全

(3) 现场标准化作业(图 5-47 ~ 图 5-49)

图 5-47　垂直运输

图 5-48　水平运输

图 5-49　盾构姿态视频监控室

5.1.4.4 同步注浆

(1) 工艺流程(图 5-50)

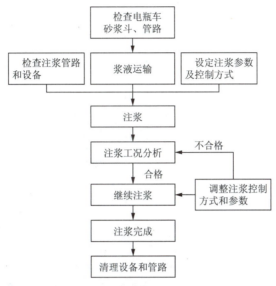

图 5-50 同步注浆工艺流程图

(2) 作业要点(表 5-12)

同步注浆工序及要点　　　表 5-12

序号	工　序	作　业　要　点
1	施工准备	原材料进场、注浆系统配置、参数设计、检测试验
2	原材料要求	具有良好的长期稳定性及流动性,并能保证适当的初凝时间,以适应盾构施工以及远距离输送的要求;具有良好的充填性能,满足注浆施工的前提下,尽可能早地获得高于地层的早期强度;浆液在地下水环境中,不易产生稀释现象;浆液固结后体积收缩小,泌水率小;原材料来源丰富、经济,施工管理方便,并能满足施工自动化技术要求;浆液无公害
3	施工配比	同步注浆浆液的主要物理力学性能应满足下列指标: ①胶凝时间:一般为 6~10h,根据地层条件和掘进速度,通过现场试验加入促凝剂及变更配比来调整胶凝时间; ②固结体强度:一天不小于 0.2MPa(相当于软质岩层无侧限抗压强度),28 天不小于 2.5MPa(略大于强风化岩天然抗压强度); ③浆液结石率:>95%,即固结收缩率 <5%; ④浆液稠度:8~12cm/m
4	浆液拌制	①水泥、粉煤灰、膨润土不可有结块现象,砂采用细度模数为 1.6~2.3 的细砂,不可含有大粒径的异物; ②原材料计量误差要控制在规范要求范围内,其中水泥误差控制在 1% 以内,其他控制在 2% 以内; ③各成分材料按合理顺序投放(水、水泥、砂依次进行); ④均匀搅拌,杜绝拌好的浆液中有结块
5	注浆量控制	注浆率根据注浆压力产生的压密系数、地质情况的土质系数、施工消耗系数、超挖系数等考虑,根据施工经验,譬如砂、砾石为主的渗透地层中,要考虑到较大的土质系数,可取 1.3~1.5,综合其他方面,浆液的注入率一般取值为 130%~180%
6	安全文明施工	加强安全生产教育;机械操作人员必须经过岗位培训,持证上岗,穿戴好必要的防护用品;严格控制重点危险源;进入施工现场所有人员必须佩戴安全帽,严禁违章作业。及时清理设备及隧道内泥浆,洞内生产、生活垃圾分类堆放并运至指定地点按规范处理

5.1.4.5 管片拼装

（1）工艺流程（图 5-51）

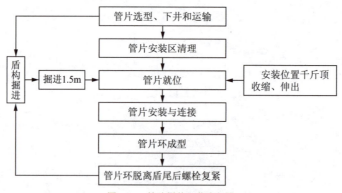

图 5-51　管片拼装工艺流程图

（2）作业要点（表 5-13）

管片拼装工序及要点　　　　　　表 5-13

序号	工序	作业要点
1	标准块安装	管片拼装顺序为先拼标准块，再拼装邻接块，最后拼装封顶块。在拼装开始前要仔细清除盾尾处拼装部位的垃圾和杂物，特别是当盾尾出现漏浆时。管片拼装时必须注意管片定位的正确
2	邻接块安装	管片安装应平顺相接、减小错台。调整时动作要平稳，避免管片碰撞破损。严格控制环面平整度。每环管片拼装时，应测量隧道椭圆度，不合格的及时纠正，直到椭圆度满足规范要求后方可进行下一环的推进
3	封顶块安装	封顶块先径向插入三分之一，然后用油缸轴向顶入。拼装过程中防止因插入角度不对，损害弹性水条，从而影响管片的防水效果。同时封顶块安装前，应实测并确保顶部两邻接块间距，并通过旋转管片安装机的角度来调整好邻接块间的间距，以便顺利安装封顶块
4	管片螺栓复紧	管片螺栓必须使用气动扳手对管片螺栓进行三次复紧，第一次在拼装过程中，第二次在拼装完成后掘进过程中，第三次在拼装完成后脱出盾尾；管片拧紧力矩不得小于 300N·m
5	拼装精度	管片拼装时，相邻管片的径向错台允许偏差 5mm，相邻环片环面错台允许偏差 6mm
6	掘进控制精度	水平偏差 ±100mm，高程偏差 ±100mm
7	安全及文明施工	加强安全生产教育；拼装机械操作人员必须经过岗位培训、持证上岗，拒绝违章和冒险作业，穿戴好必要的防护用品；严格控制重点危险源；进入施工现场所有人员必须佩戴安全帽，严禁违章作业。及时清理隧道内泥浆，保证隧道整洁美观

（3）现场标准化作业（图 5-52、图 5-53）

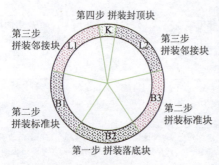

图 5-52　管片拼装示意图

图 5-53　管片拼装

5.1.5 盾构到达

洞门密封装置安装、接收架安装及固定、洞门破除同盾构始发施工。

(1) 工艺流程(图 5-54)

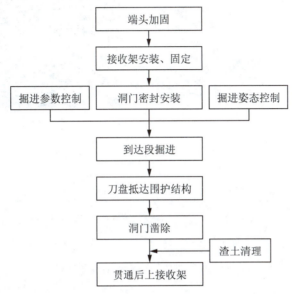

图 5-54 盾构接收施工流程图

(2) 作业要点(表 5-14)

盾构接收施工工艺流程图　　　　　　表 5-14

序号	工序	作业要点
1	土压、出土量控制	当盾构机刀盘离接收洞门小于 100m 后,开始降低推力、降低推进速度和刀盘转速,控制出土量并时刻监视土仓压力变化,避免较大的地表隆陷。贯通前 7~8 环,进一步降低盾构掘进推力,注意维持土仓压力值。在贯通前的最后 4 环,要求掘进速度控制在 10~20mm/min
2	穿越加固区施工	加固区内刀盘转速控制在 0.8~1.0r/min,推进速度控制在 10~20mm/min 以内。要密切注意刀盘油压、螺旋机油压等参数
3	止水环施作	在盾构接收前通过对管片的各个注浆孔逐个注入双液浆形成止水环,以阻断盾构后方渗漏通道。可根据注浆压力及时调整注浆量,压注顺序为从下到上
4	最后几环管片的安装	刀盘露出洞门后,加快最后几环管片拼装速度。盾构机进洞前洞内最后 10~15 环管片范围内,环向布设 6 道不小于 [10b 槽钢进行纵向拉紧。管片安装完毕需用风动扳手拧紧所有纵向和环向螺栓,且在下一环掘进过程中再次紧固螺栓
5	接收洞门封堵	盾体完全脱出洞门钢环后,进行洞门封堵。此时拉紧洞门翻板上的钢丝绳,保证各处缝隙封闭,形成完好密封。同时,通过管片吊装孔对最后三环管片进行双液注浆,注浆的过程中要密切关注洞门的情况,一旦发现有漏浆的现象应立即停止注浆并进行封堵处理。确保洞口注浆密实,洞门圈封堵严密
6	安全文明施工	加强安全生产教育;机械、电焊操作人员必须经过岗位培训、持证上岗,拒绝违章和冒险作业;穿戴好必要的防护用品;严格控制重点危险源;进入施工现场所有人员必须佩戴安全帽,严禁违章作业。高处作业时一定系好安全带;及时清理泥浆、渣土等,保证施工现场整洁美观

（3）现场标准化施工（图 5-55、图 5-56）

图 5-55　接收段管片纵向拉紧

图 5-56　盾构机上接收托架

5.1.6　盾构机刀具更换

盾构刀具更换根据地层自稳情况，一般方法有常压开仓换刀和气压开仓换刀两种。

盾构准备开仓前按照要求请第三方气体检测单位到现场进行仓内气体检测，并出具气体检测报告，由现场监理监督确认符合要求后方可按程序进仓作业。

从准备开仓至仓内安全作业过程中监理全程旁站监督，并对结果进行确认。

5.1.6.1　常压开仓换刀

（1）工艺流程（图 5-57）

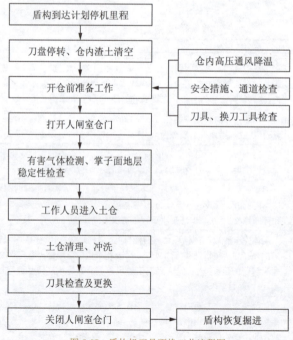

图 5-57　盾构机刀具更换工艺流程图

（2）作业要点（表 5-15）

盾构机刀具更换工序及要点　　　　　　表 5-15

序号	工　序	作 业 要 点
1	施工准备	开仓作业工具准备、洞内风水电准备、清仓机具及材料等。准备工作由专人负责，开仓前对降水水位进行跟踪，水位需到隧道底板以下 2m 方可进行开仓作业
2	掌子面稳定性确认	启动螺旋出土器，将土仓内渣土排空，观察土仓内压力变化，确认掌子面稳定性。常压开仓后首先按要求对土仓进行冷却与空气置换，然后由有经验的土木工程师鉴定掌子面地质条件，判断安全后其他人员方可进行下一步作业
3	刀具检查	由机电工程师对刀具进行检查，做好记录，并由机备部进行审核确认；由工程部对掌子面稳定情况进行进一步鉴定后，决定是否可进行既定方案的刀具处理施工
4	刀具处理	刀具处理的过程中，必须确保有一名土木工程师不间断地对掌子面稳定情况进行观察和记录。对清理出的刀具检查和处理后，撤出人员机具，转动刀盘，继续对刀盘和刀具进行检查处理
5	恢复掘进	刀具更换完毕，对刀具进行检查复紧，确认已更换完毕，清理土仓内工具，关闭仓门，恢复掘进
6	安全文明施工	加强安全生产教育，机械操作人员必须经过岗位培训、持证上岗，拒绝违章和冒险作业，穿戴好必要的防护用品；严格控制重点危险源；进入施工现场所有人员必须佩戴安全帽，严禁违章作业；施工用电、机具的安全管理。进仓前进行有害气体检测，保证施工安全；及时清理更换刀具及施工现场泥浆、渣土，并运至指定地点存放

（3）现场标准化作业（图 5-58、图 5-59）

图 5-58　人员进仓

图 5-59　刀具运输

5.1.6.2　气压开仓换刀

（1）工艺流程（图 5-60 ～ 图 5-62）

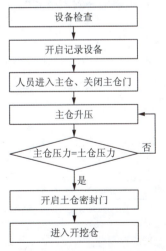
图 5-60　人员进入土仓流程图

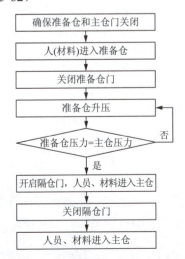
图 5-61　人员(材料)经准备仓进入主仓流程图

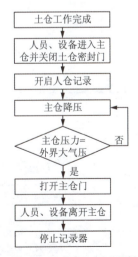
图 5-62　人员离开土仓流程图

(2)作业要点(表5-16)

气压开仓换刀工序及要点　　　　表5-16

序号	工 序	作 业 要 点
1	施工准备	盾构人仓系统保压试验,密封材料准备、刀具及相应的工具准备,空压机、人闸检查,进仓人员体检等
2	盾尾密封	倒数第3环、第4环的每一个注浆孔注入聚氨酯。聚氨酯注入完毕后,在倒数第5环到第7环进行系统双液注浆。所有注浆孔必须全部开孔注浆,确保壁后填充密实
3	泥膜建立	①通过盾构机胸壁中上部的预留孔采用同步注浆泵注入膨润土,膨润土黏度需进行现场试验,稠度达到80～100s方可使用。加膨润土过程中如果土仓压力过高,适当出土,再加膨润土。控制土仓压力在2.0bar(1bar=10^5Pa,下同)以内,缓慢转动刀盘持续时间不小于2h,使膨润土充分进入刀盘周围的地层,形成气压保护膜; ②开仓前,出土加气并根据情况再添加部分膨润土建立土仓内气压平衡,保留土仓内土体占总容积的1/3; ③开仓作业过程中,需随时观察掌子面膨润土泥膜情况,一旦出现泥膜开裂,应立即停止开仓作业,重新充填膨润土,重复上述作业
4	进仓	将一个作业循环内所需的物品全部运入主仓,打开主仓上的双倍条形码记录器并检查它是否能正常工作,纸张是否充足;关闭主仓的空气仓门并确保它正确锁好;当主仓室压力等于盾构机土仓压力,缓慢打开主仓和土仓之间的卸压球阀开关;人仓管理员要通过电话一直与坐在主仓中的人员联系,随时监控健康状况;缓慢加压,并打开主仓外的进气球阀以保证主仓内一定的通风量,通风量必须保证至少0.5m³/min;按照检查刀盘及换刀作业程序进行工作并详细填写刀盘检查情况及刀具磨损与损坏情况
5	土仓作业	向土仓内接入单独氧气管路供氧,保证土仓的通风、排出废气并保持土仓内气压在给定值;作业过程中若需向土仓内送入物资,则启用准备仓,准备仓的操作和空气仓类似;仓内作业人员采用轮班制,每人每天带压工作不得超过8h;检查刀盘刀具的完整性和磨损 情况确定更换部位
6	刀具更换	从中心刀开始依次 往外圈更换刀具。把1.5t手动倒链悬挂在土仓顶部的吊耳上,吊起拆掉的坏刀采用依次更换吊点办法把坏刀运送出;仓外的人员用1.5t手动倒链采用依次更换吊点把新刀运进土仓内;再依次安装新刀,按刀具螺栓的紧固扭矩紧固螺栓
7	出舱撤离	主仓和准备仓之间的空气仓门关闭,工作人员离开开挖仓进入主仓。通过主仓减压方案减压后离开主仓或通过主仓缓慢降压后离开主仓进入减压舱进行减压舱减压方案减压;做好详细的换刀记录
8	安全文明施工	加强安全生产教育;进仓人员必须经过专业体检、岗位培训,拒绝违章和冒险作业,穿戴好必要的防护用品;严格控制重点危险源;进入施工现场所有人员必须佩戴安全帽,严禁违章作业;施工用电、机具的安全管理。进仓前进行有害气体检测,保证施工安全;及时清理更换刀具及施工现场泥浆、渣土,并运至指定地点存放

5.1.7 盾构机过站

(1)工艺流程(图5-63)

图5-63　盾构机过站工艺流程图

盾构过站示意如图5-64所示。

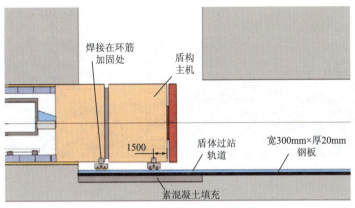

图 5-64 盾构过站示意图(尺寸单位:mm)

(2)作业要点(表 5-17)

盾构机过站工序及要点 表 5-17

序号	工 序	作 业 要 点
1	钢板铺设	平整场地及在底板铺满 20mm 的钢板。钢板间接缝每隔 1m 进行段焊,铺设或焊接时必须保证接缝的平整,必要时进行打磨处理。在车站标准段底板铺设 20mm 厚的钢板,用来前移盾构机及移动小车
2	滚轮焊接	钢板与盾体之间焊缝间距 100～150mm,每一处焊缝长度 150mm,每一侧保证双面焊。前后滚轮之间加焊 3 道槽钢保证整体性
3	盾构机平移	盾构主机固定于接收基座上,盾构主机与后配套分离。在盾构机两侧一定高度等距各焊接三块牛腿,安装六台 100t 的油压千斤顶;顶升作业,使基座导轨与过站小车导轨平滑相连,将盾构主机滑行于过站小车内弧面的轨道上,并将盾构机与过站小车焊接固定。在过站小车侧方前安装 2 个行程为 1500mm 的 20t 油压千斤顶,利用小车前方设置在钢板上的固定螺栓作为牵引点,开启牵引千斤顶油缸,驱动过站小车前移。当盾构机移动到端头墙时,将盾构主机从过站小车滑行于始发基座上,使用顶升的方法,将主机连同基座下降至盾构始发井,然后横向、纵向移动到始发位置
4	安全文明施工	加强安全生产教育;机械、电焊操作人员必须经岗位培训、持证上岗,拒绝违章和冒险作业,穿戴好必要的防护用品;严格控制重点危险源;进入施工现场所有人员必须佩戴安全帽,严禁违章作业;施工用电、机具的安全管理。及时清理施工现场泥浆、渣土,并运至指定地点存放

(3)现场标准化作业(图 5-65～图 5-68)

图 5-65 轨道铺设

图 5-66 滚轮焊接

图 5-67 千斤顶助推

图 5-68 盾构机过站

5.1.8 盾构机盾尾刷更换

（1）工艺流程（图 5-69）

图 5-69 盾构机盾尾刷更换工艺流程图

（2）作业要点（表 5-18）

盾构机盾尾刷更换工序及要点　　　　表 5-18

序号	工　序	作 业 要 点
1	施工准备	选择地下水较少且稳定的地层；或通过相应的地层加固，达到可换盾尾密封刷的条件；撑垫准备；准备足够数量的密封刷，保证更换过程中密封刷的供应
2	停机注浆	防止盾尾密封刷更换过程中出现漏水、冒泥，停止掘进后，需通过倒数第 2、3 环管片吊装孔向管片背后注入双液浆
3	尾刷拖出	当油缸全部伸出时，此时尾盾露出加强环；在管片安装模式下，将事先准备好的撑垫安放于管片与推进油缸之间，利用推进油缸向前顶推 盾构掘进至露出两道盾尾刷
4	尾刷更换	缩回点位处的推进油缸，拆除回缩点位撑垫；清理并割除尾刷，打磨平整后再焊接新盾尾刷；涂抹盾尾密封油脂，利用管片安装机安装点位处的撑垫，推进油缸顶紧撑垫。按点位重复上述步骤依次更换其余密封刷
5	管片安装	按照管片安装位置拆除对应位置的撑垫，装上管片，待所有管片安装完成且管片螺栓上紧后，开始对盾尾加注油脂，注脂量要达到填满沟槽为止。恢复正常掘进
6	安全文明施工	加强安全生产教育；电焊操作人员必须经过岗位培训、持证上岗，拒绝违章和冒险作业，穿戴好必要的防护用品；严格控制重点危险源；进入施工现场所有人员必须佩戴安全帽，严禁违章作业；施工用电、机具的安全管理。及时清理盾尾刷施工现场泥浆、渣土、油脂等，并运至指定地点存放、处理

（3）现场标准化作业（图 5-70～图 5-73）

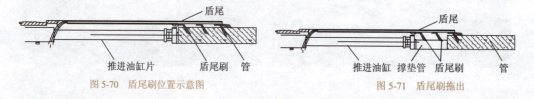

图 5-70 盾尾刷位置示意图　　　　图 5-71 盾尾刷拖出

图 5-72 盾尾刷割除清理

图 5-73 盾尾刷焊接

5.1.9 二次注浆

二次注浆主要施工工序：①安装注浆管；②拌制浆液；③注浆；④注浆效果检查（图 5-74）。

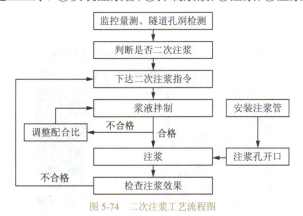
图 5-74 二次注浆工艺流程图

二次注浆施工如图 5-75、图 5-76 所示。

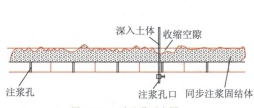
图 5-75 二次注浆示意图

图 5-76 二次注浆施工

5.1.9.1 注浆管安装

（1）工艺流程（图 5-77）

图 5-77 注浆管安装流程图

(2)作业要点(表 5-19)

注浆管安装工序及要点　　　　　　表 5-19

序号	工序	作业要点
1	材料检查	注浆管及连接件相应材料进场后对其进行检查,要求必须满足现场注浆压力及注浆流量等参数需要,如不满足则需立即退场,重新配置
2	安装球阀	根据注浆指令,对相应管片的预留注浆孔安装 球阀,要求球阀的型号与现场预留孔一致
3	注浆孔开口	打开球阀阀门,使用风钻打穿管片壁后保护层或将钢钎插入孔口管内部,用大锤击打钢钎,打穿管片。拔出钻杆或钢钎,关闭球阀
4	安装注浆管	根据管片注浆孔孔径和预埋注浆管螺纹的大小加工注浆孔口管;先在注浆管内安装止浆阀,然后将加工好的孔口管插入管片预留注浆孔,拧紧
5	检查安装质量	管道安装完成后,对所有管道的连接处进行检查,看连接件是否拧紧,保证所有连接处均不漏浆
6	安全文明施工	加强安全生产教育;机械操作人员必须经过岗位培训,持证上岗,穿戴好必要的防护用品;严格控制重点危险源;进入施工现场所有人员必须佩戴安全帽,严禁违章作业。及时清理设备及隧道内泥浆,洞内生产、生活垃圾分类堆放并运至指定地点按规范处理

(3)现场标准化作业(图 5-78)

图 5-78 注浆管安装

5.1.9.2 浆液拌制

(1)工艺流程(图 5-79)

图 5-79 浆液拌制工艺流程图

(2)作业要点(表 5-20)

浆液拌制工序及要点　　　　　　表 5-20

序号	工序	作业要点
1	水泥原材送检	水泥原材进场后对其进行见证取样送检,每批次每 200t 送检一组。复检合格后方可使用
2	确定水灰比	二次注浆水灰比控制在 1:1 至 1:1.2,可根据现场实际情况进行调整,如是双液浆,水玻璃与水泥浆比例控制在 1:1
3	水泥、水称量	根据搅拌罐容积,计算出水泥及水的重量,在先将水按计算值称重至搅拌罐,再放入相应比例的水泥

续上表

序号	工 序	作 业 要 点
4	水泥浆搅拌	按照先放水再放水泥的原则,按比例放好之后开始拌浆,每罐搅拌时间不得少于2min,如长时间不用,每隔5min必须重复搅拌,避免凝固结块
5	水泥浆检验	取现场已经搅拌好的水泥浆,测其泥浆相对密度,与相应水灰比的理论相对密度进行对比
6	安全文明施工	加强安全生产教育;操作人员必须经过岗位培训、持证上岗,穿戴好防护用品;严格控制重点危险源;进入施工现场所有人员必须佩戴安全帽,严禁违章作业。及时清理设备及隧道内泥浆,洞内生产、生活垃圾分类堆放并运至指定地点按规范处理

(3)现场标准化作业(图5-80、图5-81)

图 5-80 水灰比试验

图 5-81 浆液拌制

5.1.9.3 注浆

(1)工艺流程(图5-82)

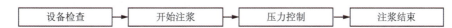

图 5-82 注浆工艺流程图

(2)作业要点(表5-21)

注浆工序及要点 表5-21

序号	工 序	作 业 要 点
1	设备检查	在注浆前,先检测所有注浆设备,保证其功能完好,满足施工需要,特别是检查注浆压力表,试机是否灵敏
2	注浆	注浆时,先打开球阀,再打开注浆泵,保证注浆安全。同时,注浆时应观察管道是否有泄压漏浆等情况出现、管片及注浆孔情况,同时在地表应同步进行监测,避免出现沉降或隆起情况
3	控制注浆压力	二次注浆压力较同步注浆压力大0.3~0.5MPa,注浆时应时刻观察注浆压力情况,如遇压力突然上升或持续上升,应及时停止注浆,结合监测数据分析其原因
4	注浆结束	根据注浆压力及监测数据分析,如已注浆饱满,则停止注浆。注浆完成,待浆液终凝后,打开阀门确认无渗漏水现象,方可拆下管片压浆口处的球阀,并将压浆孔用手孔盖封严,并清洗注浆设备及管路
5	安全文明施工	加强安全生产教育;机械操作人员必须经过岗位培训、持证上岗,穿戴好必要的防护用品;严格控制重点危险源;进入施工现场所有人员必须佩戴安全帽,严禁违章作业。及时清理设备及隧道内泥浆,洞内生产、生活垃圾分类堆放并运至指定地点按规范处理

(3)现场标准化作业(图5-83)

图5-83 注浆

5.1.10 洞门环梁施工

主要施工工序:①搭建脚手架;②洞门二次注浆堵漏;③洞门环拆除;④防水施工;⑤钢筋工程;⑥模板工程;⑦混凝土浇筑(图5-84)。

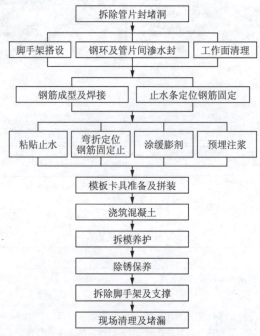

图5-84 洞门环梁施工流程图

其中"洞门二次注浆堵漏"见5.1.9节——二次注浆。

5.1.10.1 搭设脚手架

(1)工艺流程(图5-85)

图5-85 脚手架搭设工艺流程图

(2)作业要点(表5-22)

搭设脚手架工序及要点 表5-22

序号	工 序	作 业 要 点
1	施工准备	根据现场的实际情况,脚手架下方必须保留可让电瓶车通过的通道
2	搭设作业	放置纵向扫地杆,设横向扫地杆并与立杆固定,设置连墙件。随搭设进程及时装设连墙件和剪刀撑。装设作业层间横杆、铺设脚手板和装设作业层栏杆、挡脚板或围护,封闭措施
3	拆卸作业	连墙件待其上部杆件拆除完毕后才能拆除,平杆件随下撤,不得挂在架上。拆除长杆件时应两人协同作业,避免单人作业时的闪失事故;拆下的杆配件应吊运到地面,不得向下抛掷
4	安全文明施工	加强安全生产教育;作业人员必须经过岗位培训,穿戴好必要的防护用品;做好安全防护,高处作业系好安全带;严格控制重点危险源;脚手架严格按照规范要求搭设;进入施工现场所有人员必须佩戴安全帽,严禁违章作业

(3)现场标准化作业(图5-86、图5-87)

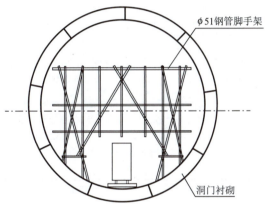

图5-86 脚手架示意图(正视图)

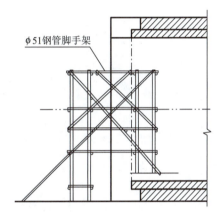

图5-87 脚手架示意图(侧视图)

5.1.10.2 洞门环拆除

(1)工艺流程(图5-88)

图5-88 洞门环拆除工艺流程图

(2)作业要点(表5-23)

洞门环拆除工序及要点 表5-23

序号	工 序	作 业 要 点
1	施工准备	洞门处二次注浆已完成,确保洞门无渗漏水
2	管片开孔	管片上取孔只限于顶部三块,每块管片钻取两个直径50mm的孔,位置距管片外边80cm紧贴洞门钢环取孔
3	顶部管拆除	顶部第一块的拆除主要通过破碎的方式拆除。先在脚手架顶部搭设脚手板,然后用风镐进行管片混凝土破碎
4	剩余管片拆除	将连接管片的环向螺栓和纵向螺栓全部拆除,用钢丝绳穿入管片露出的环向螺栓孔,龙门吊提升将管片拉出;将钢丝绳穿入管片纵向螺栓,用电瓶车拖住钢丝绳往外拉拖出管片
5	安全文明施工	加强安全生产教育;作业人员必须经过岗位培训,穿戴好必要的防护用品;做好安全防护、高处作业系好安全带;严格控制重点危险源;脚手架严格按照规范要求搭设;进入施工现场所有人员必须佩戴安全帽,严禁违章作业;及时清理场地垃圾及拆除的管片,运送至指点地点处理

5.1.10.3 防水施工

（1）工艺流程（图5-89）

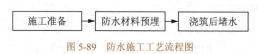

图5-89　防水施工工艺流程图

（2）作业要点（表5-24）

防水施工工序及要点　　　　　　　　　表5-24

序号	工　序	作 业 要 点
1	施工准备	止水带的粘贴基面须光滑平整，没有台阶、蜂窝麻面。止水带准备在粘贴或固定时须牢固，切实做好施工缝的嵌缝工作
2	防水材料预埋	根据现场洞圈和成环的实际尺寸，决定两道止水条的长度。对防水止水条两头搭接部位，预留10～20cm，以便黏结。黏结剂涂刷材料后，凉置一段时间，待手指不粘时，在将橡胶条黏结压实。预埋沿缓膨型遇水膨胀橡胶止水条长度方向每隔500mm用高强钉加以固定
3	浇筑后堵水	首先对隧道洞门处的0～5环进行壁后二次注浆。浆液采用水后堵泥-水玻璃双液浆，注浆完成后打探孔进行注浆堵水效果检查，合格后进行0环拆除，不合格继续注浆直到合格为止
4	安全文明施工	加强安全生产教育。与施工生产无关人员禁止进入施工场地。所有进入施工现场的作业人员必须戴好安全帽，高处作业必须系好安全带。特殊工种作业人员必须持证上岗，严禁无证操作。严禁使用安全防护装置不合格或不齐全的机械设备。施工作业人员之间、人员与机械之间必须保持安全距离，避免造成伤害。施工现场电气设备和线路等应装漏电保护器，做到一机、一闸、一漏电保护。脚手架搭设必须满足规范要求

（3）现场标准化作业（图5-90、图5-91）

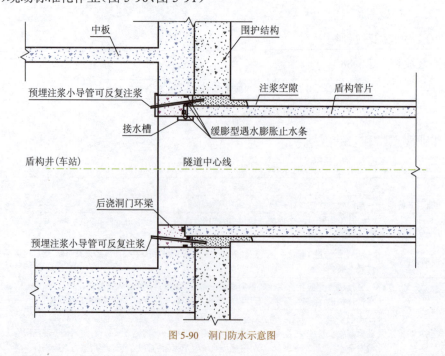

图5-90　洞门防水示意图

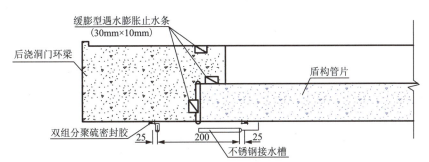

图 5-91 接水槽大样图(尺寸单位:mm)

5.1.10.4 钢筋工程

(1)工艺流程(图 5-92)

图 5-92 钢筋工程工艺流程图

(2)作业要点(表 5-25)

钢筋工程施工工序及要点　　　　　表 5-25

序号	工　序	作业要点
1	施工准备	先通过相邻第二环管片的吊装孔进行二次双液注浆。保证注浆的效果
2	钢筋加工	钢筋焊接使用焊条、焊剂的牌号、性能以及使用的钢板及型钢均要符合规范要求和有关规定
3	钢筋成型与安装	钢筋的钢种、根数、直径、级别等符合设计要求,同一根钢筋上在 30d 且 <500mm 的范围内只准有一个接头,绑扎或焊接接头与钢筋弯曲处相距不应小于 10 倍主筋直径,也不宜位于最大弯矩处。钢筋搭接采用搭接焊。钢筋骨架以梅花状点焊,并设足够数量及强度的限位筋,保证钢筋位置准确。在洞门钢环上焊接锚固筋将焊接成型的钢筋骨架连接稳定牢固,保证在安装及浇筑混凝土时不松动或变形,钢筋与模板间设置足够数量与强度的垫块,确保钢筋的保护层达到设计要求
4	安全文明施工	加强安全生产教育。与施工生产无关人员禁止进入施工场地。所有进入施工现场的作业人员必须戴好安全帽,高处作业必须系好安全带。特殊工种作业人员必须持证上岗,严禁无证操作。严禁使用安全防护装置不合格或不齐全的机械设备。施工作业人员之间、人员与机械之间必须保持安全距离,避免造成伤害。施工现场电气设备和线路等应漏电保护器,做到一机、一闸、一漏电保护。脚手架搭设必须满足规范要求。工程材料、制品构件堆放整齐,机具设备机容整洁

(3)现场标准化作业(图 5-93)

图 5-93 洞门环梁 钢筋安装检查

5.1.11 联络通道

联络通道主要施工工序有：①地层加固；②管片加固；③洞口防护；④管片开口；⑤开挖及支护。其中地层加固见 5.1 节——始发（到达）地层加固，联络通道开挖及支护同第七章——隧道喷锚暗挖（图 5-94）。

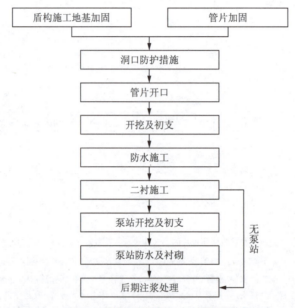

图 5-94 联络通道（兼泵站）工序流程图

联络通道 3D 示意图如图 5-95 所示。

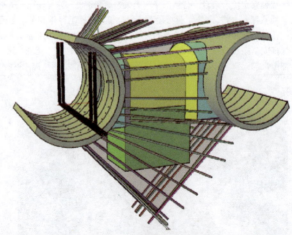

图 5-95 联络通道 3D 示意图

5.1.11.1 地层加固

冷冻法施工工艺详见 5.1 节始发（接收）地层加固。

5.1.11.2 管片加固

(1) 工艺流程(图 5-96)

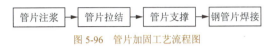

图 5-96 管片加固工艺流程图

(2) 作业要点(表 5-26)

管片加固工序及要点 表 5-26

序号	工 序	作业要点
1	管片注浆	通道前后各 5 环进行管片壁后注浆,以水泥浆为主,注浆压力 0.2～0.4MPa,注浆顺序从前后往中间、从下而上
2	管片拉结	对管片拉结螺栓进行检查复紧。采用 I40 槽钢通过管片吊装孔对临近 10 环管片纵向拉结
3	管片支撑	在积极冻结前或通道开挖前(非冻结加固)对通道两侧管片进行支撑。支撑架采用型钢制作
4	钢管片焊接	钢管片之间(欲拉开的管片除外)接缝采用满焊的方式将每条拼装缝焊接好,以提高其整体性。焊接前进行除锈除垢处理,采取对称方式焊接,焊接材料 J422 型结构钢焊条,用手工电弧焊焊接
5	安全文明施工	加强安全教育培训及安全交底;与施工生产无关人员禁止进入施工场地;所有进入施工现场的作业人员必须戴好安全帽,高处作业必须系好安全带;严格执行安全用电有关规定和规范标准;遵循工完料尽场清原则

(3) 现场标准化作业(图 5-97)

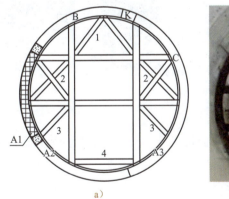

图 5-97 管片支撑示意图

5.1.11.3 洞口防护措施

(1) 工艺流程(图 5-98)

图 5-98 安全防护措施流程

（2）作业要点（表 5-27）

作业要点　　　　　　　　　　　　　　　　表 5-27

序号	工序	作业要点
1	施工平台	在开挖侧正线隧道内布置中间平台、材料平台及应急物资平台
2	应急物资	在盾构井底板及隧道内储备应急物资。隧道内应急物资：砂袋≥3m³、袋装水泥≥1t、双块水泥≥0.5t，水玻璃≥1t，潜水泵 2 台、双液注浆机 1 台、空压机 1 台、电焊机 1 台、各种规格尺寸的钢板、型钢、方木等若干
3	安全门安装	安全防护开关应便于人工操作，紧固螺栓、风管及连接件、扳手等配件及操作工具应准备到位。防护门应能灵活开闭，关闭后能承受水土压力，开启不影响施工
4	安全门检测	安全门安装后进行打压检验。耐压值＞水土压力。打压试验：关闭防护门→注水→空压机加压至设定值
5	安全文明施工	加强安全教育培训及安全交底。与施工生产无关人员禁止进入施工场地。所有进入施工现场的作业人员必须戴好安全帽，高处作业必须系好安全带。严格执行安全用电有关规定和规范标准。遵循工完料尽场清原则

（3）现场标准化作业（图 5-99、图 5-100）

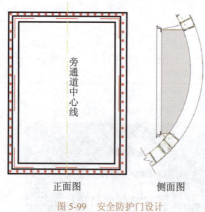

图 5-99　安全防护门设计

图 5-100　联络通道施工现场

5.1.11.4　管片开口

地基加固及洞口防护措施符合要求后才能进行管片开口。管片分为钢筋混凝土管片和特殊钢管片 2 种。

（1）工艺流程（图 5-101）

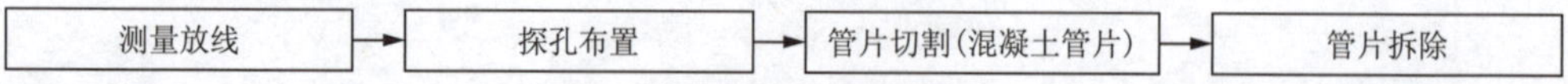

测量放线 → 探孔布置 → 管片切割（混凝土管片） → 管片拆除

图 5-101　管片开口工艺流程

（2）作业要点（表 5-28）

管片开口工序及要点　　　　　　　　　　　表 5-28

序号	工序	作业要点
1	施工准备	洞口防护措施符合要求
2	探孔布置	联络通道上、中、下位置均需布设探孔，观察探孔情况，确保加固效果满足开挖要求方可进行下步工作

续上表

序号	工序	作业要点
3	管片切割（混凝土管片）	利用水钻或其他破除器械切割破除管片。开口处管片从上向下分2块切割,切割过程严密监控切口、管片的变化情况,出现异常立即停止切割,采取相应措施
4	管片拆除	混凝土管片:利用手拉葫芦将已切割的管片拉出,并运输至井口吊出。钢管片:用千斤顶及手拉葫芦按一定顺序(S5→S3→S6→S4)先将上部4块拉开,待通道贯通后拆除安全门再拉下部2块(S9、S10),如图5-102所示,用千斤顶及葫芦拉拔期间要注意观察管片外移情况,并随时注意调整2t葫芦拉紧程度和方向
5	安全文明施工	加强安全教育培训及安全交底。与施工生产无关人员禁止进入施工场地。所有进入施工现场的作业人员必须戴好安全帽,高处作业必须系好安全带。严格执行安全用电有关规定和规范标准。管片拆除过程中施工作业人员之间、人员与机械之间必须保持安全距离,避免造成伤害。遵循工完料尽场清原则

(3)现场标准化作业(图5-102)

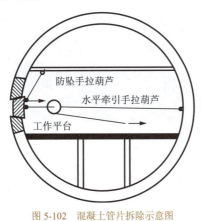

图 5-102　混凝土管片拆除示意图

5.2　泥水平衡盾构

5.2.1　始发（到达）地层加固

参考5.1.1章节相关内容。

5.2.2　盾构吊装

参考土压平衡盾构吊装工艺。

5.2.3　泥水处理系统

(1)主要施工工序

①场地平整;②基础修建;③泥水处理设备安装;④设备调试、运行。

(2)作业要点（表 5-29）

泥水处理系统施工工序及要点　　　表 5-29

序号	工序	作业要点
1	施工准备	施工人员、材料准备，根据施工现场实际情况，编制实际可行的泥水处理系统施工方案。施工前组织安全技术交底会。各类机具设备符合方案实施需求，设备性能满足要求
2	设备安装	严格按照设备图纸进行安装（吊车配合）。市区施工必须安装隔音棚，减轻噪声污染
3	调试运行	设备安装完毕后，严格按操作规程进行调试、试运行，合格后方可正式运行
4	安全文明施工	加强安全生产教育；所有施工人员必须经过岗位培训、特殊岗位持证上岗，拒绝违章和冒险作业，穿戴好必要的防护用品；严格控制重点危险源；进入施工现场所有人员必须佩戴安全帽，严禁违章作业。遇有恶劣天气禁止吊装作业。临边观察、高空作业时一定扣挂好安全带。采取边焊接边探伤的方式严格控制焊接质量

(3)现场标准化作业（图 5-103～图 5-105）

图 5-103　泥浆循环系统

图 5-104　泥水分离设备

图 5-105　泥浆管路铺设

5.2.4　盾构施工

泥水盾构施工其他工序参考"5.1　土压平衡盾构"相关内容。

5.3　顶管施工

5.3.1　始发（到达）地层加固

参照 5.1.1 节内容。

5.3.2　顶管吊装

(1)工艺流程（图 5-106）

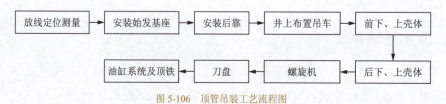

图 5-106　顶管吊装工艺流程图

（2）作业要点（表5-30）

表5-30

序号	工　序	作 业 要 点
1	施工准备	机械人员准备、吊装前吊装环境验收，根据施工现场实际情况，编制实际可行的盾构吊装方案。吊装之前组织安全交底会。地基采取加固措施，须符合承载力要求。各类机具设备符合方案实施需求，设备性能满足要求
2	试吊	翻转完毕后，起吊机头离地500mm下落试吊，检查地面承载情况，完好无异常后方可继续吊装
3	吊装	顶管机采用分块吊至井内预先安置好的基座上，下井吊装过程中，操作人员须明白各自职责、有条不紊、密切配合
4	安全文明施工	加强安全生产教育；起重机司机、司索、指挥必须经过岗位培训、持证上岗，遵守"十不吊"原则，拒绝违章和冒险作业，穿戴好必要的防护用品；严格控制重点危险源；进入施工现场所有人员必须佩戴安全帽，严禁违章作业。遇有恶劣天气禁止吊装作业。临边观察、高空作业时一定扣挂好安全带；采取边焊接边探伤的方式严格控制焊接质量

（3）现场标准化作业（图5-107～图5-111）

图5-107　始发基座安装

a)　　　　　　　　　　　　　　b)

图5-108　前上、下壳体吊装

a)

b)

图5-109　后上、下壳体吊装

图5-110　主顶油缸安装

图5-111　油缸架下井安装

5.3.3 顶管始发

（1）工艺流程（图5-112）

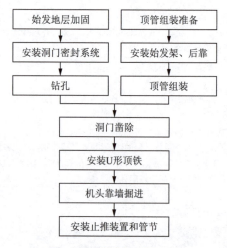

图5-112 顶管始发工艺流程图

（2）作业要点（表5-31）

顶管始发工序及要点 表5-31

序号	工序	作业要点
1	施工准备	严格按照地层加固方案和顶管吊装方案实施，做好技术和组织准备工作
2	始发架和后靠安装	根据测量定位线进行焊接加固，以确保良好的始发姿态
3	钻孔和洞门凿除	参见盾构施工钻孔和洞门凿除内容
4	安全文明施工	加强安全生产教育；机械、电焊操作人员必须经过岗位培训、持证上岗，拒绝违章和冒险作业；穿戴好必要的防护用品；严格控制重点危险源；进入施工现场所有人员必须佩戴安全帽，严禁违章作业。高处作业时一定系好安全带；及时清理泥浆、渣土等，保证施工现场整洁美观

（3）现场标准化作业（图5-113）

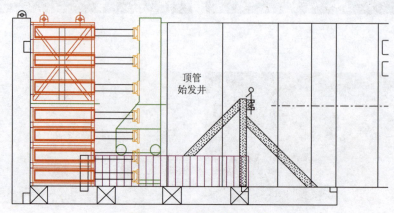

图5-113 止退装置（后背）示意图

5.3.4 顶管掘进

(1) 工艺流程

主要施工工序：①管节预制；②管节防水；③顶管掘进施工；④拌浆；⑤管节拼装；⑥预应力张拉（图5-114）。

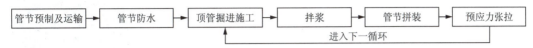

图5-114 顶管掘进工艺流程图

(2) 作业要点（表5-32）

顶管掘进工序及要点　　　　表5-32

序号	工序	作业要点
1	施工准备	严格按照地层加固方案和顶管吊装方案实施，做好技术和组织准备工作
2	管节防水	①锯齿形弹性密封止水圈采用胶粘剂粘贴于管节基面上，粘贴前确保管节基面干燥、整洁，以确保止水圈粘贴牢靠；②管节上部凹槽采用聚氨酯密封胶嵌注，聚氨酯密封胶涂抹应连续、均匀，并充满整个凹槽；③管节与管节之间采用中等硬度的木质材料—胶合板作为衬垫，胶合板采用模板取孔器取孔、切割完成后，射钉固定于管节基面，板接头采用企口方式连接
3	顶管掘进施工	①根据地质和埋深设定土压；②严格控制掘进参数，即顶进推力、顶进速度、螺旋机速度，控制好出土量，保证掌子面的稳定；③根据施工现场实际情况，需对渣土进行改良，使渣土具有较好的塑性，流动性和止水性；④顶管管节设置10个注浆孔，压注触变泥浆填充管道的外周空隙以减少地层损失控制地面沉降和减少顶进阻力；顶进时压浆要及时，确保形成完整、有效的泥浆套，必须遵循"先压后顶、随顶随压、及时补浆"的原则。⑤纠偏可采用泥土泵打土方式
4	拌浆	严格按照技术交底进行配料，保证浆液质量
5	管节拼装	管节吊装过程中，管节下方严禁站人，采用绳索进行牵引。吊装作业由专人指挥，应缓慢进行，严禁大幅度升降。管节安装设置定位架，管节下放应缓慢靠近定位架，不得大幅度摆动、冲撞
6	预应力张拉	①张拉程序为：0 → 初应力 → σ_{con}（持荷2min锚固），初应力为张拉控制应力σ_{con}的10%～15%，预应力钢束应根据设计分批对称张拉，左右对称。钢束两端张拉时，应保持两端张拉同步；②预应力钢绞线张拉完成后，应及时进行孔道压浆，完成压浆后，及时浇筑封锚混凝土。封锚混凝土的强度等级应符合设计要求，不宜低于结构混凝土强度等级的80%，且不低于30MPa
7	安全文明施工	加强安全生产教育；机械、电焊操作人员必须经过岗位培训、持证上岗，拒绝违章和冒险作业，穿戴好必要的防护用品；严格控制重点危险源；进入施工现场所有人员必须佩戴安全帽，严禁违章作业。高处作业时一定系好安全带；及时清理泥浆、渣土等，保证施工现场整洁美观

(3) 现场标准化作业（图5-115～图5-118）

图5-115 管节吊装

图5-116 顶管出土

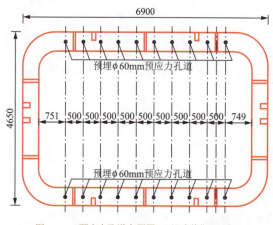

图5-117 预应力孔道布置图 （尺寸单位：mm）

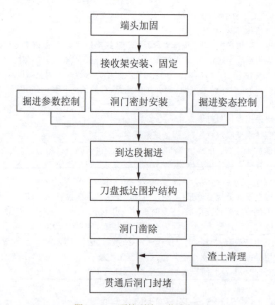

图5-118 顶管触变泥浆管布设及成型隧道段

5.3.5 顶管到达

（1）工艺流程（图5-119）

图5-119 顶管到达工艺流程图

（2）作业要点（表5-33）

顶管到达工序及要点 表5-33

序号	工　序	作业要点
1	穿越加固区施工	顶管穿越加固区，控制顶进速度 5～10mm/min，匀速推进
2	洞门密封安装	检查完洞门加固质量后，在洞门钢环内焊接 1 道钢丝刷，外侧安装帘布橡胶板和折页压板，到达加固体后，掌子面前，低推力，低转速，尽可能地多出土，晚破坏掌子面；掌子面破坏后要快速地推出，以防止漏泥漏水

续上表

序号	工　序	作 业 要 点
3	最后3环管节的注浆	推进时要密切关注顶管姿态突变情况,勤测量、勤纠偏,并在顶进最后3环管节时,在顶管机后注入高稠度泥浆,防止到达时漏浆
4	安全文明施工	加强安全生产教育;机械、电焊操作人员必须经过岗位培训,持证上岗,拒绝违章和冒险作业,穿戴好必要的防护用品;严格控制重点危险源;进入施工现场所有人员必须佩戴安全帽,严禁违章作业。高处作业时一定系好安全带;及时清理泥浆、渣土等,保证施工现场整洁美观

(3)现场标准化作业(图5-120)

图5-120　顶管到达上接收架

第 6 章

隧道喷锚暗挖

6.1 超前小导管注浆

(1) 工艺流程(图 6-1)

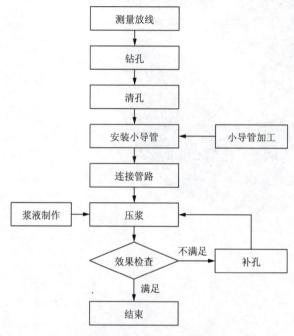

图 6-1 超前支护施工工艺流程图

(2) 作业要点(表 6-1)

超前小导管注浆工序及要点　　　　　　　　　　表 6-1

序号	工序	作业要点
1	小导管制作	前端做成尖锥形,尾部焊接 $\phi 8mm$ 钢筋加劲箍,管壁上每隔 10～15cm 梅花形钻眼,眼孔直径为 6～8mm,尾部长度不小于 30cm 作为不钻孔的止浆段
2	测量放线	①每一循环后及时放出开挖轮廓线; ②复测已完隧道的中线、高程
3	钻孔	①孔径较设计导管管径大 20mm 以上; ②按设计倾角、间距、孔深钻孔。允许误差:方向角:2°;孔口距:±50mm;孔深:+50,0mm
4	清孔	用高压风从孔底向孔口清理钻渣、积水
5	安装	成孔后,将小导管插入孔中或用凿岩机直接将小导管打入,外露 20cm 焊接于格栅上。相邻两排小导管搭接长度符合设计要求,且不小于 1m
6	注浆	①注浆以由下至上顺序进行,单孔注浆压力达到设计要求值,持续注浆 10min 且进浆速度为开始进浆速度的 1/4 或进浆量达到设计进浆量的 80% 及以上时注浆方可结束; ②注浆后堵塞注浆孔,浆液强度达设计要求或 4h 后方可进行工作面的开挖
7	安全文明施工	①钻孔前应先清除掌子面危岩; ②注浆残液不得随意排放,材料及机具堆放整齐; ③注意检查注浆管路连接器件牢固

（3）现场作业标准化（图 6-2、图 6-3）

图 6-2　超前小导管安装

图 6-3　超前小导管注浆

6.2　开　　挖

暗挖法区间隧道开挖方法主要有台阶法、CD 法（中隔墙法）、CRD 法（交叉中隔墙法）、全断面法等。

6.2.1　台阶法开挖

（1）工艺流程（图 6-4）

图 6-4　台阶法（两步）施工工艺流程图

（2）作业要点（表 6-2）

台阶法开挖工序及要点　　　　　　　　　　　　表 6-2

序号	工　序	作业要点
1	超前地质预报	探测前方地层岩性、地质构造，综合分析研究，调整和确定施工方法和参数
2	测量放线	①每一循环后及时放出开挖轮廓线； ②复测已完隧道的中线、高程
3	开挖	①开挖前施作超前支护，先开挖上半断面，后开挖下半断面； ②台阶长度根据地质和开挖断面跨度等情况确定； ③下台阶在上台阶初期支护结构基本稳定、喷射混凝土达到设计强度 70% 以上时方可开挖
4	断面检查	检测开挖断面超欠挖情况，隧道允许超挖值符合规范要求
5	支护	开挖后及时施作初期支护，尽早封闭成环
6	安全文明施工	①严格控制台阶长度； ②加强监控量测，信息化指导施工

（3）开挖步序（表6-3）

台阶法开挖步序　　　　　　　　　表6-3

步序	步 序 图	文 字 描 述
第一步	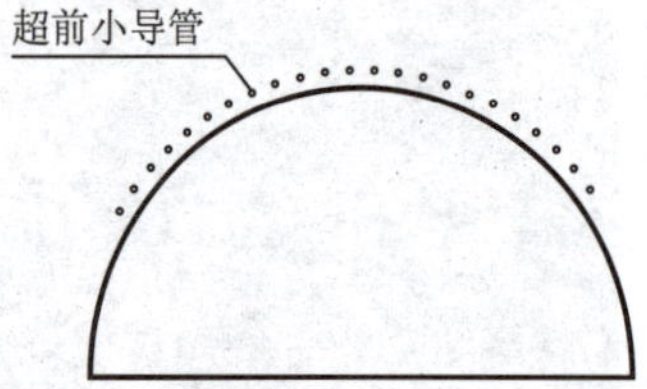	施作拱顶超前支护
第二步	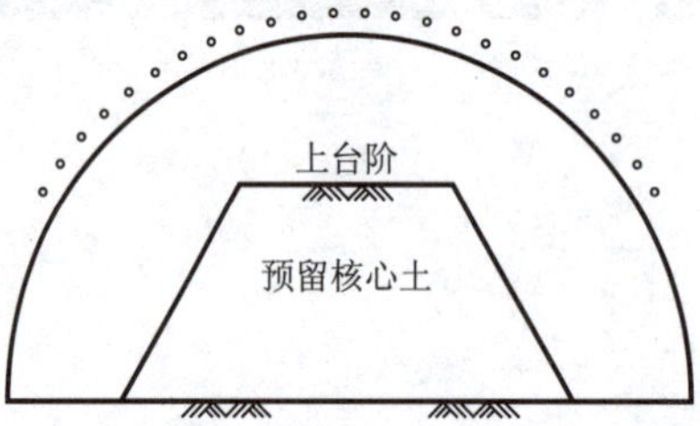	进行上台阶开挖，预留核心土
第三步	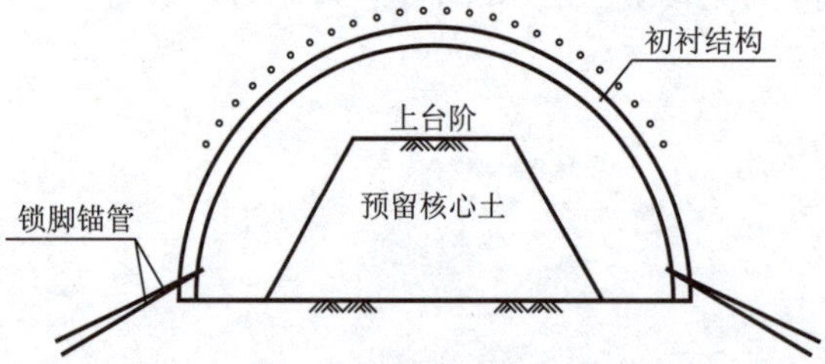	打设锁脚锚管，架设上台阶初期支护格栅、安装钢筋网片，施作上台阶初期支护
第四步	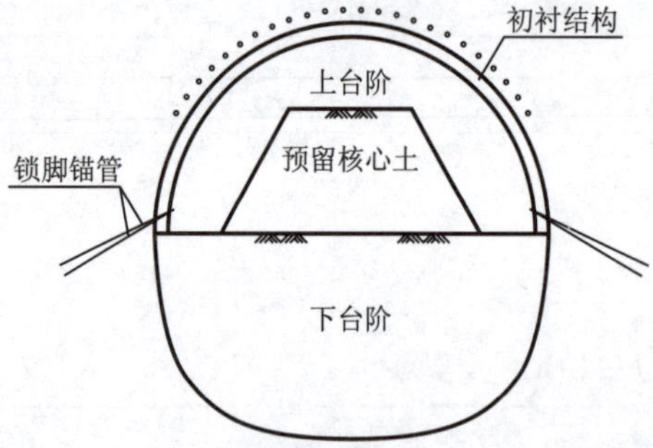	下台阶开挖
第五步	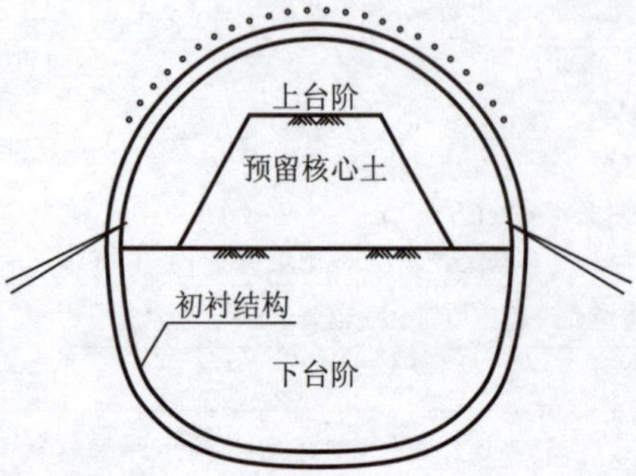	打设锁脚锚管，架设下台阶初期支护格栅、安装钢筋网片，施作下台阶初期支护

(4)现场作业标准化(图 6-5、图 6-6)

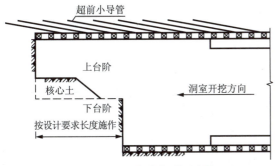

图 6-5 台阶法开挖示意图

图 6-6 台阶法开挖施工

6.2.2 CD 法开挖

(1)工艺流程(图 6-7)

图 6-7 CD 法开挖施工工艺流程图

(2)作业要点(表 6-4)

CD 法开挖工序及要点　　　　　　　　表 6-4

序号	工　序	作 业 要 点
1	超前地质预报	探测前方地层岩性、地质构造,综合分析研究,调整和确定施工方法和参数
2	测量放线	①每一循环后及时放出开挖轮廓线; ②复测已完隧道的中线、高程
3	开挖	①开挖中各台阶长度、循环进尺、左右台阶错开长度、上下台阶高度根据设计及规范要求确定; ②下台阶在上台阶初期支护结构基本稳定、喷射混凝土达到设计强度 70% 以上时方可开挖
4	支护	①开挖前按设计施作超前支护; ②开挖后及时施作初期支护和中隔壁
5	断面检查	①检测开挖断面超欠挖情况,严格控制欠挖,拱脚和墙脚以上 1m 内断面严禁欠挖; ②隧道允许超挖值符合规范要求
6	安全文明施工	①严格控制台阶长度; ②洞身主体结构初期支护稳定后,临时钢架方可拆除; ③加强监控量测

(3)开挖步序(表 6-5)

CD 法开挖步序　　　　　　　　表 6-5

步序	步 序 图	文字描述
第一步	(左导洞I上台阶,超前小导管(余同),锁脚锚管(余同),核心土)	施工左导洞顶部超前支护,开挖上台阶并施作初期支护,预留核心土

续上表

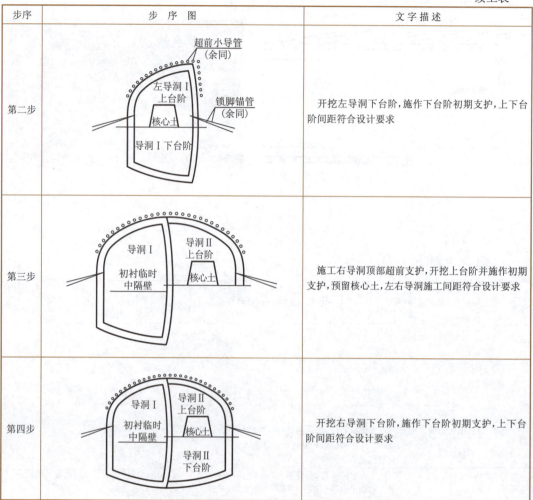

步序	步序图	文字描述
第二步		开挖左导洞下台阶，施作下台阶初期支护，上下台阶间距符合设计要求
第三步		施工右导洞顶部超前支护，开挖上台阶并施作初期支护，预留核心土，左右导洞施工间距符合设计要求
第四步		开挖右导洞下台阶，施作下台阶初期支护，上下台阶间距符合设计要求

（4）现场作业标准化（图6-8）

图6-8　CD法导洞开挖支护

6.2.3 CRD 法开挖

(1) 工艺流程(图 6-9)

图 6-9 CRD 法开挖施工工艺流程图

(2) 作业要点(表 6-6)

CRD 法开挖工序及要点　　表 6-6

序号	工序	作业要点
1	超前地质预报	探测前方地层岩性、地质构造,综合分析研究,调整和确定施工方法及参数
2	测量放线	①每一循环后及时放出开挖轮廓线; ②复测已完隧道的中线、高程
3	开挖	开挖中各台阶长度、循环进尺、左右台阶错开长度及上下台阶高度严格控制
4	支护	①开挖前按设计施作超前支护; ②开挖后及时施作初期支护和中隔壁
5	断面检查	①检测开挖断面超欠挖情况,严格控制欠挖,拱脚和墙脚以上 1m 内断面严禁欠挖; ②隧道允许超挖值符合规范要求
6	安全文明施工	①严格控制台阶长度; ②按照设计要求拆除中隔壁和临时仰拱; ③加强监控量测

(3) 开挖步序(表 6-7)

CRD 法开挖步序　　表 6-7

步序	步序图	文字描述
第一步		施工左 1 导洞顶部超前支护,开挖左 1 导洞并施作初期支护(含临时仰拱)
第二步		开挖左 2 导洞,施作左 2 导洞初期支护,上下导洞间距符合设计要求
第三步		施工右 3 导洞顶部超前支护,开挖右 3 导洞并施作初期支护

续上表

步序	步序图	文字描述
第四步		开挖右 4 导洞,施作初期支护,上下导洞间距符合设计要求
第五步		开挖左 5 导洞,施作初期支护,上下导洞间距符合设计要求
第六步		开挖右 6 导洞,施作初期支护,上下导洞水平间距符合设计要求

(4)现场作业标准化(图 6-10)

a)   b)

图 6-10 CRD 法开挖

6.2.4 全断面法开挖

(1)工艺流程(图 6-11)

图 6-11 全断面法开挖施工工艺流程图

（2）作业要点（表 6-8）

全断面法开挖工序及要点　　　表 6-8

序号	工 序	作 业 要 点
1	超前地质预报	探测前方地层岩性、地质构造，综合分析研究，调整和确定施工方法及参数
2	测量放线	①每一循环后及时放出开挖轮廓线； ②复测已完隧道的中线、高程
3	炮眼要求	①掏槽炮眼的眼口、眼底间距允许偏差均为 50mm； ②辅助炮眼眼口排距、行距允许偏差均为 100mm； ③周边炮眼间距允许偏差为 50mm，外斜率不大于孔深的 3%～5%，眼底不超过开挖轮廓线 100mm； ④周边炮眼至内圈炮眼的排距允许偏差为 50mm； ⑤周边炮眼与辅助炮眼的眼底在同一垂直面上，掏槽炮眼加深 100mm； ⑥装药完毕，炮眼堵塞长度不小于 200mm
4	通风	爆破后及时通风。有害气体浓度、粉尘浓度符合规范要求后，施工人员方可进入
5	喷射混凝土	排危后施工喷射混凝土，封闭围岩
6	断面检查	①检测开挖断面超欠挖情况，严格控制欠挖，拱脚和墙脚以上 1m 内断面严禁欠挖； ②隧道允许超挖值符合规范要求
7	安全文明施工	①严格按照火工品管理办法作业； ②严格按爆破设计进行装药，设置爆破警戒区，专人负责； ③ 爆破后及时通风排烟，清除作业面危石

（3）现场作业标准化（图 6-12、图 6-13）

图 6-12　全断面钻眼作业

图 6-13　开挖炮眼布置

6.3　初期支护

初期支护施工工艺流程如图 6-14 所示。

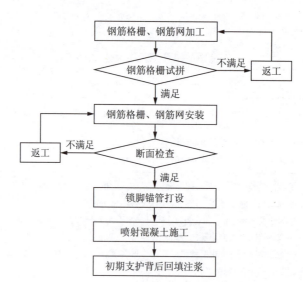

图 6-14 初期支护施工工艺流程图

6.3.1 钢筋网施工

（1）作业要点（表 6-9）

钢筋网施工工序及要点　　　　表 6-9

序号	工序	作业要点
1	钢筋网加工	①采用的钢筋种类、型号、规格符合设计要求； ②用钢筋调直机把钢筋调直，再截成钢筋条，钢筋网尺寸根据拱架间距和网片之间搭接长度综合考虑确定； ③钢筋网加工允许偏差为：钢筋间距 ±10mm；钢筋搭接长度 ±15mm
2	存放运输	①制作成型的钢筋网必须轻抬轻放，避免摔地产生变形； ②存放和运输过程中要避免潮湿的环境，防止锈蚀、污染和变形
3	钢筋网安装	①铺设平整，并与钢筋格栅或锚杆连接牢固； ②钢筋格栅采用双层钢筋网时，在第一层铺设好后再铺设第二层； ③每层钢筋网之间搭接牢固，且搭接长度不小于 200mm
4	安全文明施工	①钢筋网存放必须下垫上盖； ②钢筋网安装时，注意观察喷射混凝土是否有开裂、掉块等现象

（2）现场标准化作业（图 6-15）

图 6-15 加工成形的钢筋网

6.3.2 钢筋格栅施工

(1) 作业要点(表6-10)

钢筋格栅施工工序及要点 表6-10

序号	工序	作业要点
1	原材料	①采用的钢筋种类、型号、规格符合设计要求; ②钢筋要平直、无损伤,表面无裂纹、油污、颗粒状或片状老锈
2	放样	在硬化场地放样,画出1:1的钢筋格栅大样
3	制作模具	①根据钢筋格栅截面设计模具,模具材料使用钢筋; ②做好模具后按放样线直接固定在硬化场地
4	格栅加工	①钢筋使用机械弯制,弯制符合设计及规范要求; ②拱部和边墙等各单位钢架分块加工; ③钢筋格栅组装后在同一平面内,允许偏差为:10mm
5	测量定位	钢架安装前检查开挖断面的中线及高程,并确定格栅安设准确位置及高程
6	格栅安装	①基面坚实并清理干净,必要时进行预加固; ②垂直隧道中线,允许偏差为:横向±30mm,纵向±50mm,高程±30mm,垂直度0.5%; ③与壁面贴紧,每片钢筋格栅节点及相邻格栅纵向必须分别连接牢固
7	安全文明施工	①格栅各单元、格栅间纵向连接钢筋连接牢固; ②底部不得有虚渣; ③严禁在作业平台上堆放格栅

(2) 现场标准化作业(图6-16、图6-17)

图6-16 格栅现场试拼装

图6-17 钢筋格栅安装检查

6.3.3 喷射混凝土施工

(1) 作业要点(表6-11)

喷射混凝土施工工序及要点 表6-11

序号	工序	作业要点
1	原材料	①水泥:优先选用普通硅酸盐水泥,强度等级不低于325号; ②细集料:采用中砂或粗砂,细度模数大于2.5,含水率控制在5%~7%; ③粗集料:采用卵石或碎石,粒径不大于15mm; ④速凝剂:初凝时间不超过5min,终凝时间不超过10min

续上表

序号	工序	作业要点
2	机械选择	采用湿喷工艺,喷射机具有良好的密封性、输料连续均匀,输料能力满足混凝土施工需要。喷射混凝土在拌和站集中拌和
3	拌和	①配合比:水泥与砂石重量比1:(4～4.5);砂率45%～55%,水灰比0.4～0.45; ②称量允许偏差:水泥和速凝剂±2%,砂石±3%; ③运输和存放严禁受潮,大块石等杂物不得混入,存放时间不得超过20min
4	喷射前准备	①清理场地,清扫受喷面; ②检查开挖尺寸,清除浮渣及堆积物; ③埋设控制喷射混凝土厚度的标志
5	喷射	①分片依次自下而上进行,先喷钢筋格栅与壁面间混凝土,再喷两钢筋格栅之间混凝土; ②每次喷射厚度:边墙70～100mm;拱顶50～60mm; ③分层喷射,在前一层混凝土终凝后进行; ④爆破作业时,喷射混凝土终凝到下一循环放炮间隔时间不小于3h
6	养护及质量检查	①喷射混凝土2h后养护,养护时间不少于14d; ②喷射混凝土密实、平整、无裂缝等现象。平整度允许偏差为30mm,且矢弦比不大于1/6
7	安全文明施工	①作业人员应佩戴必要的防护用品; ②严格按安全操作规程操作机械; ③加强作业区的通风、照明

(2)现场标准化作业(图6-18、图6-19)

图6-18 混凝土喷射作业

图6-19 湿喷机械手作业

6.4 仰拱及仰拱填充施工

(1)工艺流程(图6-20)

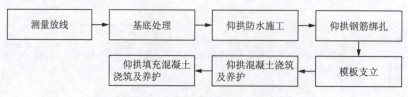

图6-20 仰拱及填充施工工艺流程图

（2）作业要点（表6-12）

仰拱及仰拱填充施工工序及要点 表6-12

序号	工　序	作　业　要　点
1	开挖长度	仰拱及时施工，一次开挖长度不超过6m且满足设计要求
2	基底处理	必须清理隧底虚渣，超挖部分采用同强度等级混凝土回填
3	仰拱施工	①整体浇筑一次成型； ②施工前必须将上一循环接头凿毛处理，并按设计要求设置止水带
4	填充施工	①填充在仰拱混凝土终凝后浇筑； ②施工前必须将上一循环接头凿毛处理，并按设计要求设置止水带
5	通行要求	①填充混凝土强度达到5MPa后允许行人通行； ②填充混凝土强度达到100%后允许车辆通行
6	安全文明施工	①仰拱栈桥两侧设限速警示标志，车辆通过速度不得超过5km/h； ②车辆通行时，人员暂时撤离作业区； ③专人指挥仰拱栈桥移动

（3）现场标准化作业（图6-21～图6-24）

图6-21　仰拱开挖示意图

图6-22　仰拱防水施工

图6-23　绑扎成型的仰拱钢筋

图6-24　仰拱模板支架

6.5　防水层铺贴

隧道防水施工主要包含三道工序：①基面处理；②衬层铺设；③防水板铺设（图6-25）。

```
施工准备 → 基面处理 → 衬层铺设 → 防水层焊接 → 注浆管安装
```

图 6-25　防水层施工工艺流程图

（1）作业要点（表 6-13）

防水层铺贴工序及要点　　　　　　　表 6-13

序号	工序	作业要点
1	施工准备	①防水层在初期支护结构趋于基本稳定，并经隐检合格后方可进行铺贴； ②防水层材质符合设计要求； ③测量断面，对隧道净空进行量测检查
2	基面处理	①彻底清除各种异物及尖锐突出物体，凹处复喷至平整，不平整度为 50mm； ②漏水处采用注浆堵水或埋设排水管
3	衬层施工	沿隧道环向由拱顶向两侧依次铺贴平顺，并与基面固定牢固，其长、短边搭接长度不小于 50mm
4	塑料卷材铺贴	①沿隧道环向由拱顶向两侧依次铺贴，其搭接长度为：长、短边不小于 100mm； ②相邻两幅卷材接缝错开，错开位置距结构转角处不小于 60mm； ③卷材搭接处采用双焊缝焊接，焊缝宽度不小于 10mm，且均匀连续； ④卷材附于衬层上，固定牢固，不得渗漏水
5	安装质量	①焊接牢固，人力无法撕开； ②焊缝检测用 5 号注射针与压力表相接，用打气筒进行充气，在 0.25MPa 压力作用下，保持 15min，若压力下降在 10% 以内，说明焊缝合格，否则补焊至合格为止
6	安全文明施工	①铺设地段配备充足的消防器材并悬挂防火安全警示标志； ②铺设地段严禁使用碘钨灯照明； ③铺设台架要做好临边防护

（2）现场标准化作业（图 6-26 ～图 6-29）

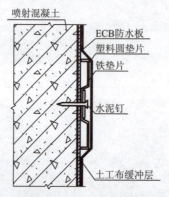

图 6-26　防水板固定示意图

图 6-27　防水板焊接

图 6-28　铺设完成的隧道防水层

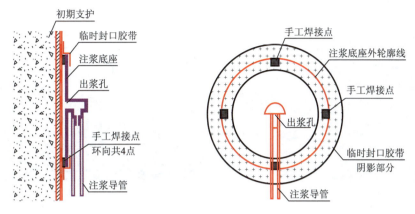

图 6-29 防水板注浆系统示意图

6.6 二次衬砌

二次衬砌施工主要包含三道工序：①钢筋制作安装；②台车拼装；③混凝土浇筑。二次衬砌施工工艺流程如图 6-30 所示。

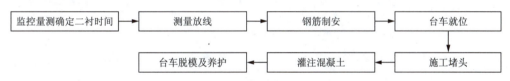

图 6-30 二次衬砌施工工艺流程图

6.6.1 钢筋制作安装

（1）作业要点（表 6-14）

钢筋制作安装工序及要点　　　　表 6-14

序号	工序	作业要点
1	原材料	①采用的钢筋种类、型号、规格符合设计要求； ②钢筋要平直、无损伤，表面无裂纹、油污、颗粒状或片状老锈
2	钢筋加工	允许偏差 ①受力钢筋顺长度方向的全长：±10mm； ②弯起钢筋的弯点位置：±10mm； ③箍筋宽度和高度方向：+5，-10mm
3	钢筋连接	①钢筋连接采用绑扎或焊接。绑扎和焊接长度符合规范要求，焊接的焊缝必须饱满、平实且不能有蜂窝状； ②单面搭接焊，搭接长度不小于 10d；双面搭接焊，搭接长度不小于 5d，d 为钢筋直径 ③使用与二次衬砌混凝土同强度等级砂浆垫块，每平方米不少于 4 个
4	安全文明施工	①钢筋焊接时使用挡板，防止焊花损坏、引燃防水材料； ②严禁在作业平台上堆放半成品钢筋，衬砌平台要做好临边防护

（2）现场标准化作业（图6-31、图6-32）

图6-31　绑扎成型的拱部钢筋

图6-32　二次衬砌钢筋绑扎

6.6.2　台车拼装

（1）作业要点（表6-15）

台车拼装工序及要点　　　　　　　　表6-15

序号	工序	作业要点
1	台车设计	①采用全断面整体钢模衬砌台车，端头封堵采用钢模或木模； ②根据设计要求和隧道断面确定台车的轮廓尺寸，其门架净空高度和宽度保证运输车辆通行； ③整机走行和操作系统方便合理； ④台车强度、刚度和稳定性满足各种施工荷载组合要求
2	制造	台车严格按照设计图纸进行加工制造，加工质量符合钢构件加工质量要求
3	验收	①对台车的弧度、宽度、净空等应会同监理单位进行验收，验收合格后方可投入使用； ②轮廓符合衬砌断面要求，光滑平整，接缝严密，相邻模板无错台
4	使用	①台车沿轨道通过自行设备移动至待浇仓位，与上一模衬砌搭接5～10cm，顶模、侧模由油缸调整到位，并用千斤顶及撑杆加固； ②防溜车装置到位，液压系统锁定
5	安全文明施工	①衬砌台车应具有出厂合格证和产品说明书； ②设置安全栏杆、密闭式安全网、人员上下工作梯及临边有防护，衬砌台车应配置灭火器； ③专人指挥台车移动

（2）现场标准化作业（图6-33、图6-34）

图6-33　衬砌台车拼装

图6-34　衬砌台车就位

6.6.3 混凝土灌注

(1) 作业要点(表6-16)

混凝土灌注工序及要点　　　　表6-16

序号	工　序	作业要点
1	灌注顺序	①混凝土自模板窗口,由下向上,对称分层,先墙后拱灌注(边墙混凝土由两侧窗口入模,拱部混凝土由拱顶管口入模); ②混凝土水平分层进行振捣,每层浇筑厚度30cm,且要控制边墙灌注速度,台车两侧交替灌注高度不超过1.0m
2	灌注要求	①每一振点的振捣延续时间15～30s,隔20～30min后进行第二次复振,使混凝土表面呈现浮浆和不再沉落; ②混凝土灌注至墙拱交界处,间歇1～1.5h后方可继续
3	振捣距离	①振捣时的移动间距不大于振捣器作用半径的1.5倍; ②振捣器与模板保持50～100mm的距离,避免碰撞钢筋、模板等
4	振捣深度	上层混凝土在下层混凝土初凝之前浇筑完毕,在振捣上层混凝土时,振捣器插入下层混凝土5cm,使上下层混凝土结合良好
5	操作方式	操作过程中,做到快插慢拔。在振捣过程中,振捣器略上下抽动,使混凝土振捣密实,插点要均匀,插点之间距离控制在50cm
6	安全文明施工	①泵送混凝土管道安设及连接牢固; ②灌注过程中设置专人检查台车受力状况

(2) 现场作业标准化(图6-35)

图6-35　二次衬砌混凝土灌注

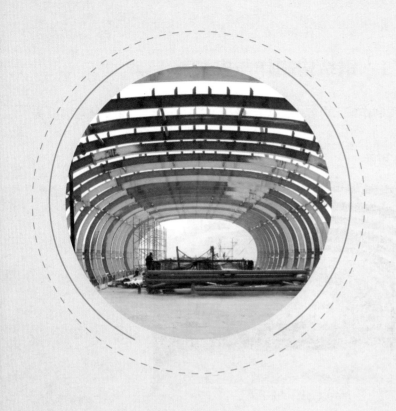

第 7 章

高架车站

7.1 钢结构制作与安装

高架车站钢结构（图 7-1）制作施工内容主要包括：①构件的加工制作；②安装前的准备工作；③钢结构安装。

钢结构作业流程如图 7-2 所示。

图 7-1　高架车站钢骨架

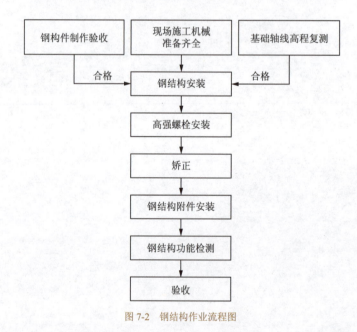

图 7-2　钢结构作业流程图

7.1.1　钢构件的制作

钢构件由承担制作的钢结构制作厂进行生产。

(1) 工艺流程(图 7-3)

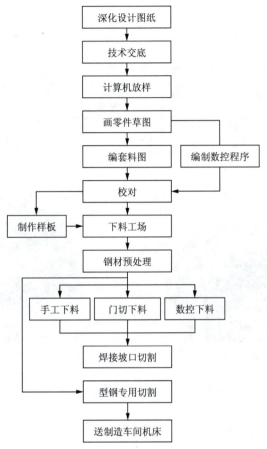

图 7-3 构件的加工制作施工工艺流程图

(2) 作业要点(表 7-1)

作业要点　　　　　　　　　　　　　　　表 7-1

序号	工 序	作业要点
1	原材料	钢材根据施工图编制材料下料单,并按要求采购。焊材及其他主要材料按设计及工艺要求采购。油漆、防火涂料按设计要求的品种、颜色、牌号等进行采购
2	焊接	焊接时应选择合理的焊接工艺及焊接顺序,以减小钢结构中产生的焊接应力和焊接变形
3	放样	先确认钢材的牌号、规格和质量,下料操作人员必须熟悉工艺要求并须与施工现场放线及图纸详细对照,确认无误后方可根据排版图、下料清单、零件详图和计算机实样图进行号料
4	切割	切割前清除母材表面的油污、铁锈和潮气,切割后气割表面光滑无裂纹,熔渣和飞溅物清除。切割后须矫直板材由于切割引起的旁弯等,然后标上零件所属的工件号零件号后,进入下道工序
5	矫正	矫正后的钢材表面不应有凹陷、凹痕及其他损伤。热矫正时注意不能损伤母材,加热的温度控制在 900℃ 以下,低合金结构钢(如 Q345)在加热矫正后应自然冷却
6	安全文明施工	①正确使用安全设施、设备及佩戴防护用品; ②作业现场场地平整,区段分明,道路、排水畅通,标识齐全,各类机械设备安全防护装置齐全有效,临时用电执行"一机一闸一保护"; ③加工好的构件编号、分类存放,并做好标识

（3）现场标准化作业（图7-4～图7-7）

图7-4　剪板机开料

图7-5　型钢制作

图7-6　型钢焊接

图7-7　试拼装

7.1.2　安装前的准备工作

（1）工艺流程（图7-8）

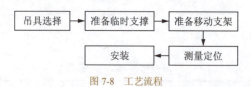

图7-8　工艺流程

（2）作业要点（表7-2）

作业要点　　　　表7-2

序号	工序	作业要点
1	吊具选择	根据主钢架所有构件及附件的最大重量、起升高度进行考虑，选取合适的钢丝绳、卡环及吊车
2	临时支撑	从钢架安装过程中的安全及精度控制考虑，采用在钢架分段点位置外侧500mm位置处设置临时支撑，临时支撑采用325×6钢管支撑，临时支撑底部采用膨胀螺栓与地面连接。承重支架未考虑水平施工荷载影响，吊装过程中不可产生水平推力
3	移动支架	本着既安全又节约成本的原则，计划使用移动脚手架用于施工人员上下。边段钢支架安装时移动脚手架搭设于高架桥上的轨道层
4	安全文明施工	①划定安全区域，并设立安全警示标记； ②施工机械、机具和电气设备实行安全管理及验收制度，机械设备使用实行专人管理和操作制度，设专人负责维护、保养

(3)现场标准化作业(图 7-9 ～图 7-12)

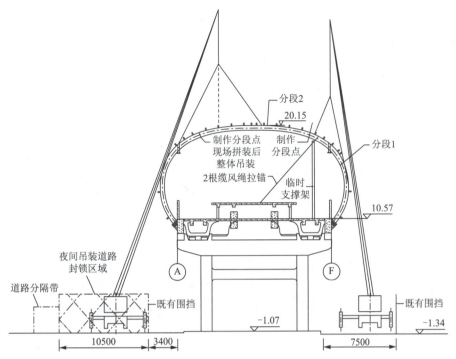

图 7-9　吊具示意图(尺寸单位:mm)

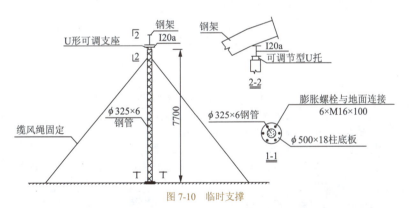

图 7-10　临时支撑

图 7-11　现场临时支撑作业

图 7-12　钢结构安装

7.1.3 钢结构安装

（1）工艺流程及钢结构安装

钢结构安装分为两段式安装和三段式安装。

两段式安装步骤：分段1采用临时支撑安装，分段2采用安装现场拼装后整体吊装。

三段式安装步骤：分段1及分段2采用临时支撑安装，分段3采用现场吊装。

①结构安装工艺流程（图7-13）

图7-13 结构安装工艺流程

②钢结构吊装顺序（图7-14）

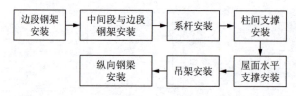

图7-14 钢结构吊装顺序

（2）作业要点（表7-3）

作业要点　　　　　　　　　　　　　　　　　　表7-3

序号	工序	作业要点
1	安装分段	根据现场实际情况采取不同的分段吊装方法
2	吊装顺序	起始跨主次结构全部安装完成形成稳定体系后，再进行后续跨安装
3	主钢架安装	安装必须保证结构形式稳定的空间体系，并不导致结构永久变形；检查钢架垂偏，复测钢柱和斜梁跨度，合格后，用高强度螺栓紧固，用电动扳手初打，终拧；构件吊点要经计算，绑扎点要采取加强措施，以防止构件大变形及局部变形；各种支撑的拧紧强度，以不将构件拉弯为原则；在施工过程中，根据结构空间稳定情况，为防止风力对钢架的倾覆，必要时可设缆风措施
4	高强螺栓安装	高强度螺栓连接在施工前对连接副实物和摩擦面进行检验和复验，合格后才能进入安装施工；对每一个连接接头，应先用临时螺栓或冲钉定位，为防止损伤螺纹引起扭矩系数的变化，严禁把高强度螺栓作为临时螺栓使用；高强度螺栓的安装应能自由穿入孔，严禁强行穿入
5	安全文明施工	①施工现场设安全标示标牌，内容完善，位置醒目； ②施工材料分别堆放整齐，施工人员佩戴工作卡，统一着装，管理人员和作业人员以颜色区别； ③所有人员高空作业时除必须穿防滑平底胶鞋，戴好安全帽，系好安全带外，还必须采取一定的安全防护措施，以防施工人员坠落； ④临边防护处用脚手架搭设防护栏杆，防护栏杆高度不得小于1.2m，并用密目式安全网进行围护； ⑤洞口防护，洞口尺寸小于500mm×500mm 时铺盖板，洞口尺寸大于500mm×500mm时进行封闭围护

(3)现场标准化作业(图 7-15、图 7-16)

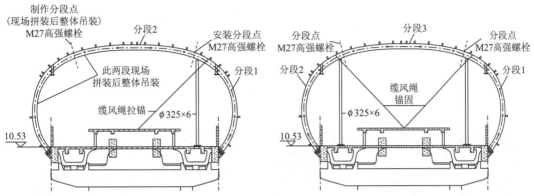

图 7-15 分段安装作业示意图(高程单位:m)

图 7-16 三段试安装施工作业现场

7.2 屋面板安装

(1)工艺流程(图 7-17)

图 7-17 工艺流程

(2)作业要点(表 7-4)

作业要点　　　　　　　　　　　　　　　表 7-4

序号	工 序	作 业 要 点
1	构件准备	泛水板的平直度及角度,偏差不得超过 ±0.5 mm,屋面板、墙面板及屋面底板无变形、损坏和缺损
2	堆放	堆放设置搁置点,确保构件内力及变形不超过允许范围。作业过程中防止碰撞、冲击而产生局部变形
3	安装	所安置的构件或节段必须完全固定好,禁止用临时绑扎代替安装螺钉。结构物平和部分的稳定得到保证后,才能摘掉起重钩

续上表

序号	工 序	作业要点
4	安全文明施工	①施工现场安全设标示标牌,内容完善,位置醒目; ②施工材料分别堆放整齐,施工人员佩戴工作卡,统一着装,管理人员和作业人员以颜色区别; ③在屋面檐口、屋脊处用 6mm 钢丝绳连接作成防护安全生命线,施工过程中操作人员将安全带捆绑在钢丝绳上。临边作业时,为确保安全,另拉设一条安全绳,施工人员使用双背安全带,施工时同时将安全带捆绑在两条安全绳上方可进行操作。安全绳每天由专职人员负责检查。

(3)现场标准化作业(图 7-18～图 7-21)

图 7-18 屋面骨架安装

图 7-19 屋面板材料吊装

图 7-20 屋面安装作业

图 7-21 屋面板安装

7.3 幕墙体系安装

(1)工艺流程(图 7-22)

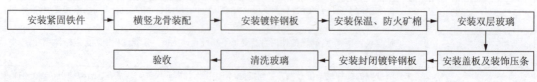

图 7-22 工艺流程

(2)作业要点(表 7-5)

作业要点 表 7-5

序号	工　序	作业要点
1	构件准备	幕墙以及铝合金构件要横平竖直,高程正确,表面不允许有机械损伤(如划伤、擦伤、压痕),也不允许有需处理的缺陷(如斑点、污迹、条纹等)
2	龙骨安装	幕墙全部外露金属件(压板),从任何角度看均应外表平整,不允许有任何小的变形、波纹、紧固件的凹进或突出
3	玻璃安装	玻璃安装时,其边缘与龙骨必须保持间隙,使上、下、左、右各边空隙均有保证。安装好的玻璃表面应平整,不得出现翘曲等现象
4	耐候胶施注	缝内注胶应密实,胶缝应饱满、平直、光滑,不得有气泡等缺陷
5	安全文明施工	①施工现场设安全标示标牌,内容完善,位置醒目; ②施工材料分别堆放整齐,施工人员佩戴工作卡,统一着装,管理人员和作业人员以颜色区别; ③搭设脚手架作业平台,控制作业面人数,脚手板上的废弃杂物及时清理,不得在窗台、栏杆上放置施工工具

(3)现场标准化作业(图 7-23～图 7-25)

图 7-23　站厅幕墙安装

图 7-24　站台幕墙安装

图 7-25　幕墙外立面

第 8 章

轨　道

8.1 铺轨基地建设

(1) 工艺流程(图 8-1)

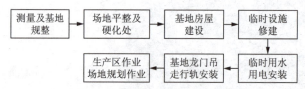

图 8-1 铺轨基地主要施工工艺流程

(2) 作业要点(表 8-1)

铺轨基地建设工序及要点　　　　　表 8-1

序号	工序	作业要点
1	地面硬化	项目部和劳务工生活区场内地坪采用 10cm 厚混凝土硬化处理,生产区内作业场地、材料堆放场地进行 20cm 厚碎石垫层和 10cm 厚混凝土硬化处理,场内道路设置 20cm 厚混凝土路面
2	龙门吊	拼装存放场配备 2 台 16T-30m 龙门吊负责轨排的拼装、储存及各种轨道材料的装卸。龙门吊走行线采用单根 50kg/m 钢轨
3	安全文明施工	①严格控制重点危险源; ②施工用电、机具的安全管理; ③吊装作业保证措施; ④用火安全及消防保证措施; ⑤日常安全检查工作; ⑥保持施工区和生活区的环境卫生,及时清理生活垃圾,将其运至指定地点并按规定处理。生活区设置化粪池,生活污水和大小便经化粪池处理后排放。施工废水、清洗场地、车辆废水经沉淀处理达标排放

(3) 现场标准化作业(图 8-2～图 8-6)

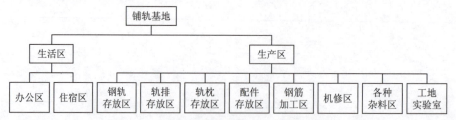

图 8-2 铺轨基地功能区框架图

图 8-3 铺轨基地生活及办公区

图 8-4 基地龙门吊及轨排存放区

图 8-5 基地围蔽

图 8-6 基地门禁及视频监控区

8.2 普通整体道床施工

(1)工艺流程

主要施工工序：①轨排组装；②基底凿毛；③安装铺轨龙门吊及走行轨；④安装道床钢筋网；⑤轨排运输及铺设；⑥轨道状态调整；⑦整体道床模板安装及混凝土浇筑(图 8-7)。

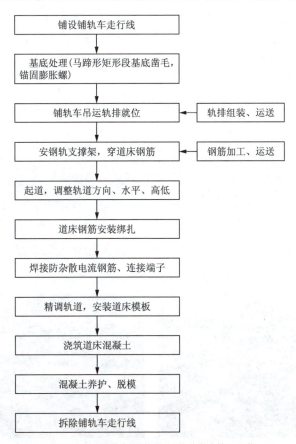

图 8-7 地下线长轨枕"轨排法"整体道床施工工艺

(2)现场标准化作业(图 8-8、图 8-9)

图 8-8 矩形隧道普通整体道床

图 8-9 圆形隧道普通整体道床

8.2.1 轨排组装

(1)工艺流程(图 8-10)

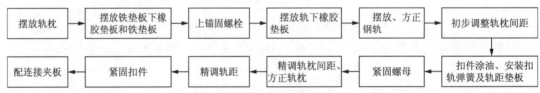

图 8-10 轨排组装施工工艺流程图

(2)作业要点(表 8-2)

轨排组装工序及要点　　　　　　　　　　　　　　　　表 8-2

序号	工序	作业要点
1	轨排组装	轨排组装严格按照轨节表要求进行,曲线地段下股钢轨上的枕木位置要进行调整,保证轨排铺设后能与上股枕木对齐。前后两块轨枕间距允许偏差为 ±10mm。同一轨排宜选区用长度公差相同的钢轨配对,相差量不得大于 3mm。安装弹条使用专用工具,严禁用力锤击弹条
2	轨排堆码	现场堆码轨排的场地基底应平实,场内有排水设施,底层用垫木架空,严禁水浸泡短轨枕
3	安全文明施工	①严格控制重点危险源; ②施工用电、机具的安全管理; ③吊装作业保证措施; ④日常安全检查工作; ⑤保持施工区的环境卫生,及时清理生活垃圾,将其运至指定地点并按规定处理

(3)现场标准化作业(图 8-11～图 8-14)

图 8-11 扣件安装

图 8-12 轨距检验

图 8-13 轨枕摆放

图 8-14 钢轨摆放到位

8.2.2 基底凿毛

(1) 工艺流程(图 8-15)

图 8-15 基底凿毛工艺流程图

(2) 作业要点(表 8-3)

基底凿毛工序及要点　　　　　表 8-3

序号	工　序	作　业　要　点
1	基底凿毛的部位	全断面凿毛结构底板顶面(或回填混凝土面),盾构隧道除外
2	基底凿毛的标准	凿毛密度达到孔径≥4cm,孔距≤10cm,孔深1.0cm,凿毛面积占旧混凝土表面面积的30%以上
3	膨胀螺栓植入	矩形、马蹄形隧道整体道床,基底与道床连接采用YG2型M16×245膨胀螺栓,设置时避开结构钢筋位置,锚入深度为110mm,露出部分和道床绑扎,每1.25m设置6个
4	基底清理泥浆	进入下道工序前,需用水冲洗基底并疏干积水,并除去混凝土碎屑、浮浆至基底表面及管片手孔内无杂物
5	安全文明施工	①严格控制重点危险源; ②施工用电、机具的安全管理; ③日常安全检查工作; ④保持施工区的环境卫生,及时清理生活垃圾,将其运至指定地点并按规定处理

(3) 现场标准化作业(图 8-16)

图 8-16 基底膨胀螺栓植入

8.2.3 安装铺轨龙门吊及走行轨

(1) 工艺流程 (图 8-17)

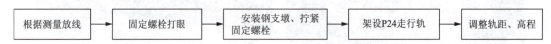

图 8-17 安装铺轨龙门吊及走行轨工艺流程图

(2) 作业要点 (表 8-4)

安装铺轨龙门吊及走行轨工序及要点　　　　　表 8-4

序号	工序	作业要点
1	走行轨安装	走行轨采用 24kg/m 钢轨,走行轨支架间距为 1.0～1.2m,用 4 个 M12 膨胀螺丝将走行轨支架底板固定在隧道底板上。走行轨支架上板采用螺栓与钢轨底板紧固连接。盾构管片处进行固定膨胀螺栓钻孔时应注意避开盾构管片接缝处 100mm 以上距离
2	铺轨车改装	在区间隧道内,浮置板和道床减振垫地段铺轨车走行轨间距为 3.8m,在盾构普通道床地段和矩形隧道车站内走行轨间距为 3.1m。当车站和区间交接人防门或防淹门处时,必须进行铺轨车跨距的改装
3	安全文明施工	①严格控制重点危险源; ②施工用电、机具的安全管理; ③吊装作业保证措施; ④日常安全检查工作; ⑤保持施工区的环境卫生,及时清理生活垃圾,将其运至指定地点并按规定处理

(3) 现场标准化作业 (图 8-18、图 8-19)

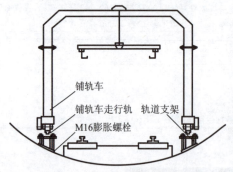

图 8-18 铺轨车及走行轨面布置示意图

图 8-19 洞内铺轨龙门吊及走行轨

8.2.4 安装道床钢筋网

(1) 工艺流程 (图 8-20)

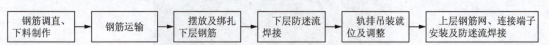

图 8-20 安装道床钢筋网工艺流程图

（2）作业要点（表8-5）

安装道床钢筋网工序及要点　　表8-5

序号	工 序	作 业 要 点
1	钢筋加工	受力钢筋顺长度方向的全长的允许偏差为±20mm，弯起钢筋的弯起位置允许偏差为±20mm；箍筋内净尺寸允许偏差为±5mm
2	防迷流焊接	在每个整体道床伸缩缝的两侧，用截面不小于50×8的镀锌扁钢焊接成闭合圈，并和下层所有纵向钢筋连接；埋入式端子与侧边竖向镀锌扁钢焊接并引出，焊接缝长度不小于6倍埋入式端子圆钢直径
3	钢筋焊接	钢筋在同一断面内的焊接接头小于50%；单面搭接焊缝的总长度大于10d，焊缝高度不小于6mm
4	安全文明施工	①严格控制重点危险源； ②施工用电、机具的安全管理； ③吊装作业保证措施； ④日常安全检查工作； ⑤保持施工区的环境卫生，及时清理生活垃圾，将其运至指定地点并按规定处理

（3）现场标准化作业（图8-21、图8-22）

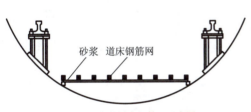

图8-21　安装道床钢筋网示意图

图8-22　钢筋网安装绑扎

8.2.5　轨排运输及铺设

（1）工艺流程（图8-23）

图8-23　轨排运输及铺设工艺流程图

（2）作业要点（表8-6）

轨排运输及铺设工序及要点　　表8-6

序号	工 序	作 业 要 点
1	轨排运输	吊运时严禁碰撞轨枕，堆放在平板车上要进行加固后才能运输
2	铺设轨排	轨排就位后，在计划位置安装钢轨支撑架。直线段支撑架应垂直线路方向，曲线段支撑架应垂直线路的切线方向，小半径曲线段支撑架适当加密
3	安全文明施工	①严格控制重点危险源； ②施工用电、机具的安全管理； ③吊装作业保证措施； ④日常安全检查工作； ⑤保持施工区的环境卫生，及时清理生活垃圾，将其运至指定地点并按规定处理

(3)现场标准化作业(图 8-24、图 8-25)

图 8-24 轨排运输示意图

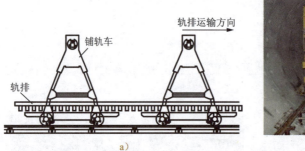

图 8-25 轨排吊装及铺设

8.2.6 轨道状态调整

(1)工艺流程(图 8-26)

图 8-26 轨道状态调整工艺流程图

(2)作业要点(表 8-7)

轨道状态调整工序及要点　　　　　表 8-7

序号	工 序	作业要点
1	轨道状态调整方法	先调水平,后调轨距;先调基标部位,后调基标之间;先粗后精,反复调整。经过精调后,其精度必须符合无砟轨道铺设完成后精度要求
2	轨道位置调整允许偏差	轨枕间距:±10mm
		水平:两股相对水平差不得大于 2mm,在 18m 距离内,不得有大于 2mm 的三角坑
		扭曲:2mm(基长 6.25m)
		轨向:直线不得大于 2mm/10m 弦
		高低:直线不得大于 2mm/10m 弦
		中线:不得大于 3mm
		高程:不得大于 ±2mm
		轨底坡:1/35～1/45
3	安全文明施工	①严格控制重点危险源; ②施工用电、机具的安全管理; ③吊装作业保证措施; ④日常安全检查工作; ⑤保持施工区的环境卫生,及时清理生活垃圾,将其运至指定地点并按规定处理

(3)现场标准化作业(图 8-27)

图 8-27 轨道状态调整

8.2.7 整体道床模板安装及混凝土浇筑

(1)工艺流程(图 8-28)

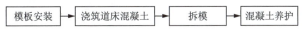

图 8-28 整体道床模板安装及混凝土浇筑工艺流程图

(2)作业要点(表 8-8)

整体道床模板安装及混凝土浇筑工序及要点 表 8-8

序号	工 序	作 业 要 点
1	伸缩缝及变形缝	洞内每隔 25m 左右设置道床伸缩缝一处,洞口位置两侧各 50m 范围内每 6m 设置道床变形缝一处,主体结构沉降缝处设道床变形缝,轨枕应避开道床伸缩及变形缝
2	坍落度试验	浇筑前进行坍落度试验,坍落度满足现场施工要求
3	混凝土浇筑	采用连续整体浇注、纵向分段、水平分层的方法浇注。水平分层厚度不得大于 30cm,先后两层的间隔时间不得超过初凝时间(2h 左右);浇筑时覆盖钢轨及轨枕,以免对轨枕及扣件造成污染
4	混凝土试块与道床	同一配合比每灌筑 100m 长度道床(不足 100m 者按 100m 计)应取两组试件,一组在标准条件下养护,一组床同条件下养护
5	混凝土养护及拆模	混凝土浇筑后,12h 内即应覆盖和洒水;混凝土强度达到 5MPa 以上时方可拆模,强度达到设计强度的 70% 时,方可行驶车辆和承重
6	安全文明施工	①严格控制重点危险源; ②日常安全检查工作; ③保持施工区的环境卫生

(3)现场标准化作业(图 8-29~图 8-32)

图 8-29 扣件保护

图 8-30 混凝土运输灌注

图 8-31 道床抹面

图 8-32 混凝土养护

8.3 钢弹簧浮置板整体道床施工

(1) 工艺流程

主要工序：①隧道基底钢筋加工绑扎；②隧道基底混凝土浇筑；③基底处理、隔离层铺设；④浮置板主体钢筋安装；⑤调整轨道状态；⑥道床混凝土浇筑；⑦浮置板顶升与高程调整（图 8-33）。

图 8-33 钢弹簧浮置板道床施工工艺流程图

(2) 作业要点（表 8-9）

钢弹簧浮置板整体道床施工工序及要点 表 8-9

序号	工序	作业要点
1	基底施工	基底顶面混凝土高程允许误差 0、-5mm。安装隔振器的位置上表面平整度为 ±2mm/m²
2	隔离层铺设	铺设时要求隔离膜铺设平整无褶皱，搭接处用强力胶进行粘接防止漏浆
3	浮置板道床钢筋加工、绑扎并整体安装到位	在铺轨基地内进行主体钢筋的加工和绑扎，按设计图标注的外套筒隔振器与钢轨的相对位置与要求进行摆放隔振器。铺设好隔离层后立即铺设基底水沟钢板，铺设钢筋笼或现场散铺，安装板块间的剪力铰，固定观察筒，泄水管
4	调整轨道状态	轨道中心线距基标中心线允许偏差 ±2mm，直线轨道方向：10m，弦量允许偏差 1mm 和曲线实测正矢与计划正矢差允许偏差 1mm，圆曲线正矢连续差允许偏差 2mm，圆曲线正矢最大最小值差允许偏差 3mm，轨顶高程允许偏差 ±1mm，左右股钢轨顶面水平 1mm，轨底坡按 1/40 设置。钢轨接头：轨面、轨面内侧测量允许偏差 0.5mm；轨距允许偏差 +2、-1mm
5	安全文明施工	①严格控制重点危险源； ②施工用电、机具的安全管理； ③吊装作业保证措施； ④日常安全检查工作； ⑤保持施工区的环境卫生，及时清理生活垃圾，将其运至指定地点并按规定处理

(3)现场标准化作业(图 8-34～图 8-37)

图 8-34 基底钢筋绑扎

图 8-35 浮置板钢筋笼

图 8-36 铺设隔离膜

图 8-37 浮置板成型

8.4 梯形轨枕整体道床施工

(1)工艺流程

主要施工工序:①轨排组装;②基底凿毛;③安装铺轨龙门吊及走行轨;④安装道床钢筋网;⑤轨排运输及铺设;⑥轨道状态调整;⑦梯形轨枕道床模板安装及混凝土浇筑(图 8-38)。

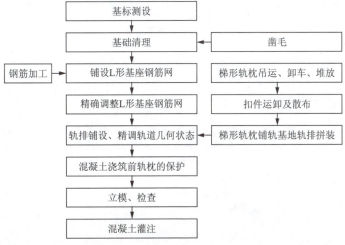

图 8-38 梯形轨枕工艺流程

(2)现场标准化作业(图 8-39、图 8-40)

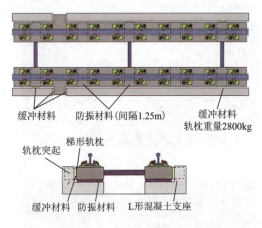

图 8-39　L 形底座式梯形轨枕轨道构造

图 8-40　梯形轨枕整体道床

8.4.1　轨排组装

(1)工艺流程(图 8-41)

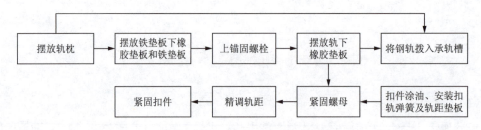

图 8-41　轨排组装工艺流程图

(2)作业要点(表 8-10)

轨排组装工序及要点　　　　　表 8-10

序号	工序	作业要点
1	轨排拼装	因梯形轨枕要身每块自重较重,需在铺轨基地组装成标准 25m 轨排连续成段铺设施工。将四块梯形轨枕依次摆好,轨枕间隙 100mm
2	轨排堆码	成品梯形轨枕轨排的侧面和底面无减振垫部位用等减振垫厚度的泡沫塑料板进行封贴;现场堆码轨排的场地基底应平实,场内有排水设施,底层用垫木架空
3	安全文明施工	①严格控制重点危险源; ②施工用电、机具的安全管理; ③吊装作业保证措施; ④日常安全检查工作; ⑤保持施工区的环境卫生,及时清理生活垃圾,将其运至指定地点并按规定处理

（3）现场标准化作业（图8-42）

图8-42　梯形轨枕25 m轨排拼装

8.4.2　基底凿毛

（1）工艺流程（图8-43）

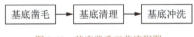

图8-43　基底凿毛工艺流程图

（2）作业要点（表8-11）

基底凿毛工序及要点　　　　　　　　　表8-11

序号	工　序	作 业 要 点
1	基底凿毛的部位	L形底座施工前，需对L形底座与隧道主体的结合面进行凿毛处理
2	基底凿毛的标准	凿毛密度达到孔径≥4cm，孔距≤10 cm，孔深1.0cm，凿毛面积占旧混凝土表面面积的30%以上
3	基底清理	清扫垃圾、杂物，抽干积水，并用高压水或高压风将基础表面冲洗干净，保证表面清洁，无积水和堆积物，保证新老混凝土之间的可靠连接
4	安全文明施工	①严格控制重点危险源； ②施工用电、机具的安全管理； ③日常安全检查工作； ④保持施工区的环境卫生，及时清理生活垃圾，将其运至指定地点并按规定处理

（3）现场标准化作业（图8-44）

图8-44　清理及冲洗完成后的基底

8.4.3 安装铺轨龙门吊及走行轨

(1) 工艺流程（图 8-45）

图 8-45　安装铺轨龙门吊及走行轨工艺流程图

(2) 作业要点（表 8-12）

安装铺轨龙门吊及走行轨工序及要点　　　　　表 8-12

序号	工序	作业要点
1	走行轨安装	走行轨采用 24kg/m 钢轨，走行轨支架间距为 1.0～1.2m，用 4 个 M12 膨胀螺丝将走行轨支架底板固定在隧道底板上。走行轨支架上板采用螺栓与钢轨底板紧固连接。盾构管片处进行固定膨胀螺栓钻孔时应注意避开盾构管片接缝处 100mm 以上距离
2	铺轨车改装	在区间隧道内，浮置板和道床减振垫地段铺轨车走行轨间距为 3.8m；在盾构普通道床地段和矩形隧道车站内走行轨间距为 3.1m；当车站和区间交接人防门或防淹门处时，必须进行铺轨车跨距的改装
3	安全文明施工	①严格控制重点危险源； ②施工用电、机具的安全管理； ③吊装作业保证措施； ④日常安全检查工作； ⑤保持施工区的环境卫生，及时清理生活垃圾，将其运至指定地点并按规定处理

(3) 现场标准化作业（图 8-46、图 8-47）

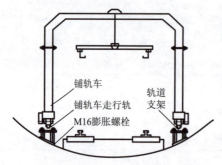

图 8-46　铺轨车及走行轨面布置

图 8-47　洞内铺轨龙门吊及走行轨

8.4.4 安装道床钢筋网

(1) 工艺流程（表图 8-48）

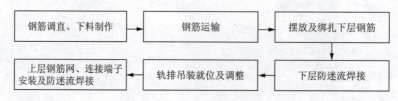

图 8-48　安装道床钢筋网工艺流程图

（2）作业要点（表 8-13）

安装道床钢筋网工序及要点　　表 8-13

序号	工序	作业要点
1	钢筋备料	钢筋表面的油污、漆污、水泥浆和用锤敲击能剥落的浮皮锈等均匀应清除干净
2	钢筋加工	受力钢筋顺长度方向的全长的允许偏差为 ±20mm，弯起钢弯起位置允许偏差为 ±20mm；箍筋内净尺寸允许偏差为 ±5mm
3	防迷流焊接	在每个整体道床伸缩缝的两侧，用截面不小于 50×8 的镀锌焊接成闭合圈，并和下层所有纵向钢筋连接；埋入式端侧边竖向镀锌扁钢焊接并引出，焊接缝长度不小于 6 倍埋端子圆钢直径
4	钢筋焊接	钢筋在同一断面内的焊接接头小于 50%；单面搭接焊缝的度大于 10d，焊缝高度不小于 6mm
5	安全文明施工	①严格控制重点危险源； ②施工用电、机具的安全管理； ③吊装作业保证措施； ④日常安全检查工作； ⑤保持施工区环境卫生，及时清理生活垃圾，将其运至指定地点并按处理

（3）现场标准化作业（图 8-49）

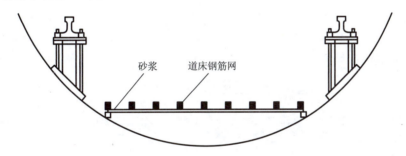

图 8-49　安装道床钢筋网示意图

8.4.5　轨排运输及铺设

（1）工艺流程（图 8-50）

图 8-50　轨排运输及铺设工艺流程图

（2）作业要点（表 8-14）

轨排运输及铺设工序及要点　　表 8-14

序号	工序	作业要点
1	轨排运输	吊运时严禁碰撞轨枕
2	铺设轨排	轨排就位后，在计划位置安装轨排支撑架，支撑架各部螺栓拧紧，不得虚接
3	安全文明施工	①严格控制重点危险源； ②施工用电、机具的安全管理； ③吊装作业保证措施； ④日常安全检查工作； ⑤保持施工区的环境卫生，及时清理生活垃圾，将其运至指定地点并按规定处理

(3)现场标准化作业(图 8-51)

图 8-51　梯形轨枕轨排铺设

8.4.6　轨道状态调整

(1)工艺流程(图 8-52)

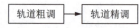

图 8-52　轨道状态调整工艺流程图

(2)作业要点(表 8-15)

轨道状态调整工序及要点　　　　　表 8-15

序号	工　序	作　业　要　点
1	轨道状态调整方法	先调水平,后调轨距;先调基标部位,后调基标之间;先粗后精,反复调整。经过精调后,其精度必须符合无砟轨道铺设完成后精度要求
2	轨道位置调整允许偏差	轨道中心线:±2mm
		轨项水平及高程:两股相对水平差不得大于 1mm,在 18m 距离内,不得有大于 1mm 的三角坑
		轨距:+2mm,-1mm
		轨向:直线不得大于 2mm/10m 弦
		轨底坡:按 1/40 设置
		钢轨接头:轨面、轨面内侧测量 0.5mm
3	安全文明施工	①严格控制重点危险源; ②日常安全检查工作; ③保持施工区的环境卫生,及时清理生活垃圾,将其运至指定地点并按规定处理

(3)现场标准化作业(图 8-53)

图 8-53　梯形轨枕轨排现场精调

8.4.7 梯形轨枕道床模板安装及混凝土浇筑

(1)工艺流程(图 8-54)

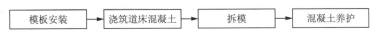

图 8-54 梯形轨枕道床模板安装及混凝土浇筑工艺流程图

(2)作业要点(表 8-16)

梯形轨枕道床模板安装及混凝土浇筑工序及要点　　　　表 8-16

序号	工 序	作 业 要 点
1	伸缩缝及变形缝	洞内每隔 25m 左右设置道床伸缩缝一处,洞口位置两侧各 50m 范围内每 6m 设置道床变形缝一处,主体结构沉降缝处设道床变形缝,轨枕应避开道床变形缝
2	坍落度试验	浇筑前进行坍落度试验,坍落度满足现场施工要求
3	混凝土浇筑	先浇筑梯形轨枕下层的平垫层,混凝土从梯形轨枕下流出,浇筑的混凝土应淤出梯形轨枕下底平层 8~10mm,保证混凝土与梯形轨枕的密贴,初凝前将淤出部分抹平,抹面高度应与梯形轨枕底部的减振垫底面平齐,收面时混凝土与梯形轨枕下表面不得接触。浇筑时覆盖钢轨及轨枕,以免对轨枕、扣件造成污染
4	混凝土试块	同一配合比每灌筑 100m 长度道床(不足 100m 者按 100m 计)应取两组试件,一组在标准条件下养护,一组与道床同条件下养护
5	混凝土养护及拆模	混凝土浇筑后,12h 内即应覆盖和洒水;混凝土强度达到 5MPa 以上时方可拆模。混凝土强度达到设计强度的 70% 时,方可行驶车辆和承重
6	安全文明施工	①严格控制重点危险源; ②施工用电、机具的安全管理; ③保持施工区的环境卫生,及时清理生活垃圾,将其运至指定地点并按规定处理

(3)现场标准化作业(图 8-55)

图 8-55 梯形轨枕整体道床混凝土施工

8.5 橡胶减振垫整体道床施工

(1)工艺流程

主要施工工序：①基础施工;②铺设橡胶减振垫;③轨排架设;④绑扎道床钢筋网;⑤安装模板及轨道精调;⑥浇筑道床混凝土及养护。详细施工顺序见图 8-56。

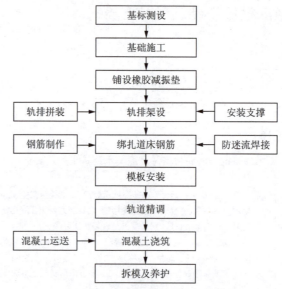

图 8-56 橡胶减振垫整体道床施工工艺流程图

(2)现场标准化作业(图 8-57)

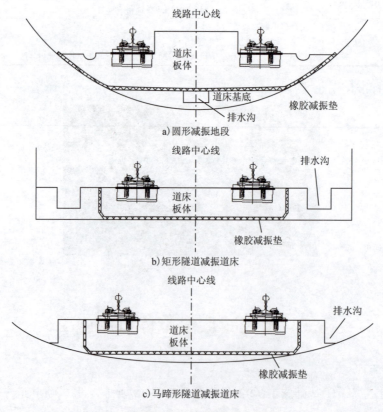

图 8-57 橡胶减振垫整体道床结构示意图

8.5.1 基础施工

（1）工艺流程（图 8-58）

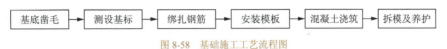

图 8-58　基础施工工艺流程图

（2）作业要点（表 8-17）

基础施工工序及要点　　　　　表 8-17

序号	工　序	作　业　要　点
1	施工准备	施工前对土建单位移交的结构板进行检查，要求无浮浆、积水和渗漏。按设计要求进行基底凿毛，凿毛后清理干净杂物垃圾
2	基标测设	每 5m 断面处设置一组 2 个加密基标，两个基标分别设于距线路中心线 0.9 m 及 1.1m 的左右两侧，作为基底混凝土施工控制基标使用
3	基底高程控制	混凝土浇筑前根据测设的加密施工基标资料，在隧道两侧边墙上用墨线弹出基底混凝土顶面高程控制线，混凝土浇筑时以此控制基底顶面混凝土高程
4	混凝土浇筑	混凝土捣固密实，基础顶面进行抹面压光，确保基础顶面平整不积水，且无明显凹凸
5	安全文明施工	①严格控制重点危险源； ②施工用电、机具的安全管理； ③保持施工区的环境卫生，及时清理生活垃圾，将其运至指定地点并按规定处理

（3）现场标准化作业（图 8-59）

图 8-59　基础成品

8.5.2 铺设橡胶减振垫

（1）工艺流程（图 8-60）

图 8-60　铺设橡胶减振垫工艺流程

(2)作业要点(表 8-18)

铺设橡胶减振垫作业要点　　　　表 8-18

序号	工序	作业要点
1	测量放样	在基础面上放出道床伸缩缝位置线,在隧道机构边墙上放出道床顶面高程线
2	基底处理	在基础混凝土达到规定强度,将基底表面杂物清理干净,若有明显凹凸的基底应进行打磨,在厂家专业人员的指导下开始减振垫铺设
3	铺设橡胶隔振垫	根据现场隧道实测横向宽度切割成块,再进行横向铺设和拼接,减振垫间衔接缝隙宽度不大于10mm,衔接处应用三排铆钉固定。减振垫铺设就位后,在安装密封条之前,应将减振垫外围四周采用土工布加以包裹,土工布单面包裹宽度不小于100mm,减振垫顶部设置"Z"字形密封条以免杂物掉入道床板与减振垫缝隙中无法排出
4	安全文明施工	①严格控制重点危险源; ②施工用电、机具的安全管理; ③吊装作业保证措施; ④保持施工区的环境卫生,及时清理生活垃圾,将其运至指定地点并按规定处理

(3)现场标准化作业(图 8-61)

图 8-61　铺设橡胶隔振垫现场标准化作业

8.5.3　轨排架设

(1)工艺流程(图 8-62)

图 8-62　轨排架设工艺流程图

(2)作业要点(表 8-19)

轨排架设工序及要点　　　　表 8-19

序号	工序	作业要点
1	轨排组装	严重缺角、开裂的轨枕禁止使用,前后两块轨枕间距允许偏差为 ±10mm,同一轨排宜选用公差长度相同的钢轨配对,相差量不得大于 3mm。螺旋道钉套上弹簧垫圈后,涂上黄油,再拧到尼龙套管内。安装弹条使用专用工具,严禁用力锤击弹条。轨距拉杆必须上油
2	轨排堆码	现场堆码轨排的场地基底应平实,场内有排水设施,底层用垫木架空,严禁水浸泡短轨枕

续上表

序号	工序	作业要点
3	轨排运输	吊运时严禁碰撞轨枕,堆放在平板车上要进行加固后才能运输
4	铺设轨排	轨排就位后,在计划位置安装钢轨支撑架,直线段支撑架应垂直线路方向,曲线段支撑架应垂直线路的切线方向,并将各部螺栓拧紧,不得虚接
5	安全文明施工	①严格控制重点危险源; ②施工用电、机具的安全管理; ③吊装作业保证措施; ④保持施工区的环境卫生,及时清理生活垃圾,将其运至指定地点并按规定处理

(3)现场标准化作业(图8-63、图8-64)

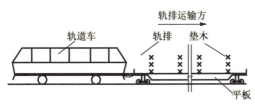

图8-63 轨排运输示意图

图8-64 轨排架设

8.5.4 绑扎道床钢筋网

(1)工艺流程(图8-65)

图8-65 绑扎道床钢筋网工艺流程图

(2)作业要点(表8-20)

绑扎道床钢筋网工序及要点　　　　　表8-20

序号	工序	作业要点
1	钢筋加工	钢筋表面无油污、漆污,钢筋应平直、无局部折曲,受力钢筋顺长度方向允许偏差为±20mm,弯起钢筋的弯起位置允许偏差为±20mm;箍筋内净尺寸允许偏差为±5mm
2	钢筋绑扎	钢筋间距偏差为±20mm,保护层厚度为30mm,偏差±5mm
3	钢筋焊接	钢筋在同一断面内的焊接接头小于50%,单面搭接焊缝的总长度大于10d,焊缝高度不小于6mm。焊接时应在焊接点与减振垫之间用铁皮隔开,避免损伤已铺好的减振垫,焊接质量满足设计及规范要求
4	杂散电流	在焊接过程中,不得漏焊,焊接位置要正确,焊接质量满足设计及规范要求
5	安全文明施工	机械、电焊等操作人员必须经过岗位培训,持证上岗,遵守安全操作规程,穿戴好必要的防护用品,进入施工现场所有人员必须佩戴安全帽,严禁违章作业

(3)现场标准化作业(图8-66)

图8-66 钢筋绑扎成品

8.5.5 安装模板及轨道精调

(1)工艺流程(图8-67)

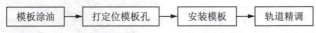

图8-67 安装模板及轨道精调工艺流程图

(2)作业要点(表8-21)

安装模板及轨道精调工序及要点　　　　表8-21

序号	工序	作业要点
1	模板	模板为钢模板,表面平整度满足要求,模板上无杂物
2	模板安装	道床模板位置偏差不大于±5mm,垂直度允许误差2mm。混凝土分两次浇筑,首先完成道床部分混凝土浇筑,待达到一定强度后再安装道心凸台模板
3	伸缩缝及变形缝	按照设计图纸设置道床伸缩缝,地面线及洞口位置两侧各50m范围内每6m设置道床变形缝一处,变形缝必须贯通顺直。主体结构沉降缝处应设道床变形缝,轨枕应避开道床伸缩及变形缝
4	轨道精调	轨道几何尺寸调整允许偏差值:轨道中心±2mm,直线轨道方向10m弦量1mm,轨距-1~+2mm,变化率≤1‰,轨顶高程±1mm,左右股钢轨顶面水平1mm,在延长18m的距离范围内的三角坑小于1mm,轨底坡按1/40设置,曲线正矢必须满足规范要求
5	安全文明施工	①严格控制重点危险源; ②施工用电、机具的安全管理; ③保持施工区的环境卫生,及时清理生活垃圾,将其运至指定地点并按规定处理

(3)现场标准化作业(图8-68)

图8-68 模板安装成品

8.5.6 浇筑道床混凝土及养护

（1）工艺流程（图 8-69）

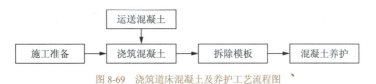

图 8-69　浇筑道床混凝土及养护工艺流程图

（2）作业要点（表 8-22）

浇筑道床混凝土及养护工序及要点　　表 8-22

序号	工序	作业要点
1	混凝土浇筑	混凝土捣固满足规范要求，对轨道扣配件和钢轨进行保护。单块道床应一次浇筑完成，避免在一个道床块内产生施工冷接缝。按照设计要求用伸缩缝及中心水沟道床地段减振垫与隧道壁接口位置进行嵌缝处理。道床面平整度应满足设计要求
2	混凝土养护	混凝土浇筑后，12h 内即应覆盖和洒水，直至规定的养护时间；当在干燥环境，相对湿度＜60% 时，洒水养护时间不得少于 14 d，当在较湿环境，相对湿度在 60%～90% 时，洒水养护时间不得少于 7 天。洒水次数应以混凝土表面保持湿润状态为度
3	安全文明施工	①严格控制重点危险源； ②施工用电、机具的安全管理； ③保持施工区的环境卫生，及时清理生活垃圾，将其运至指定地点并按规定处理

（3）现场标准化作业（图 8-70）

图 8-70　混凝土道床成品

8.6　整体道床道岔

（1）工艺流程

主要施工工序：①道岔拼装；②钢筋制作及安装；③安装模板；④道岔整体精调；⑤浇筑道床混凝土及养护。详细施工顺序见"整体道床道岔施工工艺流程图"（图 8-71）。

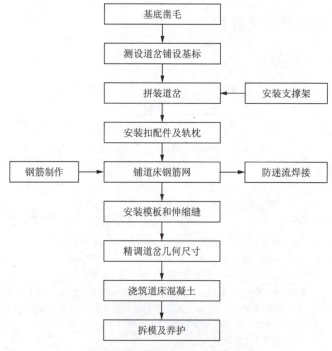

图 8-71　整体道床道岔施工工艺流程图

（2）现场标准化作业（图 8-72）

图 8-72　整体道床道岔图

8.6.1　道岔拼装

（1）工艺流程（图 8-73）

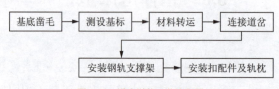

图 8-73　道岔拼装工艺流程图

(2)作业要点(表 8-23)

道岔拼装工序及要点 表 8-23

序号	工 序	作业要点
1	施工准备	施工前对结构板进行检查,要求无浮浆、积水和渗漏。按设计要求进行基底凿毛,凿毛后清理干净杂物垃圾。道岔尖轨与基本轨捆扎牢固、密贴,以防损伤尖轨
2	连接道岔	连接道岔钢轨时,预留轨缝值为 8mm,安装好道岔轨距拉杆和道岔钢轨支撑架,形成道岔框架;交叉渡线铺设步骤基本同单开道岔,施工时纵向分为三段,先铺设中段的 8 个辙叉部分,再向其前后扩展铺设两端四组单开道岔的连接部分及转辙部分
3	扣配件及轨枕	严重缺角、开裂的轨枕禁止使用,前后两块轨枕间距允许偏差为 ±10mm。螺旋道钉套上弹簧垫圈后,涂上黄油,再拧到尼龙套管内,安装弹条使用专用工具,严禁用力锤击弹条
4	安全文明施工	①严格控制重点危险源; ②施工用电、机具的安全管理; ③保持施工区的环境卫生,及时清理生活垃圾,将其运至指定地点并按规定处理

(3)现场标准化作业(图 8-74)

图 8-74 道岔现场拼装图

8.6.2 钢筋制作与安装

(1)工艺流程(图 8-75)

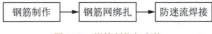

图 8-75 钢筋制作与安装

(2)作业要点(表 8-24)

钢筋制作与安装工序及要点 表 8-24

序号	工 序	作业要点
1	钢筋加工	钢筋表面无油污、漆污,钢筋应平直、无局部折曲,受力钢筋顺长度方向允许偏差为 ±20mm,弯起钢筋的弯起位置允许偏差为 ±20mm;箍筋内净尺寸允许偏差为 ±5mm
2	钢筋绑扎及焊接	钢筋间距偏差为 ±20mm;保护层厚度为 30mm,偏差 ±5mm。钢筋在同一断面内的焊接接头小于 50%;单面搭接焊缝的总长度大于 10d,焊缝高度不小于 6mm
3	防迷流焊接	在焊接过程中,不得漏焊,焊接位置要正确,焊接质量满足设计及规范要求
4	安全文明施工	①严格控制重点危险源; ②施工用电、机具的安全管理; ③保持施工区的环境卫生,及时清理生活垃圾,将其运至指定地点并按规定处理

(3)现场标准化作业(图 8-76)

图 8-76　现场钢筋绑扎

8.6.3　安装模板

(1)工艺流程(图 8-77)

图 8-77　安装模板工艺流程图

(2)作业要点(表 8-25)

安装模板工序及要点　　　　　　　　　表 8-25

序号	工　序	作　业　要　点
1	模板要求	模板为钢模板,表面平整度满足要求,模板上无杂物
2	模板安装	道床模板安装必须平顺,位置正确,并牢固不松动,位置偏差不大于±5mm,垂直度允许误差2mm
3	伸缩缝及变形缝	地下线洞内每隔25设置道床伸缩缝一处;地面线及洞口位置两侧各50m范围内每6m设置道床变形缝一处,变形缝必须贯通顺直。主体结构沉降缝处应设道床变形缝;轨枕应避开道床伸缩及变形缝。道床伸缩缝采用1~2cm厚、经防腐处理的木板,顶面用沥青条做防水处理
4	安全文明施工	①严格控制重点危险源; ②施工用电、机具的安全管理; ③保持施工区的环境卫生,及时清理生活垃圾,将其运至指定地点并按规定处理

(3)现场标准化作业(图 8-78)

图 8-78　模板安装

8.6.4 道岔整体精调

（1）工艺流程（图8-79）

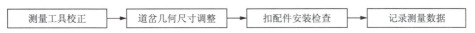

图8-79 道岔整体精调工艺流程图

（2）作业要点（表8-26）

道岔整体精调工序及要点　　表8-26

序号	工序	作业要点
1	道岔定位	里程位置允许偏差为±15mm，中心线允许偏差为±2mm，轨顶高低用10m弦量不大于1mm；轨缝允许偏差为+1～0mm
2	道岔几何尺寸	轨距允许偏差为+2～-1mm，变化率不应大于1‰；导曲线支距允许偏差为1mm；全长范围内高低差不应大于2mm；高程允许偏差为±1mm；护轨头部外侧至撤岔心作用边的距离为1391mm，允许偏差为+2～0mm；至翼轨作用边的距离为1348mm，允许偏差为0～-1mm
3	其他要求	转撤器必须扳动灵活，曲尖轨在第一连接杆处的动程不应小于152mm；尖轨与基本轨密贴，其间隙不应大于1mm。轨面、轨头内侧应平（直）顺，允许偏差为0.5mm。滑床板在同一平面内，轨撑与基本轨密贴，其间隙不应大于0.5m
4	安全文明施工	①严格控制重点危险源； ②施工用电、机具的安全管理； ③保持施工区的环境卫生，及时清理生活垃圾，将其运至指定地点并按规定处理

（3）现场标准化作业（图8-80）

图8-80 现场标准化作业

8.6.5 浇筑道床混凝土及养护

（1）工艺流程（图8-81）

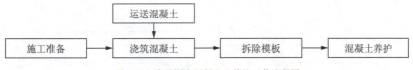

图8-81 浇筑道床混凝土及养护工艺流程图

（2）作业要点（表 8-27）

浇筑道床混凝土及养护工序及要点　　　　表 8-27

序号	工序	作业要点
1	混凝土浇筑	混凝土捣固满足规范要求，抹面满足规范要求，对道岔扣配件污染的地方及时清理
2	混凝土试块	同一配合比每灌筑 100m 长度道床（不足 100m 按者 100m 计）应取两组试件，一组在标准条件下养护，另一组与道床同条件下养护
3	混凝土养护	混凝土浇筑后，12h 内即应覆盖和洒水，直至规定的养护时间，当在干燥环境，相对湿度＜60％时，洒水养护时间不得少于 14d。当在较湿环境，相对湿度在 60％～90％时，洒水养护时间不得少于 7 d。洒水次数应以混凝土表面保持湿润状态为度
4	安全文明施工	①严格控制重点危险源； ②施工用电、机具的安全管理； ③保持施工区的环境卫生，及时清理生活垃圾，将其运至指定地点并按规定处理

（3）现场标准化作业（图 8-82、图 8-83）

图 8-82　混凝土浇筑

图 8-83　混凝土抹面

8.7　无缝线路施工

（1）工艺流程

主要施工工序：①施工准备；②焊前接头处理；③钢轨焊接；④钢轨打磨及正火处理；⑤钢轨精磨；⑥探头探伤；⑦无缝线路锁定施工。主要施工工艺流程图如图 8-84 所示。

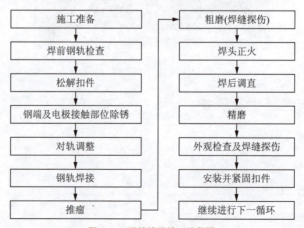

图 8-84　无缝线路施工流程图

(2)现场标准化作业(图 8-85)

图 8-85 无缝线路成型线路图

8.7.1 施工准备

(1)工艺流程

主要施工工序:①钢轨型式试验;②钢轨接触焊作业车编组;③卸除轨枕扣配件;④钢轨检查及锯配轨。施工准备流程图如图 8-86 所示。

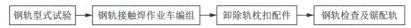

图 8-86 施工准备流程图

(2)作业要点(表 8-28)

施工准备工序及要点 表 8-28

序号	工 序	作 业 要 点
1	钢轨接触焊作业车编组	施工时焊轨车组压住已焊接的长轨条,轨道车采用顶进的方式,焊轨作业车组编组如下:从焊接作业点开始依次分别为"载有焊机集装箱焊轨平车-载有发电机组轨道平车-JY210 型轨道车"。根据不同的焊轨方向,焊轨车组提前在铺轨基地下料井线路段编组完毕后,再进入计划施工地点进行焊轨施工
2	卸除轨枕扣配件	焊接时,需将焊接接头前端轨道上的待焊接标准钢轨的扣件全部松开卸除,焊接接头后端已焊接的轨条扣件按松 4 紧 1 的办法每隔 4 根轨枕紧固 1 根,焊缝前后各 2 根轨枕上的扣配件必须全部卸除移开
3	钢轨检查及锯配轨	由专人对钢轨进行检查,检查范围包括轨头、轨腰及轨底三部分,检查项目有:钢轨长度、外形尺寸、外观质量等,如发现待焊钢轨有超标的硬弯、扭曲、裂纹、重皮、夹灰、结疤、划痕损伤等,需做局部锯轨或做更换处理,如发现端面垂直度超标,需进行轨端局部打磨或锯轨处理
4	安全文明施工	①严格控制重点危险源; ②施工用电、机具的安全管理; ③保持施工区的环境卫生,及时清理生活垃圾,将其运至指定地点并按规定处理

(3)现场标准化作业(图 8-87、图 8-88)

图 8-87 松解扣配件

图 8-88 焊前打磨

8.7.2 钢轨焊接

(1) 工艺流程

主要施工工序：①焊轨作业车对位；②抬高、垫平待焊钢轨；③放下焊机，对位、夹轨；④开机焊接；⑤起吊焊机，检查焊接质量；⑥钢轨就位，安装扣件。主要施工工序流程如图8-89所示。

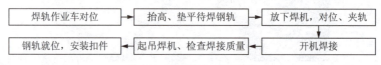

图8-89 焊轨施工工艺流程图

(2) 作业要点(图8-29)

钢轨焊接工序及要点　　　　　　表8-29

序号	工序	作业要点
1	焊轨作业车对位	用轨道车推进焊轨作业车对位,对位时由调车员进行指挥,确保焊机对位准确
2	抬高、垫平待焊钢轨	焊接位置基本轨与待焊钢轨需对正
3	放下焊机,对位、夹轨	对正后下降焊接主机,打开夹轨钳口,适当调整焊机悬挂高度,使焊缝两端钢轨落入夹轨钳内,将焊缝两端钢轨对齐对正后,启动液压系统用钳口夹紧钢轨
4	开机焊接	经确认焊接设备状态正常后,可按下焊接按钮,开始进行闪光接触焊,整个焊接过程全部自动化
5	起吊焊机、检查焊接质量	焊接完成后,松开焊接主机钳口及推瘤装置,起吊焊机,由专人检查并清除余渣,计算机操作员检查计算机记录的焊接结果数据,确保显示合格
6	钢轨就位、安装	焊接完成后,恢复钢轨平直状态,保证焊轨列车顺利通过
7	安全文明施工	①在调整轨位时,要有专人统一指挥,作业人员要站立牢固,防止摔伤；②翻动钢轨时,必须使用翻轨器,严禁使用撬棍翻轨,施工人员要站立安全地带；③启动焊接设备时,必须有技术人员指导,技术人员不在场时,其他人员不得私自调试焊接设备；④保持施工区的环境卫生,及时清除垃圾,将其运至指定地点并按规定处理

(3) 现场标准化作业(图8-90、图8-91)

图8-90 焊机对位夹轨焊接

图8-91 恢复轨道状态

8.7.3 钢轨打磨及正火探伤处理

(1) 工艺流程

主要工序：①焊接后粗磨；②正火处理；③调直处理；④焊轨后精磨；⑤接头焊缝外观检

查及探伤。钢轨打磨及正火探伤处理流程图如图 8-92 所示。

图 8-92 钢轨打磨正火探伤处理流程图

(2)作业要点(表 8-30)

钢轨打磨及正火探伤处理工序及要点　　　　表 8-30

序号	工序	作业要点
1	焊接后粗磨	打磨后焊头轮廓应圆顺无尖角,不得出现横向打磨痕迹和凹凸坑;打磨面平整光洁,表面无发蓝、发黑现象;用 1m 直板尺检查,焊缝踏面部位热态时呈 0.5mm 左右的上拱度,常温时不得低踏
2	正火处理	正火起始温度、终了温度及冷却速度必须严格控制,全过程需用温度计测量,严禁目测估计温度
3	调直处理	调直主要是对焊缝两侧各 1m 范围内的钢轨进行三点调直,采用钢轨校直机进行作业
4	焊轨后精磨	打磨前应测量焊缝两侧 500mm 范围内水平和垂直方向的平直度,确定合适的打磨进刀量,避免出现打磨面发蓝发黑
5	接头焊缝外观检查及探伤	外观精整后的表面不平度应满足:在焊缝中心两侧各 100mm 范围内,表面不平度不大于 0.2mm,母材打磨深度不应超过 0.5m。探伤应在焊缝附近轨温冷却至 40℃ 以下以后进行
6	安全文明施工	①严格控制重点危险源; ②打磨、正火作业时,操作人员必须佩戴护目镜。拆卸焊机时要带石棉手套,防止烫伤; ③乙炔瓶、氧气瓶的使用、运输和保管必须严格执行气瓶运输、储存使用安全技术规程; ④保持施工区的环境卫生处理

(3)现场标准化作业(图 8-93、图 8-94)

图 8-93 钢轨精磨

图 8-94 钢轨探伤

8.7.4 无缝线路锁定施工

(1)工艺流程

主要施工工序:①总体原则;②埋设观测桩;③松开钢轨扣件;④调整长轨条应力;⑤锁定钢轨;⑥设置位移标记。无缝线路锁定流程图如图 8-95 所示。

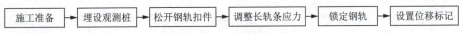

图 8-95 无缝线路锁定流程图

(2)作业要点(表 8-31)

无缝线路锁定施工工序及要点 表 8-31

序号	工 序	作 业 要 点
1	埋设观测桩	每一长轨布置 5 对观测桩,其中长轨条起终点、中部及长轨条 1/4、3/4 位置各设置 1 对。轨条长度大于 1200m 时,应适当增设位移观测桩,桩间距离不应大于 500m。在坡段代数差大于及等于 20‰的变坡点增设位移观测桩
2	调整长轨条应力	如果现场实测轨温能满足设计锁定轨温要求,可直接采用钢轨下垫入滚筒自由放散法释放钢轨温度应力,即自由放散法。 如果现场实测轨温均低于设计规定的锁定轨温范围,则必须采用滚筒法与拉伸器相结合的办法组织施工,即综合放散法
3	锁定钢轨	实际锁定轨温必须在设计锁定轨温范围内,相邻两长轨条锁定轨温差不得大于 5℃,左右股长轨条的锁定轨温差不得大于 3℃,且曲线外股锁定轨温不得高于内股
4	设置位移标记	钢轨锁定时,必须立即记录当时长轨条始、终点落槽时的时间及其钢轨温度,同时,以预埋的线路两侧位移桩的基准点拉线,以拉线为基准在轨底外侧上缘用油漆作出零点位移标记,位移观测桩处位移量不大于 5mm
5	安全文明施工	①严格控制重点危险源; ②施工用电、机具的安全管理; ③保持施工区的环境卫生,及时清理生活垃圾,将其运至指定地点并按规定处理

(3)现场标准化作业(图 8-96、图 8-97)

图 8-96 埋设位移观测桩

图 8-97 无缝线路锁定成型

8.8 车场线库内整体道床

库内整体道床包括一般整体道床、墙式检查坑整体道床和柱式检查坑整体道床,三种道床施工工序相似。

(1)工艺流程

主要施工工序:①轨排组装及架设;②钢筋制作及安装;③安装模板及轨道调整;④浇筑道床混凝土及养护。详细施工顺序见图 8-98 所示。

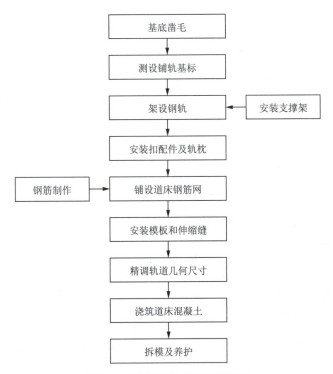

图 8-98　整体道床道岔施工工艺流程图

（2）现场标准化作业（图 8-99、图 8-100）

图 8-99　库内墙式检查坑整体道床图

图 8-100　库内普通整体道床图

8.8.1　轨排拼装及架设

（1）工艺流程（图 8-101）

图 8-101　轨排拼装及架设工艺流程图

(2)作业要点(表 8-32～表 8-34)

轨排拼装及架设工序及要点　　　　　表 8-32

序号	工序	作业要点
1	施工准备	施工前对结构板进行检查,轨道中心线与土建结构中心线一致,道床结构高度满足设计要求,基底要求无浮浆、积水,按设计要求进行基底凿毛,凿毛后清理干净杂物垃圾
2	轨排组装	严格按照已经编制的轨节表进行组装,钢轨安放位置正确,钢轨接头相错量应满足规范要求,具体详见右表。钢轨接头规范满足规范要求
3	安装扣配件及轨枕	安装扣件数量正确,上下股轨枕对齐。严重缺角、开裂的轨枕禁止使用,前后两块轨枕间距允许偏差为 ±10mm。螺旋道钉套上弹簧垫圈后,涂上黄油,再拧到尼龙套管内,安装弹条使用专用工具,严禁用力锤击弹条,螺栓扭力满足规范要求
4	安全文明施工	①严格控制重点危险源; ②施工用电、机具的安全管理; ③保持施工区的环境卫生,及时清理生活垃圾,将其运至指定地点并按规定处理

接头相错量允许偏差值　　　　　表 8-33

检验项目			允许偏差(mm)	
			正线、到发线	其他站线
标准轨	相对式接头	直线	≤40	≤60
		曲线	≤40 加缩短轨缩短量之半	≤60 加缩短轨缩短量之半
再用轨或非标准长度钢轨	相对式接头	直线	≤40	≤60
		曲线	≤120	≤140
	相错式接头	直线、曲线	≥3000	
		绝缘接头	≤2500	

接头螺栓扭矩标准　　　　　表 8-34

项目	单位	25m 钢轨				12.5m 钢轨
		最高、最低温差>85℃地区		最高、最低温差>85℃地区		
钢轨	kg/m	60 及以上	50	60 及以上	50	50
螺栓等级	级	10.9	10.9	10.9	8.8	8.8
扭矩	N·m	700	600	500	400	400

(3)现场标准化作业(图 8-102、图 8-103)

图 8-102　基底凿毛

图 8-103　柱式检查坑轨排架设

8.8.2 钢筋制作与安装

（1）工艺流程（图8-104）

图8-104　钢筋制作与安装工艺流程图

（2）作业要点（表8-35）

钢筋制作与安装工序及要点　　　　　表8-35

序号	工　序	作 业 要 点
1	钢筋加工	钢筋表面无油污、漆污,钢筋应平直、无局部折曲,受力钢筋顺长度方向的全长的允许偏差为 ±20mm,弯起钢筋的弯起位置允许偏差为 ±20mm;箍筋内净尺寸允许偏差为 ±5mm
2	钢筋绑扎及焊接	绑扎采用十字扣或8字扣;钢筋间距偏差为 ±20mm;保护层厚度为30mm,偏差 ±5mm。钢筋在同一断面内的焊接接头小于50%;单面搭接焊缝的总长度大于10d,焊缝高度不小于6mm
3	安全文明施工	①施工用电、机具的安全管理; ②保持施工区的环境卫生,及时清理生活垃圾,将其运至指定地点并按规定处理

（3）现场标准化作业（图8-105）

图8-105　钢筋绑扎

8.8.3 安装模板及轨道调整

（1）工艺流程（图8-106）

图8-106　安装模板及轨道调整工艺流程图

（2）作业要点（表8-36）

安装模板及轨道调整工序及要点　　　　　表8-36

序号	工　序	作 业 要 点
1	模板	模板刚度满足要求,表面平整度满足要求,模板上无杂物
2	模板安装	道床模板安装位置偏差不大于 ±5mm;垂直度允许误差 2mm;模板平整度误差 2mm

续上表

序号	工序	作业要点
3	伸缩缝	按照设计尺寸设置道床伸缩缝,伸缩缝必须贯通顺直。主体结构沉降缝处应设道床变形缝;轨枕应避开道床伸缩及变形缝
4	轨道几何尺寸	轨距允许偏差为 -1mm ~ +2mm;两股相对水平差不得大于 2mm,在 18m 距离内,不得有大于 2mm 的三角坑;中线允许偏差 2mm;高程允许偏差 2mm,高低直线不得大于 2mm/10m 弦;轨底坡 1/35 ~ 1/45;曲线正矢允许偏差满足规范要求
5	安全文明施工	①严格控制重点危险源; ②施工用电、机具的安全管理; ③保持施工区的环境卫生,及时清理生活垃圾,将其运至指定地点并按规定处理

(3) 现场标准化作业(图 8-107、图 8-108)

图 8-107 模板安装

图 8-108 轨道精调

8.8.4 浇筑道床混凝土及养护

(1) 工艺流程(图 8-109)

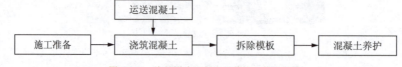

图 8-109 浇筑道床混凝土及养护工艺流程图

(2) 作业要点(表 8-37)

浇筑道床混凝土及养护工序及要点　　　　表 8-37

序号	工序	作业要点
1	混凝土浇注	混凝土捣固满足规范要求,抹面满足规范要求,对扣配件污染的地方及时清理
2	混凝土试块	同一配合比每浇筑 100m(不足 100m 者按 100m 计)应取两组试件,一组在标准条件下养护,另一组与道床同条件下养护
3	混凝土养护	混凝土浇筑后,12h 内即应覆盖和洒水,直至规定的养护时间。当在较湿环境,相对湿度在 60% ~ 90% 时,洒水养护时间不得少于 7d。洒水次数应以混凝土表面保持湿润状态为度
4	安全文明施工	①严格控制重点危险源; ②施工用电、机具的安全管理; ③保持施工区的环境卫生,及时清理生活垃圾,将其运至指定地点并按规定处理

(3)现场标准化作业(图 8-110)

图 8-110　库内整体道床

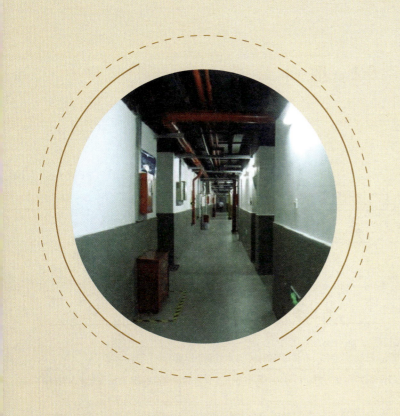

第 9 章

建筑装修

9.1 地面工程

9.1.1 石材楼地面

(1) 工艺流程(图 9-1)

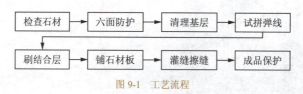

图 9-1 工艺流程

(2) 作业要点(表 9-1)

作业要点　　　　表 9-1

序号	工序	作业要点
1	检查石材	要对石材的颜色、花纹进行考察,石材进场需提供放射性要检测报告
2	六面防护	对石材进行防污染处理,用石材防污染剂对石材的 6 个面进行涂刷或喷抹,防污染剂渗入石材。(可厂家提前做好)
3	清理基层	将地面垫层杂物清理干净,基层若有空鼓需重新浇灌。垫层上的砂浆要用工具清除并清扫干净
4	弹线试拼	在基层弹上十字控制线弹出水平高程线,大面积施工垂直方向铺两条干沙带,检查板块缝隙,核对材料是否有色差
5	刷结合层	移开板块,清扫干净,洒水湿润,刷一层素水泥浆。拉十字控制线,用干硬性水泥砂浆铺找平层,控制厚度
6	铺石材板块	板块预先用水清润,阴干。在十字控制线交点开始铺砌,根据水平线用靠尺找平
7	灌缝擦缝	板块铺砌后 1～2 昼夜后进行灌浆擦缝
8	成品保护	对面层加以覆盖保护,养护 7d。地面石材铺装过程中要预留施工通道,方便材料运输
9	安全文明施工	搬运石材时宜轻拿轻放,注意保护石材边角避免磕碰。另外施工时需戴手套保护双手。施工材料堆码整齐、严禁乱扔废料

(3) 现场标准化作业(图 9-2)

图 9-2 石材地面铺装

9.1.2 屏蔽门绝缘层

（1）工艺流程（图9-3）

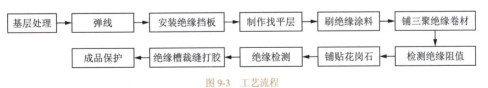

图9-3 工艺流程

（2）作业要点（表9-2）

作业要点　　　　　　　　　　表9-2

序号	工　序	作　业　要　点
1	基层处理	施工前需剔除原土建结构层突出物，再进行水泥砂浆找平压光处理
2	弹线	在确认施工面完全干燥后，弹好单元隔缝线（按地面材料伸缩缝延伸至屏蔽门边处）
3	安装绝缘挡板	在结构层板上打孔后塞上塑料涨管。用3×50mm的镀锌自动螺丝把聚碳酸酯支撑件固定于每个绝缘单元的周边
4	制作找平层	干硬性砂浆，配合比为1：3（体积比），应随拌随用，初凝前用完，防止影响黏结质量
5	刷绝缘涂料	进行底油涂刷施工，需涂刷均匀
6	铺三聚绝缘层	待底油干涸后，将防水绝缘膜整卷摊开到每个单元及一边的支撑架上，且需余留能翻至交出装饰地面5mm的长度。量好长度，再从两端回卷至中心处后边撕下离型纸。边赶压让其紧贴于施工面至支撑架上，层膜的拱接宽度为200mm，并用瓦斯喷灯在搭接处烘烤后压紧。
7	检测绝缘阻值	做好每单元第一层绝缘层膜后，进行绝缘电阻率的测试。并达到≥1015Ω·cm的要求
8	铺贴花岗石	绝缘层铺设完成后开始地面装饰材料的铺贴，（铺贴的工艺由施工单位在施工组织设计提出，并经业主、监理及设计单位认可后方能实施）
9	绝缘检测	完成密封胶的施工后，再进行绝缘电阻率的验收，绝缘电阻率≥0.5MΩ
10	绝缘槽裁缝打胶	地面材料经验收合格后，进行绝缘缝的绝缘密封胶灌填处理，（填胶前应先清理缝中的杂物并把两端绝缘层膜切至装饰面下5mm处）。使密封胶与两边的绝缘层膜紧密连接，达到绝缘效果，密封胶的填充应与装饰地面平
11	成品保护	应做好警示牌或设置防护栏杆，以免对施工完成面污染
12	安全文明施工	施工过程中，要求相邻区域无油漆、打洞钻孔的施工。施工时需使用瓦斯喷灯，施工部位的全部易燃物品要转移，在现场每个喷灯放置灭火器

（3）现场标准化作业（图9-4、图9-5）

图9-4 屏蔽门　　　　　　　　　　图9-5 绝缘层

9.1.3 瓷砖楼地面

(1) 工艺流程(图 9-6)

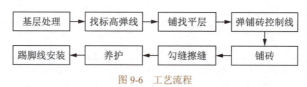

图 9-6 工艺流程

(2) 作业要点(表 9-3)

作业要点　　　　　　　　　　　　　　　　　　表 9-3

序号	工　序	作业要点
1	基层处理	铲掉基层表面浮土或砂浆,若有油污应用 10% 火碱水刷净,清水冲净
2	找高程弹线	根据 1m 水平线和设计图纸找出板面高程
3	铺找平层	干硬性砂浆,配合比为 1:3(体积比),应随拌随用,初凝前用完,防止影响黏结质量
4	弹铺砖控制线	根据排砖图及缝宽在地面上弹纵横控制线,开间方向的控制线是否与走廊的纵向控制线平行
5	铺砖	铺时应从里面向外退着操作,人不得踏在刚铺好的砖面上,每块砖应跟线
6	勾缝擦缝	面层铺贴后进行勾缝、擦缝的工作,应采用同品种、同强度等级、同颜色的水泥,或用专门的嵌缝材料
7	养护	铺砖完 24h 后,洒水养护,时间不应小于 7d
8	踢脚线安装	踢脚线抹素水泥粘贴,安装顺直,不宜突出墙面过厚
9	安全文明施工	搬运瓷砖时宜轻拿轻放,注意保护瓷砖边角避免磕碰。另外施工时需带手套保护双手。施工材料堆码整齐、严禁乱扔废料

(3) 现场标准化作业(图 9-7)

图 9-7 瓷砖地面成品

9.1.4 绝缘漆地面

(1) 工艺流程(图 9-8)

图 9-8 工艺流程

（2）作业要点（表9-4）

作业要点 表9-4

序号	工序	作业要点
1	基层处理	地面上的坑、洞、埋设管道的沟槽应提前抹平，对基体表面应进行清理，将尘土、杂物彻底清扫干净。不得有空鼓、开裂及起砂等缺陷
2	打磨处理	依素地状况做好打磨、修补、除尘
3	封闭底漆	采用高渗透性及附着力特强环氧底漆镘涂一道增强附着力
4	中涂施工	地面不平整、必须施工中涂，将环氧树脂加入适量石英粉、用镘刀将其均匀涂布，依实际需要施工数到，要求达到平整无空洞，无明显批刀印及砂纸印为准
5	面漆施工	用自流平面漆均匀镘涂一道，完工后整体地面达到光亮洁净，颜色均匀无气泡
6	清理	面漆干透后放进行表面清理
7	安全文明施工	坚持现场文明施工，做工完料清，不造成人为的浪费。在绝缘漆施工未完全干透，禁止进入施工

（3）现场标准化作业（图9-9）

图9-9 绝缘漆地面成品

9.1.5 防静电活动地板

（1）工艺流程（图9-10）

图9-10 工艺流程

（2）作业要点（表9-5）

作业要点 表9-5

序号	工序	作业要点
1	基层处理	基层表面应平整，光洁，不起灰。平整度误差太大就应用水泥沙浆找平
2	找中套方分隔弹线	在墙面上弹出活动地板面层的横梁组件高程控制线和完成面高程控线

续上表

序号	工序	作业要点
3	安装支座横梁组件	支座与基层面之间的空隙应灌注环氧树脂,应连接牢固,也可按设计要求方法固定
4	铺活动地板	铺设地板应用吸盘,垂直放入横梁间方格,保证四角接触处平整,严密,不得采用加垫的方法
5	清洁保养	清除地板污渍,保持板面清洁,可打防静电蜡维护
6	检查验收	活动地板面层应排列整齐,表面平整洁净,色泽一致,接缝均匀,周边顺直,高程准确
7	安全文明施工	工完场清,垃圾要及时清理,安装完成后铺设保护材料,避免划伤

(3)现场标准化作业(图 9-11)

图 9-11 防静电活动地板

9.2 墙柱面工程

9.2.1 搪瓷钢板墙柱面(阳极氧化铝版墙柱面)

(1)工艺流程(图 9-12)

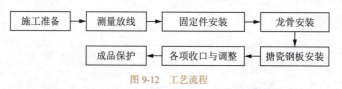

图 9-12 工艺流程

(2)作业要点(表 9-6)

作业要点　　　　　　　　　　　　　　　　表 9-6

序号	工序	作业要点
1	施工准备	检查埋件的埋设情况,反馈设计提出纠偏、修正办法
2	测量放线	安装前需对建筑物进行整体测量,以掌握建筑物结构尺寸的偏差值
3	固定件安装	安装固定件时,要拉水平线控制其水平及进深的位置以保证固定件的安装准确无误
4	龙骨安装	用螺栓把竖框固定在后埋件上,校正竖框尺寸后拧紧螺栓。将螺栓、垫片焊接固定于后埋件上,以防止竖框发生位置偏移

续上表

序号	工　序	作　业　要　点
5	搪瓷钢板安装	挂装搪瓷钢板,从下往上依次挂板,保证缝宽偏差在1mm以内
6	各项收口与调整	在处理该业接口时,要先协调后施工,且在施工后及时进行修补,以达到原来的效果
7	成品保护	搪瓷钢板在安装后至交工验收前应进行保护,特别是转角、柱面包裹软毯进行保护。悬挂警示牌,设置防护栏杆,避免刮蹭
8	安全文明施工	避免任何尖锐的物体直接打击板面,或与任何物体的高压强点接触,如未作保护的爬梯直接作用于板面

(3)现场标准化作业(图9-13)

图9-13　搪瓷钢板施工

9.2.2　石材干挂墙面

(1)工艺流程(图9-14)

图9-14　工艺流程

(2)作业要点(表9-7)

作业要点　　　　　　　　　　表9-7

序号	工　序	作　业　要　点
1	准备工作	要对石材的颜色、花纹进行考察,对石材的放射性要有检测报告
2	放线定位	定出横、竖龙骨位置和石材幕墙位置。先由中间向两端测录,然后由两端向中间复核尺寸
3	龙骨安装	龙骨安装完要进行全面检查,尤其是横、竖框中心线。必须用仪器对横、竖龙骨进行调整
4	石材挂件的安装	通过螺栓与横龙骨角钢相连,石材板块上的胀栓与挂件间有一定的配合尺寸,可以保证石材水平板块方向的调整
5	石材安装	由下而上进行安装,安装时将石材板块通过挂钩挂在横向龙骨挂件上即可。通过顶丝的微调,保证外立面的垂直、水平和表面平整
6	成品保护	应做好警示牌或设置防护栏杆,特别是柱、墙阳角等处避免来回运输磕碰石材
7	安全文明施工	高空作业必须佩戴安全带,严禁噪声扰民。切割石材时需佩戴口罩

(3)现场标准化作业(图9-15)

图9-15　石材干挂墙面成品

9.2.3　设备区离壁墙

(1)工艺流程(图9-16)

图9-16　工艺流程

(2)作业要点(表9-8)

作业要点　　　　　　　　　　　　　　　表9-8

序号	工　序	作业要点
1	放线	安装前需对建筑物进行整体测量,以掌握建筑物结构尺寸的偏差值。要拉水平线控制其水平及进深的位置
2	龙骨焊接	必须用仪器对横、竖龙骨进行调整
3	运板就位	运板需平稳避免磕碰
4	装板	墙板搬到装拼位置立起,上下对准好基线,临时固定板面
5	校正固定	用2m或2m以上的靠尺检查垂直、平整校正,按标准采用沉头螺丝固定,螺丝做防锈处理
6	磁粉乳胶漆	满刮腻子干燥后打磨平整光滑。上乳胶漆时应直上直下,避免歪扭蛇行,以保证涂层厚度一致、色泽一致、质感一致
7	成品保护	将其表面擦净,注意避免任何尖锐的物体直接打击板面
8	安全文明施工	焊接龙骨构件时必须使用防护罩,避免强光损伤眼睛

(3)现场标准化作业(图9-17)

图9-17　离壁墙龙骨做法

9.2.4 墙面砖

（1）工艺流程（图9-18）

图9-18 工艺流程

（2）作业要点（表9-9）

作业要点　　　　　　　　　　　　　　　表9-9

序号	工序	作业要点
1	准备工作	核对尺寸和做法，切割口重点做防护处理
2	基层处理	铲掉基层表面浮土或砂浆，若有油污应用10%火碱水刷净，清水冲净
3	试拼弹线	根据排砖图及缝宽在地面上弹纵横控制线，该十字线与墙面抹灰时控制房间方正的十字线对应平行，同时注意与走廊的纵向控制线平行
4	刷水泥浆结合层	在瓷砖背面涂上素水泥，贴在墙上时高出整体水平2～3mm之间，再用橡胶锤调整至平行方正
5	铺瓷砖板块	排砖块应按照设计色样要求。在同一墙面，排整块面砖，非整块面砖应排在靠近地面或不显眼的阴角等位置。砖块排列一般自阳角开始，至阴角停止（收口）
6	勾缝、擦缝	面层铺贴应在24h之后进行勾缝、擦缝的工作，并应采用同品种、同强度等级、同颜色的水泥，或用专门的嵌缝材料
7	成品保护	勾缝完毕后，将其表面擦净。注意保护避免磕碰
8	安全文明施工	使用手持切割机必须戴绝缘手套，讲究卫生，维护公共卫生，不乱扔杂物

（3）现场标准化作业（图9-19）

图9-19 墙面砖做法

9.2.5 水泥砂浆墙面

（1）工艺流程（图9-20）

图9-20 工艺流程

（2）作业要点（表 9-10）

作业要点 表 9-10

序号	工 序	作 业 要 点
1	基层清理	抹灰前，必须将墙的灰渣清扫干净，并浇水湿润
2	浇水湿润基层	抹灰前 2d 用细管或喷壶自上而下浇水湿透，每天不少于 2 次
3	找规矩做饼灰	选择好下灰饼的准确位置再用靠尺板找好垂直于平整
4	设标筋做护角	100mm 处吊垂直线弹出铅锤线，再按地上弹出的墙角线往墙上翻引弹出阴角的两面墙面抹灰层厚度控制线
5	抹底灰和中灰	用木杠或靠尺板垂直水平刮找一遍，并用木抹子搓毛。用混合砂浆把孔洞、箱、槽、抹方正平滑平整
6	铺设角板	墙角、门洞口的阳角，用方尺规定后，分别在阳角两边吊直和固定好靠尺板
7	抹面灰	底子灰有六七成干时，罩面灰二遍，厚度不得大于 3mm
8	清理	按先上后下的顺序进行亚实赶光，用钢皮抹子通抹压一遍
9	成品保护	在凝结前应防止快干、水冲、撞击、振动和受冻，在凝结后应采取措施防止玷污和损坏
10	安全文明施工	坚持现场文明施工，做工完料清，不造成人为的浪费

（3）现场标准化作业（图 9-21）

图 9-21 水泥砂浆抹光

9.2.6 乳胶漆墙面

（1）工艺流程（图 9-22）

图 9-22 工艺流程

（2）作业要点（表 9-11）

作业要点 表 9-11

序号	工 序	作 业 要 点
1	基层清理	基层应平整，达中级抹灰要求，表面洁净、无油污或其他污染
2	弹控制线	100mm 处吊垂直线弹出铅锤线，再按地上弹出的墙角线往墙上翻引弹出阴角的两面墙面抹灰层厚度控制线
3	刮腻子	用胶皮刮板，分遍刮平，操作时按同一方向往返刮，刮板要拿稳，吃灰量要一致

续上表

序号	工 序	作业要点
4	打磨	头道腻子干燥后即用砂纸打磨至平整光滑
5	阴阳角找方正	找直阴角和阳角,要用直尺和方尺检查
6	打磨	腻子干燥后即用砂纸打磨至平整光滑
7	满刮腻子	分遍刮平,操作时按同一方向往返刮,刮板要拿稳,吃灰量要一致
8	打磨	腻子干燥后即用砂纸打磨至平整光滑
9	乳胶漆两道	施涂时在辊子上蘸少量涂料后再在被滚墙面上轻缓平稳地来回滚动,直上直下,避免歪扭蛇行,以保证涂层厚度一致、色泽一致、质感一致
10	安全文明施工	高空作业时需检查脚手架稳固性,确认牢靠方可施工

(3)现场标准化作业(图9-23)

图9-23 喷涂墙面成品

9.2.7 防火门、不锈钢门安装

(1)工艺流程(图9-24)

放线定位 → 成品检查 → 固定连接 → 配件安装 → 成品保护

图9-24 工艺流程

(2)作定要点(表9-12)

作业要点　　　　　　　　　　　　　　表9-12

序号	工 序	作业要点
1	放线定位	门的安装位置、尺寸和高程,以门中线为准向两边量出门边线
2	成品检查	检查产品合格证书、性能检测报告、进场验收记录和复验报告,检查隐蔽工程验收记录
3	固定连接	将门立于安装位置,用木楔临时固定,将其铁脚插入预留孔中,然后根据门边线、水平线及距外墙皮的尺寸进行支垫,并用托线板靠吊垂直
4	配件安装	在开关零件的螺孔处配置合适的螺钉,将螺钉拧紧
5	成品保护	门框固定前应对门表面贴保护膜进行保护,防止灰浆污染。金属门表面应洁净、平整、光滑、色泽一致,无锈蚀,无划痕、碰伤
6	安全文明施工	产品进场堆码需整齐,用电必须安全接地,并通过漏电保护装置,机械设备必须专人操作,不得随意抽人临时操作

（3）现场标准化作业（图9-25）

图9-25　防火门、不锈钢门

9.2.8　不锈钢栏杆安装

（1）工艺流程（图9-26）

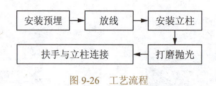

图9-26　工艺流程

（2）作业要点（表9-13）

作业要点　　　　　　　　　　表9-13

序号	工　序	作　业　要　点
1	安装预埋件	采用后埋件做法，将螺栓拧紧并焊死
2	放线	确定埋板位置与焊接立杆的准确性，如有偏差，及时修正
3	安装立柱	需双人配合，一个扶住钢管使其保持垂直，在焊接时不能晃动，另一人施焊，要四周施焊，并应符合焊接规范
4	扶手与立柱连接	从一端向另一端顺次点焊安装，相邻扶手安装对接准确，接缝严密
5	打磨抛光	全部焊接好后，用手提砂轮机将焊缝打平砂光，直到不显焊缝
6	安全文明施工	用电必须安全接地，并通过漏电保护装置，机械设备必须专人操作。焊接切割作业时，可燃物需清理并采取防护措施

（3）现场标准化作业（图9-27）

图9-27　不锈钢栏杆

9.2.9 外墙涂料

（1）工艺流程（图9-28）

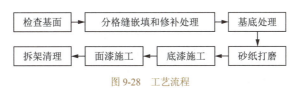

图9-28 工艺流程

（2）作业要点（表9-14）

作业要点　　　　　　　　　　　　　　　　表9-14

序号	工序	作业要点
1	检查基面	检查平整度误差和空鼓等
2	修补处理	清除墙面残浆及不稳附着物
3	基底处理	用腻子调成膏状，对基面进行批抹压光，直至达到装饰抹灰标准
4	砂纸打磨	砂纸选用水砂纸，打磨腻子先用100—180号水砂纸，对特殊要求的，采用400—600号水砂纸
5	底漆施工	效果要均匀、无色差、无漏涂和流坠现象，不允许有明显接槎
6	面漆施工	严格按施工规范进行，要求最终效果达到颜色均匀一致、无漏刷、无透底、无起皮、无剥落、分色顺直
7	拆架清理	拆除外架时，管理人员随同检查并修补缺陷，清理尘土杂物
8	安全文明施工	高空作业不得在龙门架、导梁的上弦、支撑、桁条、挑梁和未固定的物体上行走或作业。高处作业与地面联系，应有专人负责和通信设备

（3）现场标准化作业（图9-29）

图9-29 外墙涂料

9.3 顶面工程

9.3.1 天棚喷涂（2mm厚黑色防霉防潮涂料）

（1）工艺流程（图9-30）

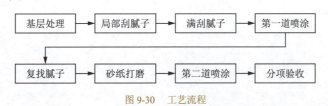

图9-30 工艺流程

(2)作业要点(表 9-15)

作业要点　　　　　　　　　　　　　　　表 9-15

序号	工序	作业要点
1	基层处理	首先将顶棚清除干净后用素水泥浆一道甩毛
2	局部刮腻子	刮腻子时应横竖刮,并注意接槎和收头时腻子要刮净
3	满刮腻子	刮腻子时应横竖刮,每遍腻子干后应磨砂纸,将腻子磨平,磨完后将浮尘清理干净
4	第一道喷涂	喷涂乳胶漆前应先将吊顶处、门窗口处 20cm 用排笔刷好,然后再大面积喷涂乳胶漆
5	复找腻子	刮腻子时应横竖刮,并注意接槎和收头时腻子要刮净,每遍腻子干后应磨砂纸,将腻子磨平,磨完后将浮尘清理干净
6	砂纸打磨	腻子干透后用细砂纸轻磨,并把粉尘扫净,达到表面光滑平整
7	第二道喷涂	喷涂乳胶漆前应先将吊顶处、门窗口处 20cm 用排笔刷好,然后再大面积喷涂乳胶漆
8	分项验收	避免出现:透底、接槎明显、刷纹明显、分色线不齐、涂刷带颜色的涂料时保证颜色一致
9	安全文明施工	有可能坠落的物体应以撤除或加固,平台及架子上的物堆放平稳、牢固,防止掉落和不妨碍行走、装卸

(3)现场标准化作业(图 9-31)

图 9-31　板底喷涂顶棚做法

9.3.2　方通、铝板组合吊顶

(1)工艺流程(图 9-32)

图 9-32　工艺流程

(2)作业要点(表 9-16)

作业要点　　　　　　　　　　　　　　　表 9-16

序号	工序	作业要点
1	弹水平线划分档线	用水准仪在房间内抄出水平点,弹出水准线。从水准线量至吊顶设计高度,弹出水准线
2	固定吊挂杆件	采用膨胀螺栓固定吊挂杆件,用冲击电锤打孔,孔径应稍大于膨胀螺栓的直径

续上表

序号	工 序	作 业 要 点
3	安装主龙骨	安装时采用与主龙骨配套的吊件与吊杆连接,吊顶高度超过1500mm需增设反向支撑。主龙骨应吊挂在吊杆上,在管道过多无法保证按设计要求安装吊杆的情况下需增加角钢的方式保证吊顶龙骨的安装稳固。龙骨间距及断面尺寸应符合设计要求
4	安装次龙骨	根据板面的规格尺寸,安装与板配套的次龙骨,次龙骨通过吊挂件吊挂在主龙骨上。当次龙骨长度需多根延续接长时,用次龙骨连接件,在吊挂次龙骨的同时,将相对端头相连接,并先调直后固定
5	方通、铝板安装	安装时在装配面积的中间位置垂直次龙骨方向拉一条基准线,对齐基准线向两边安装。安装时,轻拿轻放,必须顺着翻边部位顺序将方通、铝板材料安装固定
6	饰面清理	方通、铝板安装完后,撕离保护膜,用布把板面全部擦拭干净,不得有污物及手印等
7	安全文明施工	高处作业前,必须落实所有安全技术措施和合格的人员防护用品,高处作业中的安全标志、工具、仪表、电器设施和各种设备在施工前加以检查,确认其完好

(3)现场标准化作业(图9-33)

图9-33 方通、铝板组合吊顶

9.3.3 铝方板吊顶(吸音板吊顶)

(1)工艺流程(图9-34)

图9-34 工艺流程

(2)作业要点(表9-17)

作业要点 表9-17

序号	工 序	作 业 要 点
1	弹高程画分档线	用水准仪找出水平点,弹出水准线,从水准线量至吊顶设计高度,弹出水准线。同时在混凝土顶板弹出主龙骨和吊杆的位置
2	固定吊挂杆件	采用膨胀螺栓固定吊挂杆件,用冲击电锤打孔,孔径应稍大于膨胀螺栓的直径
3	安装边龙骨	采用塑料胀栓固定,射钉间距600mm
4	安装主龙骨	主龙骨一般选用C38轻钢龙骨或C50轻钢龙骨,间距控制在1200mm范围内。安装时采用与主龙骨配套的吊件与吊杆连接,吊顶高度超过1500mm需增设反向支撑
5	安装次龙骨	根据板面的规格尺寸,安装与板配套的次龙骨,次龙骨通过吊挂件吊挂在主龙骨上。当次龙骨长度需多根延续接长时,用次龙骨连接件,在吊挂次龙骨的同时,将相对端头相连接,并先调直后固定

续上表

序号	工序	作业要点
6	面板安装	安装时在装配面积的中间位置垂直次龙骨方向拉一条基准线,对齐基准线向两边安装。安装时,轻拿轻放,必须顺着翻边部位顺序将方板两边轻压,卡进龙骨后再推紧
7	安全文明施工	装修吊顶用吊杆严禁挪做机电管道、线路吊挂用,机电管道、线路如与吊顶吊杆位置矛盾,须经过项目技术人员同意后更改,不得随意改变、挪动吊杆。使用人字梯攀高作业时只准一人使用,禁止同时两人作业

(3)现场标准化作业(图9-35)

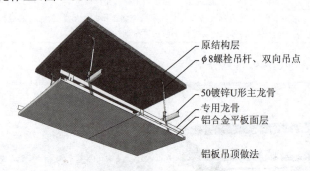

图9-35 铝方板(吸音板)吊顶

9.3.4 挡烟垂壁

(1)工艺流程(图9-36)

图9-36 工艺流程

(2)作业要点(表9-18)

作业要点 表9-18

序号	工序	作业要点
1	放线定位	挡烟垂壁定位轴线的测量放线,必须与主体结构的主轴线平行或垂直
2	上部吊杆安装	选用的丝杆和金属膨胀管质量要可靠,打孔位置不宜靠近钢筋混凝土构件的边缘孔内灰渣要清吹干净
3	双层硅钙板安装	嵌入固定于龙骨上,防止出现弯棱、凸鼓的现象
4	玻璃安装就位	安装好玻璃吊夹具,将玻璃的孔与镀锌角钢预留孔对牢并用穿螺杆将玻璃对穿固定
5	防火胶泥封堵	所有硅钙板与风管楼板面间隙需用防火胶泥密闭封堵,确保阻火效果
6	表面清洁和验收	将玻璃内外表面清洗干净,再一次检查胶缝并进行必要的修补
7	安全文明施工	角钢切割、焊接设置固定加工区完成,可燃物需清理并采取防护措施。高空作业时有可能坠落的物体应予以撤离或加固,平台及架子上的物体堆放平稳、牢固,防止掉落

(3)现场标准化作业(图 9-37)

图 9-37　挡烟垂壁做法

第 10 章

通　信

10.1　隧道内电缆托架安装

（1）工艺流程（图 10-1）

图 10-1　隧道内电缆托架安装工艺流程

（2）作业要点（表 10-1）

隧道内电缆托架安装工序及要点　　　　　　　　　　　表 10-1

序号	工序	作业控制要点
1	划线定位	按设计高程和间距，以轨平面线为基准点定位；用黑色墨线作出纵横线标识；根据电缆托架的结构，同时确定锚栓的安装位置
2	打孔	遇到主钢筋时，可将托架中心顺线路方向移 5～10cm；避开隧道的伸缩缝、连接缝、盾构管片连接缝及漏水渗水部位；打孔的孔深误差保证在 ±2mm；严禁铣孔
3	安装锚栓	用专用吹尘器将钻孔内的混凝土屑吹净；将自切底锚栓插入经过清孔后的孔中，最后紧固螺母，达到自切底效果
4	安装托架	选用合适的电缆托架（如盾构型、马蹄型、矩形等）；电缆托架底面应与电缆沟壁或墙壁充分接触，不得有明显间隙
5	安装接地扁钢	全线贯通；扁钢搭接长度大于 2 倍扁钢宽度；接地扁钢需与站内接地母排连接
6	安全文明施工	登高梯需要有防滑措施，下方需要有人看护；工人需佩戴防尘口罩、护目镜、安全帽；临时用电需满足"一机一闸一漏"要求；做到工完料尽场地清

（3）现场标准化作业（图 10-2、图 10-3）

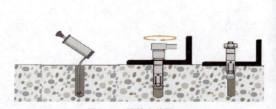

图 10-2　锚栓安装图

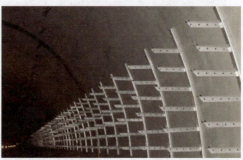

图 10-3　托架安装效果图

10.2　电缆桥架安装

（1）工艺流程（图 10-4）

图 10-4　电缆桥架安装工艺流程

(2)作业要点(表10-2)

电缆桥架安装工序及要点　　　　　表10-2

序号	工 序	作业控制要点
1	划线定位	按综合管线力的位置和高程,以土建单位提供的装修一米线定位
2	打孔	避开结构的伸缩缝、漏水渗水部位;打孔的孔深误差保证在2mm,严禁铣孔
3	安装吊架	吊架间距不大于2m;吊架垂直度满足0.1%要求;转弯三通四通处增加吊架;桥架中心钻孔与吊架之间用平头螺栓连接
4	安装桥架	桥架应做到横平竖直,结构伸缩缝和直线段超过30m处应增加伸缩节
5	安装接地线	每节桥架之间用不低于4mm^{2}的铜编织带连接,采用专用爪垫安装在专用地线孔
6	安全文明施工	采用移动脚手架需要有制动装置;脚手架平台需要有1m高栏杆并用密目网围闭;脚手架平台踏板需满铺;工人需佩戴防尘口罩,护目镜,安全帽,安全带;临时用电需满足"一机一闸一漏"要求;使用切割机时不能佩戴手套,且需配备灭火器,配备看火人;开具动火证;做到工完料尽场地清

(3)现场标准化作业(图10-5)

图10-5　桥架安装效果图

10.3　漏缆卡具安装

(1)工艺流程(图10-6)

图10-6　漏缆卡具安装工艺流程

(2)作业要点(表10-3)

漏缆卡具安装工序及要点　　　　　表10-3

序号	工 序	作业控制要点
1	划线定位	按综合管线图的位置和高程,以轨平面为基准定位
2	打孔	避开结构的伸缩缝、漏水渗水部位;打孔的孔深误差保证在±2mm;严禁铣孔
3	安装膨胀螺栓	熟料膨胀螺栓需要全部塞进孔内,螺母需拧紧
4	安装卡具	每隔1m安装一套普通卡具,每隔10m安装一套防火型加强卡具;人防段过渡处利用钢丝绳加吊挂件
5	安全文明施工	登高梯需要有防滑措施,下方需要有人看护;工人需佩戴防尘口罩,护目镜,安全帽;临时用电需满足"一机一闸一漏"要求;做到工完料尽场地清

(3)现场标准化作业(图 10-7～图 10-10)

a)画线　　　　　　　b)打孔　　　　　　　c)植入膨胀管　　　　　d)装夹具

图 10-7　卡具安装工序图

  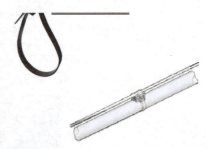

图 10-8　普通型卡具　　　　　图 10-9　防火加固型卡具　　　　图 10-10　过渡段吊挂件

10.4　隧道内光（电）缆敷设

(1)工艺流程(图 10-11)

图 10-11　隧道内光(电)缆敷设工艺流程

(2)作业要点(表 10-4)

隧道内光(电)缆敷设工序及要点　　　　　　　　　表 10-4

序号	工序	作业要点
1	单盘测试	用专用切割刀环切外护套一周，然后轻折几次使切处断断，切割时避免伤及纤芯；依次用棉纱、清洗剂和酒精棉清洁裸露光纤或塑管，严禁用汽油等化学品清洗。 ①检查光缆程式、光纤、绝缘介质、加强芯、屏蔽层、色谱标识及其他机械物理特性是否符合相关技术标准的规定； ②测试连接； ③长度：被测单盘光缆的长度应不小于出厂制造长度；衰减：被测单盘光缆每千米衰减应小于设计要求；数量：光缆中全部光纤，填写单盘光缆测试记录
2	线路复测	测量线路长度；重点关注过轨点、光缆预留处、引入点、过人防门等处
3	配盘	需要考虑直线段线路光缆的弯曲幅度，按照 2%～3% 冗余量考虑

续上表

序号	工 序	作 业 要 点
4	线路准备	清除障碍物,清理各类穿缆孔洞,人防门孔洞到一次结构墙之间需架设钢绞线
5	光(电)缆敷设	光(电)缆必须由缆盘上方放出并保持松弛的弧形;敷设过程中应无扭转,严禁打背扣、浪涌等现象发生;光(电)缆不得在硬质地面上拖拉;弯曲半径不应小于光缆外径的20倍;穿越人防门用电缆皮做好防护,并用防火泥做好封堵
6	光缆引入	应按设计要求在电缆室盘留足够余量;按要求制作绝缘节;在引入爬架上方做好绑扎
7	中继段测试	测试继段光纤线路衰减系数及传输长度、光纤通道总衰减、光纤后向散射信号曲线、偏振模色散和光缆对地绝缘;接续损耗不大于0.08dB/处。 用 OTDR,对传输 STM-4、STM-16 的 1310 nm、1550nm 波长光纤和传输 STM-1 的 1550nm 波长光纤,测试 $S \sim R$ 点间最大离散反射系数和 S 点最小回波损耗。 ①光中继段 S、R 点间的最大离散反射系数:STM-1 1550 nm,不大于 -25dB;STM-4 1310 nm,不大于 -25dB;STM-4 1550 nm,不大于 -27dB;STM-16 1310 nm、1550 nm,不大于 -27dB; ②光中继段在 S 点的最小回波损耗(包括连接器):STM-1 1550 nm,不小于 20dB;STM-4 1310nm,不小于 20dB;STM-4 1550nm,不小于 24dB;STM-16 1310nm、1550nm,不小于 24dB
8	安全文明施工	测试时眼睛不要对着光源;敷缆时行动要统一,匀速,不能疾走快跑;穿防刺鞋,反光防护服,佩戴安全帽;做到工完料尽场地清

(3)现场标准化作业(图10-12～图10-20)

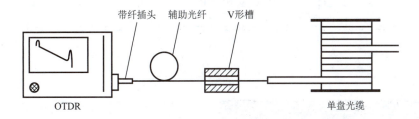

图10-12 光缆单盘测试

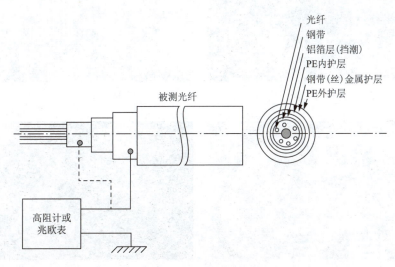

图10-13 光缆绝缘测试

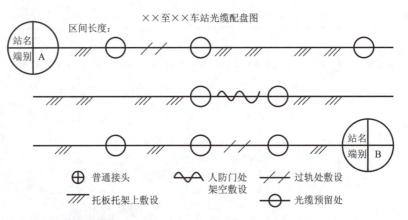

图 10-14　配盘示意图

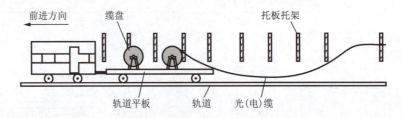

图 10-15　机械敷设光缆示意图

图 10-16　光缆上架过程

图 10-17　电缆间盘留

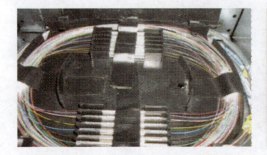

图 10-18　光纤在收容盘里盘留无"∞"字状态

图 10-19　中继段测试

图 10-20 隧道内光(电)缆

10.5 隧道内漏泄电缆敷设

(1)工艺流程(图 10-21)

图 10-21 隧道内漏泄电缆敷设工艺流程

(2)作业要点(表 10-5)

隧道内漏泄电缆敷设作业要点　　　　表 10-5

序号	工 序	作业要点
1	单盘测试	环路直流电阻比较小,应小于 4Ω/km;绝缘电阻大于 1000MΩ/km
2	线路复测	测量线路长度;重点关注过轨点、引入点、过人防门处等
3	配盘	需要考虑直线段线路漏缆的弯曲幅度,按照 2%～3% 冗余量考虑
4	线路准备	清除障碍物,清理各类穿缆孔洞,人防门孔洞到一次结构墙需架设钢绞线和吊件
5	漏缆敷设	漏缆的正反面不能放错,漏缆背面的两条楞线需卡在卡具内侧;1-5/8″电缆最小弯曲半径为 700mm,最大张力不超过 3000N
6	漏缆接续及组件安装	按设计要求安装直流隔断器、终端负载、漏缆连接器及接头软跳线、接地卡等,组件需单独固定,不能承力
7	测试	电压驻波比测试,VSWR 值小于 1.3;最低接收电平测试不小于 -85dBm;场强测试满足设计要求
8	安全文明施工	敷缆时行动要统一,匀速,不能疾走快跑;穿防刺鞋、反光防护服,佩戴安全帽;做到工完料尽场地清

(3)现场标准化作业(图 10-22～图 10-34)

图 10-22 漏缆敷设

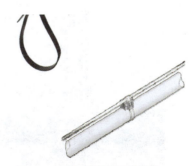

图 10-23 过渡段钢丝绳及吊挂件

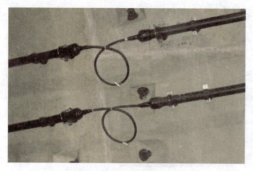

图 10-24 漏缆接续

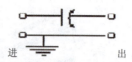

图 10-25 直流隔断器

图 10-26 终端负载

图 10-27 接地卡

图 10-28 漏缆连接器

图 10-29 软跳线

图 10-30 避雷器

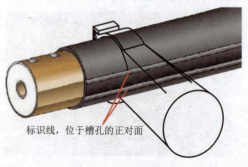

图 10-31 漏缆正反面标识

图 10-32　钢丝绳过渡段和穿孔保护

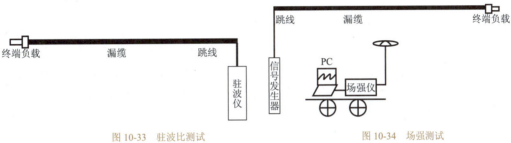

图 10-33　驻波比测试　　　　　　　　图 10-34　场强测试

10.6　通信管道及人孔施工

（1）工艺流程（图 10-35）

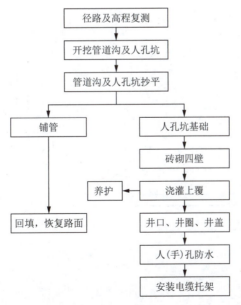

图 10-35　通信管道及人孔施工工艺流程

(2)作业要点(表 10-6)

通信管道及人孔施工作业要点　　表 10-6

序号	工序	作业要点
1	开挖管道沟及人孔坑	注意安全防护及管沟支付;沟的弯曲半径不得小于管道外径的 15 倍;管道与轨道交越时顶部至路面埋深不得小于 1.3m;普通管沟深度大于 1m
2	铺管	直接铺管的管沟须做混凝土基础,防止下沉;管道坡度一般为 3% ~ 4%,最小不低于 2.5%
3	回填	回填前应将两端管口用棉纱堵好,防砂土进入;应先填入管组顶面以上 100mm 碎土或砂土,特别是石质沟地段
4	人孔基础	基础厚度不小于 100mm;基础面对积水罐应保持均匀坡度,高差不应大于 10mm
5	砖砌四壁	砖缝宽度在 10mm 左右,内外壁抹面厚度在 10 ~ 15mm,光滑均匀、无裂纹和砂眼
6	浇灌上覆	口圈位置及直径误差不得大于 20mm,上覆四周应在同一水平面上
7	井口、井圈、井盖	铁口圈外边的混凝土护圈,应向外做 10 ~ 20mm 的泛水坡
8	防水	砖砌四壁采用五层护水法:水泥:沙 = 1:2.5,厚 5mm,3 层,防水油:水泥 = 1.6:1,厚 2 ~ 3mm,2 层
9	安装电缆托架	电缆托架挂板应与地面垂直,每层托板应在同一平面上且与地面平行
10	安全文明施工	佩戴安全帽,防护服;开挖时做好支护;沟边堆土高度不能超过 1.5m;沟边洞口应做警示标识;临时用电需满足"一机一闸一漏"要求;做到工完料尽场地清

(3)现场标准化作业(图 10-36 ~ 图 10-41)

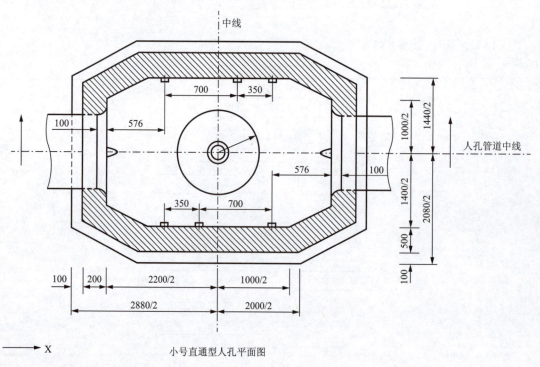

小号直通型人孔平面图

图 10-36　人孔示意图(尺寸单位:mm)

图 10-37　管道铺设效果图

图 10-38　各类熟料管道

图 10-39　管道沟开挖及铺设管道

图 10-40　通信人孔

图 10-41　人孔内托架

10.7　通信管道内光（电）缆敷设

（1）工艺流程（图 10-42）

图 10-42　通信管道内光（电）缆敷设工艺流程

(2) 作业要点(表 10-7)

通信管道内光(电)缆敷设作业要点　　　　　表 10-7

序号	工序	作业要点
1	线路准备	需要用穿管器逐个管道试通
2	穿放子管	同一管道穿放多条缆线,需穿放不同颜色塑料子管,一子管一缆线;考虑到热胀冷缩,子管露出管孔 100~150mm
3	敷设缆线	采用穿管器加钢丝绳方式敷设;必须按图对应管孔,各人孔需盘留 3~5m
4	管道封堵	敷设完成后,所有管道孔洞需封堵,以免鼠虫进入破坏电缆
5	挂牌	不仅需标明缆线信号和用途,更需要标清楚管道孔位序号
6	安全文明施工	佩戴安全帽、防护服;穿放电缆需佩戴手套;打开井盖后需敞开一段时间经测试合格后才可下井以免毒气中毒;做到工完料尽场地清

(3) 现场标准化作业(图 10-43~图 10-46)

图 10-43　孔序编号

图 10-44　穿放子管

图 10-45　穿管器敷缆

图 10-46　管道封堵

10.8　室外铁塔及天馈线安装

(1) 工艺流程(图 10-47)

铁塔基础浇筑 → 铁塔安装 → 地脚螺栓保护 → 室外天线安装 → 避雷针安装 → 馈线安装

图 10-47　室外铁塔及天馈线安装工艺流程

（2）作业要点（表 10-8）

室外铁塔及天馈线安装作业要点　　　　表 10-8

序号	工　序	作业要点
1	铁塔基础浇筑	接地扁钢需引出基础外；基础顶面水平平整度允许水平误差为 3mm；地脚螺栓的预埋符合设计要求，螺栓应垂直、不变形；混凝土每一次浇筑，均应提取混凝土试块并进行试验；浇筑时地脚螺栓的螺纹需用螺母进行保护
2	铁塔安装	铁塔的架设采用分节组装，吊车整体安装的方式架设；分节安装螺栓穿入方向应一致，螺栓拧紧后，螺栓外露螺纹不应少于 2 扣；铁塔楼梯踏步板应平整，倾斜允许偏差 ±2.0mm；平台、楼梯踏步板与铁塔结构件应牢固连接；用经纬仪测试铁塔的垂直度，用地脚螺栓垫片微调；接地扁钢与塔体焊接牢靠
3	地脚螺栓保护	螺纹涂黄油保护；铁塔调整完成后，铁塔底部基础上做球形混凝土基础帽，从而对铁塔基础螺栓进行防护
4	室外天线安装	天线应该安装在 45°避雷区域内；全向收、发天线水平间距不小于 3m；全向天线离塔体间距应不小于 1.5m；天线方位调整；用罗盘确定天线方位角；用角度仪确定俯仰角；天线安装与调节过程中，应保护好已安装的部件；天线与功分器的跳线连接时应做好避水弯
5	避雷针安装	避雷针必须高于天线最高点的金属部分 1m 以上
6	馈线安装	馈线进入机房前应有防水弯，防止雨水进入机房，馈线拐弯应圆滑均匀，弯曲半径应大于或等于馈线外径的 20 倍，防水弯最低处应低于馈线窗下沿；馈线应通过馈线密封窗导入室内。应采用防火材料对密封窗进行密封处理；馈线应按要求做好接地；馈线的固定可以根据现场情况采用馈线夹具、吊线、走线槽（架）等方式进行
7	安全文明施工	佩戴安全帽，防护服，安全带；吊装作业需持证上岗；吊装物下方严禁站人；夜间施工噪声不大于 55dB；做到工完料尽场地清

（3）现场标准化作业（图 10-48～图 10-51）

图 10-48　地脚螺栓

图 10-49　铁塔校正

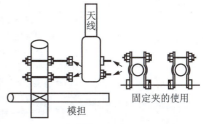
图 10-50　天线固定

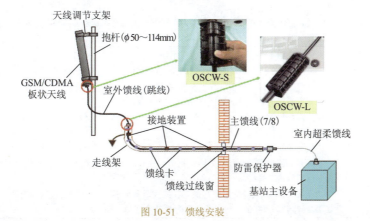
图 10-51　馈线安装

10.9 机房设备安装

(1)工艺流程(图10-52)

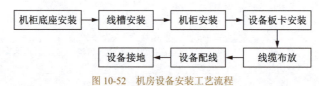

图10-52 机房设备安装工艺流程

(2)作业要点(表10-9)

机房设备安装作业要点　　　　　表10-9

序号	工序	作业要点
1	机柜底座安装	根据柜体尺寸加工防震底座,并做好接地;高程与静电地板高程线相平
2	线槽安装	普通机柜采用下进下出线方式,需安装地槽;地槽底座采用Ω型,保证机房内不被水流通畅;地槽敷设位置不能占用静电地板支撑件位置;馈线电缆弯曲半径小,采用上进上出线方式,需做空中线槽和专业爬架上机柜;线槽安装尺寸应与机架排列位置相对应;位置偏差不应大于50mm;线槽边帮偏差不应大于3mm
3	机柜安装	机柜安装与地面垂直、平稳,机柜安装后机架倾斜偏差应小于机架身高的0.1%;各机柜之间需要在轨顶连接在一起;机柜应相互靠拢,机柜间隙不应大于3mm;机柜面应平齐,相关标志应正确、清晰、齐全
4	设备板卡安装	安装时需配电防静电手环;插入时应顺滑地导入;各板卡接插拆安装时应用力适度、接触良好
5	缆线布放	①机房内交流电源线、直流电源线、光纤、各种通信线,应按不同的路由分开布放;通信电缆与电源线的水平距离应保持50mm以上; ②各种线缆应按顺序出线,布放垂直、整齐,无扭绞、交叉及溢出线槽; ③线缆弯曲应均匀、圆滑;线缆的弯曲半径应符合要求; ④各种线缆在防静电地板下、走线架或线槽内应均匀绑扎固定;在防静电地板下敷设线缆时,地板内净空应为150～300mm,若空调采用下送风方式则地板内净空应为300～500mm; ⑤编扎电缆芯线时宜保持电缆芯线的扭绞,布线不宜过紧,转弯应圆滑;分线应按色谱顺序;余留芯线的长度,应符合更换编缆最长芯线的要求; ⑥光纤尾纤应单独布放;软光纤在走线架或线槽内应架套管或线槽保护,不得挤压、扭曲;编扎光纤的扎带应松紧适度; ⑦敷设好的缆线两端应贴有标签,标明型号、长度及起止设备名称等必要的信息;标签应选用不易损坏脱落的材料
6	设备配线	按设计图施工,做到美观大方,方便维修。 ①电缆终结的方式应根据配线架的型号规格选用焊接、卡接、绕接、压接等方式; ②光缆芯线终接应采用收容盘连接、保护; ③电缆终接上端子时,应采用专用的剥线工具; ④采用焊接时,电缆芯线焊接要端正、牢固、焊点光滑、无假焊、错焊、漏焊、短路;焊接后芯线绝缘应无烫伤、开裂及回缩现象; ⑤采用卡接时,选用的卡接钳线径应符合卡接端子的要求; ⑥组装专用电缆插头和以太网接口插头时,应配件齐全、线位正确、装配可靠,压接插头时应选用专门的压接工具; ⑦在收容盘中,光纤的盘留弯曲半径应大于40mm;光缆芯线终接应按光纤色谱排列和系统使用要求对应接续,终接的工艺应符合相应的工艺要求

续上表

序号	工　序	作　业　要　点
7	设备接地	接地线应单独与室内接地汇集排相连,不得在一条接地线上串几个需要接地的通信设备;不得通过安装加固螺栓与建筑钢筋相碰而自然形成电气接通;配线架应从室内接地汇集排上引入保护地线,配线架与机房通信设备之间不应通过走线架形成电气连接;通信设备的工作地线和保护地线应从室内接地汇集排上引入
8	安全文明施工	临时用电需满足"一机一闸一漏"要求;需正确佩戴安全帽;使用切割机时不能佩戴手套,且需配备灭火器,配备看火人,开具动火证;搬运机柜时需做好保护,以免机柜磕碰;安装好的机柜应有防尘措施;做到工完料尽场地清

(3)现场标准化作业(图 10-53～图 10-63)

图 10-53　机柜底座安装

图 10-54　机柜安装效果图(一)

图 10-55　机柜安装效果图(二)

图 10-56　地槽

图 10-57　顶上线槽

图 10-58　无线机柜后的引入爬架

图 10-59　设备配线(一)

图 10-60　设备配线(二)

图 10-61　设备配线（三）　　　图 10-62　设备配线（四）　　　图 10-63　设备配线（五）

10.10　摄像机安装

（1）工艺流程（图 10-64）

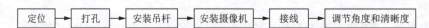

图 10-64　摄像机安装工艺流程

（2）作业要点（表 10-10）

摄像机安装工序及要点　　　　　　　　表 10-10

序号	工　序	作业要点
1	定位	按图纸位置定位，注意避开导向牌等障碍物，根据不同的高程生产长度不一的可调节的吊杆并编号
2	打孔	避开结构的伸缩缝、漏水渗水部位；打孔的孔深误差保证在±2mm；严禁铣孔
3	安装吊杆	根据吊杆编号对应安装；吊杆上的穿线孔放线要对着桥架出线方向；螺栓要拧紧，吊杆倾斜偏差应小于吊杆长度的0.1%
4	安装摄像机	根据图纸要求，安装枪机、球机等不同型号规格摄像机；摄像机初步固定后，应通电试看、细调，检查各项功能，符合要求后方可固定；摄像机护罩通过法兰安装在摄像机吊杆或支架的下端
5	接线	通过吊杆上预留的穿线孔引入摄像机；分清楚视屏线、控制线和电源线；接线不能裸露在摄像机外；从摄像机引出的电缆宜留有余量，不要影响摄像机的转动；摄像机的信号线和电源线应分开绑扎固定；不得用插头承受电缆的自重
6	调节角度和清晰度	摄像头的高度可以通过可调节吊杆调节；角度可以通过万向节调节；清晰度可以通过焦距调节
7	安全文明施工	临时用电需满足"一机一闸一漏"要求；做到工完料尽场地清；需正确佩戴安全帽、安全带；吊杆在吊顶下部分和摄像机应用塑料薄膜保护，以免装修喷黑时污染；采用移动脚手架需要有制动装置；脚手架平台需要有1m高栏杆并用密目网围闭；脚手架平台踏板需满铺

(3)现场标准化作业(图 10-65 ～图 10-67)

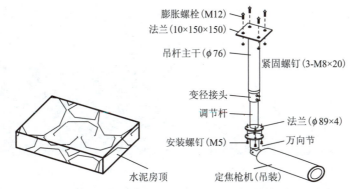

图 10-65 摄像机安装示意图

图 10-66 摄像机安装及调节

图 10-67 摄像机吊杆穿线孔

10.11 广 播 安 装

(1)工艺流程(图 10-68)

图 10-68 广播安装工艺流程

(2)作业要点(表 10-11)

广播安装程序及要点　　　　　　　　表 10-11

序号	工 序	作业要点
1	广播选型	吊顶上采用格栅式广播;停车场采用音柱式广播;区间采用号筒扬声器广播;疏散通道等噪声较大场所采用号角式广播
2	定位	按照设计图纸定位,等距离安装;吊顶安装的广播在定位时应避开吊顶造型及其他吊顶上设备
3	吊顶开孔	在吊顶上安装的广播,应在吊顶相应位置开孔,开孔的孔径要比广播外延小 1cm
4	接线	数据线的连接(RJ45 插头)须用专用的压线工具进行压接;电源的连接须按 L、N、E 的标志进行连接,电源线不能与其他电缆捆扎在一起;航空插头的连接须焊接,并加绝缘套管
5	安全文明施工	临时用电需满足"一机一闸一漏"要求;做到工完料尽场地清;需正确佩戴安全帽、安全带;广播应用塑料薄膜保护,以免装修喷黑时污染;采用移动脚手架需要有制动装置;脚手架平台需要有 1m 高栏杆并用密目网围闭;脚手架平台踏板需满铺

(3)现场标准化作业(图 10-69～图 10-72)

图 10-69　吊顶上方广播

图 10-70　吊顶上嵌入式广播

图 10-71　区间号筒式广播

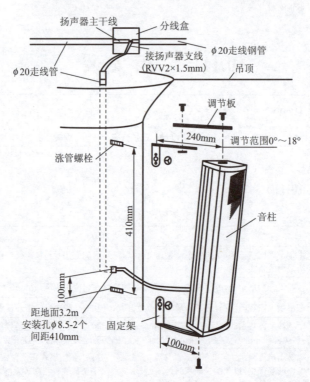

图 10-72　音柱式广播

10.12 时钟安装

(1) 工艺流程(图 10-73)

图 10-73　时钟安装工艺流程

(2) 作业要点(表 10-12)

时钟安装工序及要点　　　　　　　表 10-12

序号	工　序	作　业　要　点
1	定位	按图纸位置定位,注意避开导向牌等障碍物
2	打孔	避开结构的伸缩缝、漏水渗水部位;打孔的孔深误差保证 ±2mm;严禁铣孔
3	安装吊杆	根据吊杆编号对应安装;安装在公共区的时钟吊杆上的穿线孔放线要对着桥架出线方向;吊杆倾斜偏差应小于吊杆长度的 0.1%;安装在机房内的时钟采用壁挂式,需遮挡住墙面出线口
4	安装时钟	机房数显时钟安装高度为下沿距地面不小于 2.2m,位置应远离自动喷淋系统的喷头;公共区指针式时钟高度不得低于 2.4m
5	接线	通过吊杆上预留的穿线孔或者墙面出线口引入时钟;时钟的信号线和电源线应分开绑扎固定;不得用插头承受电缆的自重
6	调试	通过车站二级母钟与中心母钟同步
7	安全文明施工	临时用电需满足 "一机一闸一漏" 要求;做到工完料尽场地清;需正确佩戴安全帽、安全带;吊杆在吊顶下部分和时钟应用塑料薄膜保护,以免装修喷黑时污染;采用移动脚手架需要有制动装置;脚手架平台需要有 1 m 高栏杆并用密目网围闭;脚手架平台踏板需满铺

(3) 现场标准化作业(图 10-74 ～ 图 10-76)

图 10-74　公共区指针式时钟

图 10-75　设备房壁挂式数显时钟

图 10-76　停车库吊挂式数显时钟

10.13　室内无线天线安装

(1) 工艺流程(图 10-77)

图 10-77　室内无线天线安装工艺流程

(2)作业要点(表 10-13)

室内无线天线安装工序及要点　　　　　表 10-13

序号	工序	作业要点
1	定位	按图纸定位,收发天线分别设置,收发天线间距 1.5m 左右,必须大于 1m
2	吊顶开孔	吊顶开孔需要专用工具,不得破坏吊顶;开孔大小合适,天线可以挡住孔洞;开孔在一个吊顶板中间
3	安装天线	当吊顶为隔栅式时天线采用吊挂式安装,要求吊杆不外露;当吊顶为天花板时天线直接采用吸顶方式安装利用天线自带的卡具,固定在吊顶上;无论采用何种安装方式,均要求天线整体露出装修面
4	安装附件及天线接线	应严格按工艺标准操作,并使用专用接续工具;接头连接应保证电特性指标。对于驻波比过大、阻值过大、绝缘不良、衰耗偏大的接头应锯断重接;连接器装配后接头外部应进行防护;连接器件和天线的跳线制作之后必须用万用表测试三次,一次内导体,一次外导体,一次内、外导体间;内导体通,外导体通,内、外导体间不通为合格。安装功分器耦合器需清楚线缆布放的位置和方向,以防器件装反装错;连接器应可靠固定在承力点上
5	安全文明施工	临时用电需满足"一机一闸一漏"要求;做到工完料尽场地清;需正确佩戴安全帽、安全带;天线应用塑料薄膜保护,以免装修喷黑时污染;采用移动脚手架需要有制动装置;脚手架平台需要有 1m 高栏杆并用密目网围闭;脚手架平台踏板需满铺

(3)现场标准化作业(图 10-78～图 10-80)

图 10-78　吸顶无线天线

图 10-79　安装在机柜中的定向耦合器

图 10-80　安装在机柜中的四功分器

10.14　各类操作台安装

主要是安装在车控室内供值班员使用的电话机,专用电话操作台,广播控制盒、音频盒,显示器等。

(1)工艺流程(图 10-81)

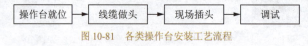
图 10-81　各类操作台安装工艺流程

(2)作业要点(表 10-14)

各类操作台安装工序及要点　　　　　表 10-14

序号	工序	作业要点
1	操作台就位	按图纸位置就位,主要以值班员操作方便为原则,可以在 IBP 盘范围内移动
2	线缆做头	采用专用工具做头,色谱不能混淆,包括 RJ11、RJ45、航空插头等;线头不能裸露在接头外
3	调试	各类操作台与线缆连接好后,需逐个按键测试,功能满足设计要求
4	安全文明施工	做到工完料尽场地清;需正确佩戴安全帽;不能污染 IBP 盘,保持 IBP 盘清洁

(3)现场标准化作业(图 10-82)

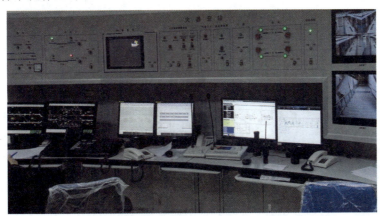

图 10-82 车控室各类操作终端

10.15 隧道内无线设备安装

主要包括光纤直放站远端机、区间多频分合路器(POI)、隧道电源配电箱、运营商设备(移动、联通、电信 RRU)等。

(1)工艺流程(图 10-83)

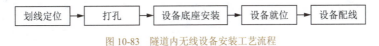

图 10-83 隧道内无线设备安装工艺流程

(2)作业要点(表 10-15)

隧道内无线设备安装工序及要点　　　　表 10-15

序号	工 序	作业要点
1	划线定位	按设计高程和间距,以轨平面线为基准点定位;用黑色墨线作出纵横线标识;如遇其他管线冲突,可以向上调整10cm左右,或者左右调整5m左右
2	打孔	遇到主钢筋时,可将托架中心顺线路方向移5~10cm;避开隧道的伸缩缝、连接缝、盾构管片连接缝及漏水渗水部位;打孔的孔深误差保证±2mm;严禁铣孔
3	设备底座安装	设备底座应根据隧道壁弧形制作;底座与隧道壁贴合,外立面与道床垂直
4	设备就位	连接螺栓固定在底座上;设备之间保证10cm的间距便于接线;设备底平齐,保持整齐美观
5	设备配线	所有从设备、终端箱引出的跳线、跳纤等线缆均应采取保护管防护,并在引出孔处用防水胶带(或热缩管)绑扎防水;设备安装完成后将裸露缆线头和设备接口(缆线插口)用防水胶带缠绕防水;漏缆在中继点里程标处左右交叉至少5m,光(电)缆交叉预留5~10m以上,留有足够预留长度待设备安装后接续、接头
6	安全文明施工	做到工完料尽场地清;需正确佩戴安全帽、防护服;登高梯要有防滑措施,下方设防护人员;工器具不能放在轨道上

(3)现场标准化作业(图 10-84)

图 10-84 隧道内无线设备

第 11 章

信 号

11.1 电(光)缆线路

11.1.1 支架线槽安装

(1)工艺流程(图 11-1)

图 11-1 电(光)缆线路施工工艺流程

(2)作业要点(表 11-1)

电(光)缆线路施工工序及要点　　　　　表 11-1

序号	工序	作业要点
1	调查定测	按设计图纸进行定测调查,标注径路;根据定测调查结果,制作支架线槽加工图纸
2	画线定位	按设计高程和间距,以轨平面线为基准点定位;用黑色墨线作出纵横线标识;根据电缆托架的结构,同时确定锚栓的安装位置
3	打孔	遇到主钢筋时,可将托架中心顺线路方向移 5~10cm;避开隧道的伸缩缝、连接缝、盾构管片连接缝及漏水渗水部位;打孔的孔深误差保证 ±2mm;严禁铣孔
4	安装锚栓	用专用吹尘器将钻孔内的混凝土屑吹出;将自切底锚栓插入经过清孔后的孔中,最后紧固螺母,达到自切的效果
5	安装托架	选用合适的电缆托架(如盾构型、马蹄形、矩形等);电缆托架底面应与电缆沟壁或墙壁充分接触,不得有明显间隙
6	安装接地扁钢	全线贯通;扁钢搭接长度大于 2 倍扁钢宽度;接地扁钢需与站内接地螺母排连接
7	安全文明施工	登高梯需要有防滑措施,下方需要有人看护;工人需佩戴防尘口罩,护目镜,安全帽;临时用电需满足"一机一箱一闸一漏"要求;做到工完料尽场地清

(3)现场标准化作业(图 11-2~图 11-5)

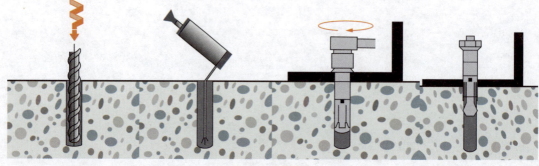

图 11-2 锚栓安装

图 11-3　电缆支架安装

图 11-4　线槽安装

图 11-5　接地扁钢安装

11.1.2　电（光）缆敷设及防护

（1）工艺流程（图 11-6）

图 11-6　电（光）缆敷设及防护工艺流程

（2）作业要点（表 11-2）

电（光）缆敷设及防护施工工序及要点　　　　　表 11-2

序号	工　序	作 业 要 点
1	单盘测试	电缆：将待测电缆两端分别剥开 20cm 电缆头，露出芯线，芯线梢头用剥线钳剥出 3cm 铜芯；将兆欧表接地，分别对电缆芯线间、芯线对屏蔽层及金属护套间进行绝缘测试；用导线将高阻计的接地端子与被测电缆的钢带连接，将电缆一端的芯线散开，在测试端找出四芯组的线对，每个四芯组按红白，蓝绿顺序逐对进行电容测试；将电缆两端全部散开，顺序找出电缆中的同一芯线，逐根测试进行直流电阻测试；测试完成后将电缆两端剥开部用钢锯锯齐，选择与被测电缆直径相吻合的电缆封头用热缩套管套住电缆两端，用酒精喷灯均匀加热至电缆外护套与热缩套管紧密粘合；做好单盘测试记录。 光缆：用专用切割刀环切外护套一周，然后轻折几次使切切处折断。切割时避免伤及纤芯；依次用棉纱、清洗剂和酒精棉清洁裸露光纤或塑管，严禁用汽油等化学品清洗。 ①检查光缆程式、光纤、绝缘介质、加强芯、屏蔽层、色谱标识及其他机械物理特性是否符合相关技术标准的规定； ②测试连接； ③长度：被测单盘光缆的长度应不小于出厂制造长度。衰减：被测单盘光缆每公里衰减应小于设计要求，数量：光缆中全部光纤，填写单盘光缆测试记录

续上表

序号	工序	作业要点
2	线路复测	测量线路长度；重点关注过轨点、光缆预留处、引入点、过人防门处等
3	配盘	需要考虑直线段线路光缆的弯曲幅度，按照2%～3%冗余量考虑
4	电缆沟开挖（车辆段）	①按不同地段埋深要求，对电缆沟进行开挖； 注意：确保煤气管道、输油管道、电力电缆、通信信号光电缆等地下既有管线的安全，确保铁路沿线工务设施、信号设施的安全。 ②特殊地段须当天开挖回填并夯实（包括：防洪堤坝、站场以及有滑坡、塌方等地段）； ③对施工中可能威胁到人身安全的开挖地段应设专人防护。及时做好沿线受损农作物的青苗赔偿； ④路肩或站场区段开挖时要做好防护，避免土方污染道床。沟挖好后，应清理沟底，使沟底平整无碎石
5	电（光）缆敷设	电（光）缆必须由缆盘上方放出并保持松弛的弧形；敷设过程中应无扭转，严禁打背扣、浪涌等现象发生；电（光）缆不得在硬质地面上拖拉；弯曲半径不应小于光缆外径的20倍；穿越人防门用电缆皮做好防护，并用防火泥做好封堵
6	电（光）缆沟回填（车辆段）	回填前应根据验收规范对电缆埋深、防护、预留等内容进行检验，检验合格后才能进行回填作业。回填时先要用细软土将电缆全部覆盖；回填时要分层夯实；土方应高出电缆沟20～30cm。在路肩上、站场股道间和穿越公路、道口开挖电缆沟应做到不敞沟过夜
7	电（光）缆引入	应按设计要求在电缆室盘留足够余量；按要求制作绝缘节；在引入爬架上方做好绑扎
8	电（光）缆测试	测试继段光纤线路衰减系数及传输长度、光纤通道总衰减、光纤后向散射信号曲线、偏振模色散和光缆对地绝缘；接续损耗不大于0.08dB/处，用OTDR对传输STM-4、STM-16的1310nm、1550nm波长光纤和传输STM-1的1550nm波长光纤，测试$S\sim R$点间最大离散反射系数和S点最小回波损耗。 ①光中继段S、R点间的最大离散反射系数：STM-1 1550 nm，不大于-25dB；STM-4 1310nm，不大于-25dB；STM-4 1550nm，不大于-27dB；STM-16 1310nm、1550nm，不大于-27dB。 ②光中继段在S点的最小回波损耗（包括连接器）：STM-1 1550nm，不小于20dB；STM-4 1310nm，不小于20dB；STM-4 1550nm，不小于24dB；STM-16 1310nm、1550nm，不小于24dB
9	安全文明施工	①开挖时做好对带班人员、防护员和施工人员的道前安全教育；对施工中可能威胁到人身安全的开挖地段应设专人防护；沟挖好后，应清理沟底，使沟底平整无碎石。 ②敷缆时行动要统一，匀速，不能疾走快跑；穿防刺鞋，反光防护服，佩戴安全帽；做到工完、料尽、场地清

(3) 现场标准化作业（图11-7～图11-13）

图11-7 电缆单盘测试

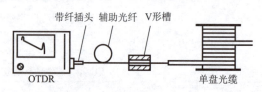

图11-8 光缆单盘测试

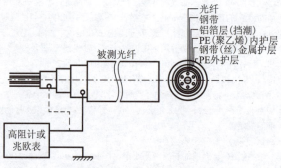

图11-9 光缆绝缘测试

图11-10 车辆段电(光)缆沟开挖

图11-11 车辆段电(光)缆敷设

图11-12 正线电(光)缆敷设

图11-13 电(光)缆引入

11.1.3 电（光）缆接续

（1）工艺流程

①电缆接续工艺流程（图11-14）

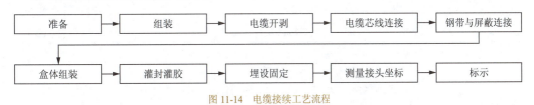

图11-14 电缆接续工艺流程

②光缆接续工艺流程（图11-15）

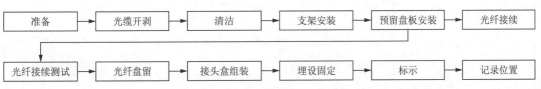

图11-15 光缆接续工艺流程

(2)作业要点
①电缆接续(表11-3)

电缆接续工序及要点　　　　　　　　　　　　　　　表11-3

序号	工序	作业要点
1	准备	准备好电缆接续所用的工具;开挖接续坑,确定待接续电缆,搭好接续支架;根据电缆的外径尺寸大小,选择电缆密封接头内的多层橡胶密封圈;根据电缆外径,切割加工电缆密封套
2	组装	电缆两端顺序套入下列部件;电缆密封接头附多层密封卷、副盒体、大喉箍、电缆固定盘、电缆密封套、小喉箍、电缆固定盘、铝护套屏蔽网、主盒体
3	电缆开剥	距电缆端头185mm处用电工刀环切并剥除电缆外护套露出钢带;从电缆切口20mm处用钢锯锯去钢带;距外护套55mm处,用钢锯锯去铝护套;在距离外护套20mm处用电工刀环切并剥除内护套,露出铝护套;保留内屏蔽层50mm
4	电缆芯线连接	采用芯线冷压接方式,芯线压接端子应与电缆芯线截面积相适合,并采用专用芯线压接钳压接,一次压接牢固
5	钢带与屏蔽连接	连接钢带时,应对钢带正反面进行打磨,保证接续两端钢带连接的可靠性;连接后宜保留10mm左右的钢带外露。铝护套连接时,应剔除表面护层30～40mm并进行打磨处理
6	盒体组装	将主套管移至电缆接续的中间部分,并将两端电缆固定盘用螺钉固定于盒体上,拧紧电缆密封接头
7	灌封灌胶	先调好密封胶,灌注好密封胶后,用专用扳手将两个注胶孔盖拧紧;再调膨胀胶,灌注进辅助套管内
8	埋设固定	接头盒上方覆盖20cm细土后,用水泥盖板进行防护;土方回填充盈;在电缆支架上接续接头盒需固定牢固
9	测量接头坐标	应测量与永久性参照物(如铁路里程标、钢轨、房屋、自闭电力杆等)两个或以上位置的尺寸
10	标示	标石埋设牢固;标示编号、路徽等应面向铁路、公路
11	安全文明施工	施工现场不得残留施工废料,做到工完料清

②光缆接续(表11-4)

光缆接续工序及要点　　　　　　　　　　　　　　　表11-4

序号	工序	作业控制要点
1	准备	①平整接头场地,把已理直的光缆架设在工作台两侧的固定支架上; ②光缆接续必须在环境温度-5℃以上进行,雨天及大雾天严禁接续; ③发电机发电须稳定10 min以上; ④光缆接续人员必须持证上岗
2	光缆开剥	①用外护套专用切割刀环切外护套一周,然后轻折几次使环切处外护套折断; ②切割时避免伤及纤芯
3	清洁	依次用棉纱、清洗剂和酒精棉将裸露光纤或塑管、加强芯上的油膏擦净,严禁用汽油等化学品清洗
4	支架安装	①在外护套切口处保留加强芯100mm长,将光缆加强芯穿入支架孔内固定; ②将连接支架上的光缆夹箍紧固在光缆上,夹箍距外护套切口5mm

续上表

序号	工 序	作业控制要点
5	预留盘板安装	①按顺序检查光纤的排列,把两侧光纤分开理顺、编号; ②将已处理擦净的带束管的光纤 A、B 两端分别置入预留盘中,沿着引入口预留一个整圈,然后再从原引入处引入至上面的光纤盘留板上; ③将光纤盘留板叠层放置; ④把光纤放置在盘留板的引入槽内,用绑扎带绑扎固定
6	光纤接续	①光纤接续前按束管和色谱顺序编号; ②光纤端面制备:端面倾斜度在允许范围之内,端面洁净无杂质; ③熔接机按程序熔接; ④热可塑管保护
7	光纤接续测试	①用 OTDR 实时监测接续损耗; ②一个光缆中继段内每根单模光纤接续损耗平均值不应大于 0.08 dB(1300nm、1550 nm)
8	光纤盘留	①光纤盘留时盒内光纤的弯曲半径不小于 40 mm,光纤余长不小于 1.2 m; ②盘留完毕通知测试点对每根光纤进行复测
9	接头盒组装	①按接头盒操作细则进行组装,确认接头盒密封; ②将填写好的接头卡片放入盒内
10	光纤复测	按上述工序 6 对每根光纤接续损耗进行复测
11	埋设固定	接头盒上方覆盖 20 cm 细土后,用水泥盖板进行防护;在电缆支架上接续接头盒需固定牢固
12	标示	标石埋设牢固;标石编号、路徽等应面向铁路、公路
13	记录位置	测量光缆接头与两个或以上永久性参照物之间的位置尺寸,并记录
14	安全文明施工	施工现场不得残留施工废料,做到工完料清

(3)现场标准化作业

①电缆接续(图 11-16 ~ 图 11-19)

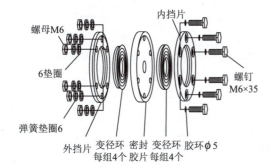

图 11-16 组装密封挡环

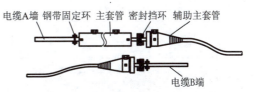

图 11-17 套管组装

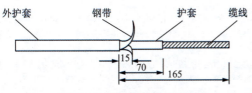

图 11-18 剥开电缆(尺寸单位:mm)

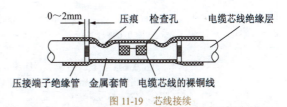

图 11-19 芯线接续

② 光缆接续（图 11-20～图 11-22）

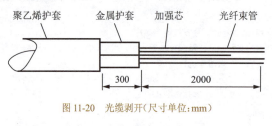

图 11-20　光缆剥开（尺寸单位：mm）

图 11-21　涂覆层剥除（尺寸单位：mm）

图 11-22　接续盒固定

11.1.4　箱盒安装

（1）工艺流程（图 11-23）

图 11-23　箱盒安装工艺流程

（2）作业要点（表 11-5）

箱盒安装作业要点　　　　表 11-5

序号	工　序	作 业 要 点
1	准备	箱盒的规格、安装位置满足设计要求；检验各种箱、盒及基础质量良好，满足设计要求；确认电缆规格及数量满足设计要求，预留长度合适；正线车站确定箱盒安装位置，测量限界加工箱盒安装支架
2	电缆成端	套入保护管；电缆开剥；电气化区段电缆铠装、金属护套、内屏蔽层应进行屏蔽连接；将电缆传入箱盒；固定保护管，方向盒要区分主副管；上保护管时要把电缆埋顺；成端后要保持电缆芯线组的自然排序，避免芯线混乱
3	安装基础（支架）	将基础与对应的箱盒连接牢固；正线车站安装箱盒支架，支架与对应的箱盒连接牢固
4	挖箱盒埋设坑	在箱盒安装位置处开挖箱盒埋设坑；坑的大小要略大于安装箱盒的外部尺寸。坑底呈凹形，以便电缆余量的盘放（车辆段）
5	安装箱、盒	①将备用电缆"Ω"形盘到埋设坑的下部，用软土将电缆覆盖，将箱盒抬入埋设坑中，用卷尺确定安装高度和限界，用水平尺确定安装水平，培土，安装平稳牢固。 ②电缆中间接续的地上电缆盒，基础中心连线应与轨道平行，电缆盒引线入口对信号楼或继电器室；方向盒 1 号端子位置对信号楼或继电器室；安装于室外继电器箱或变压器箱内的重力式继电器必须安装防震装置。 ③正线隧道箱盒安装在隧道壁上，备用电缆"Ω"形固定在电缆支架上，箱盒安装高度满足设计要求。 ④正线车站站内无法在隧道壁上安装时，采用箱盒支架安装在地面，备用电缆"Ω"形固定于箱盒安装处，限界满足设计要求

续上表

序号	工 序	作业要点
6	灌密封胶	胶面应高于金属屏蔽层 20mm 以上,胶液灌注后在 8h 内严禁挤压和振动;灌胶前,应对铝护套和缆芯间的缝隙进行封堵,防止胶液渗漏;钢带、铝护套及金属内屏蔽层应采用冗余接地方式;钢带、铝护套及金属屏蔽层与接地引接线的连接可采用冷压接工艺
7	电气性能测试	电缆的指标电气性能应符合设计要求
8	安全文明施工	安装人员必须通过相关的安全培训,在设备安装期间不能造成严重的人员伤害事故;不能执行安装说明描述之外的任何违规操作;安装好的设备应有防护措施;做到工完、料尽、场地清

(3)现场标准化作业(图 11-24 ~ 图 11-26)

图 11-24　正线箱盒安装

图 11-25　车辆段箱盒安装

图 11-26　箱盒配线

11.2　固定信号机、发车指示器及按钮装置

11.2.1　高柱信号机安装

(1)工艺流程(图 11-27)

图 11-27　高柱信号机安装工艺流程

(2)作业要点(表 11-6)

高柱信号机安装工序及要点　　　　表 11-6

序号	工 序	作业要点
1	施工准备	检验机柱、梯子及信号机构,应完好无损,规格符合设计要求;爬杆、撑杆、滑板、钢钎、大绳等工具及安全带、防护哨子等防护设施齐全
2	挖机柱坑	核对信号机坐标、位置、限界尺寸;机坑开挖,同时修好马道;机柱坑深度满足安装要求
3	立信号机柱	①在洞口架设滑板,坑底放置底盘,主绳经爬杆、尾绳、边绳与机柱捆扎牢固;配备足够的劳力慢慢拉动主绳;随着机柱慢慢升起用尾绳和边绳控制好机柱稳定不倾斜;将机柱根部顺滑板滑入坑内;转动机柱至引线孔与线路平行;回填,分层夯实,撤除爬杆和大绳;安装机柱卡盘; ②卡盘应埋设地下 500mm ± 100mm 处;机柱的埋深应符合设计要求,埋深不足部分,应填土夯实或按设计要求防护
4	安装信号机构和梯子	①信号机梯子吊装;安装梯子基础并培土;信号机构托臂及吊臂吊装,信号机构吊装;电气化区段要做好机构与梯子接地连接;信号机构各部件应齐全,不得有破损、裂纹现象; ②紧固件应平衡上紧;开口销双臂对劈开角度应为 60°~90°;同一机柱同方向安装的各个机构,各灯位中心应在一垂直线上,固定机构的托架应安装水平

续上表

序号	工 序	作 业 要 点
5	设备配线	①采用多股铜线绝缘软线,标称截面积不得小于1.5 mm²,不得有中间接头。 ②两端芯线可用铜线绕制线环或冷压接线端子压接方式做头。 ③对信号机构至机柱间的电线把应进行防护,防止雨水侵入
6	信号机调整	①进路表示器的安装位置应以允许显示(绿灯)灯位中心线为轴线,分清左右。 ②色灯信号机构的灯座应调整灵活,光源应调整在透镜的焦点上,灯泡应采用有主、副灯丝的信号专用灯泡
7	安全文明施工	安装人员必须通过相关的安全培训,在设备安装期间不能造成严重的人员伤害事故;不能执行安装说明描述之外的任何违规操作;登高作业必须佩戴安全带;安装好的设备应有防护措施;做到工完、料尽、场地清

(3)现场标准化作业(图11-28、图11-29)

图11-28 高柱信号机安装(一)

图11-29 高柱信号机安装(二)

11.2.2 矮型信号机安装

(1)工艺流程(图11-30)

图11-30 矮型信号机安装工艺流程

(2)作业要点(表11-7)

矮型信号机安装工序及要点 表11-7

序号	工 序	作 业 要 点
1	定测、加工支架	根据设计图纸定测位置、测量加工安装支架
2	挖基础坑	挖信号机坑前,应先核对信号机坐标、位置、限界尺寸,确认无误后,再进行开挖(车辆段)
3	安装信号机基础(支架)	在有砟区段安装时,采用水泥基础安装方式;在无砟区段上安装时,应采用模板定位钻孔方式,将角钢基础支架放入路基孔中,并注入膨胀水泥砂浆将基础支架固定在路基上;桥梁防撞墙上安装时,应采用模板定位钻孔方式,用防松螺栓将信号机专用支架固定在防撞墙顶面上,再将信号机安装在支架上,严禁在伸缩缝处安装;隧道内安装时,如安装在隧道壁上,可采用胀管螺栓将信号机专用支架固定在隧道壁上,如安装在隧道内地面上,使用信号机安装支架采用化学锚栓安装在水泥地面上,信号机机构顶部安装高度距地面超过1.5m时需安装信号检修平台

续上表

序号	工 序	作 业 要 点
4	安装信号机构	信号机构各部件应齐全,不得有破损、裂纹现象。紧固件应平衡上紧;开口销双臂对称,劈开角度应为 60°～90°;发车进路表示器的安装位置,应与其指示的线路开通方向相一致,四个及其以上发车方向,进路表示器按设计灯光位置排列安装。矮型双机构的进路表示器不得安装在禁止信号机构下部
5	设备配线	采用多股铜线绝缘软线,标称截面积不得小于 $1.5\ mm^2$,不得有中间接头。两端芯线可用铜线绕制线环或冷压接线端子压接方式做头。对信号机构至机柱间的电线线把应进行防护,防止雨水侵入
6	信号机调整测试	进路表示器的安装位置应以允许显示(绿灯)灯位中心线为轴线,分清左右。色灯信号机构的灯座应调整灵活,光源应调整在透镜的焦点上,灯泡应采用有主、副灯丝的信号专用灯泡
7	安全文明施工	安装人员必须通过相关的安全培训,在设备安装期间不能造成严重的人员伤害事故;不能执行安装说明描述之外的任何违规操作;安装好的设备应有防护措施;做到工完、料尽、场地清

(3)现场标准化作业(图 11-31～图 11-33)

图 11-31　正线地面信号机安装　　图 11-32　正线隧道壁信号机安装　　图 11-33　车辆段信号机安装

11.2.3　发车指示器安装

(1)工艺流程(图 11-34)

图 11-34　发车指示器安装工艺流程

(2)作业要点(表 11-8)

发车指示器安装工序及要点　　　　　　表 11-8

序号	工 序	作 业 要 点
1	支架制作	根据发车指示器位置、设计要求、发车指示器安装配件确定支架尺寸,制作发车指示器支架
2	安装准备	发车指示器安装需要工机具准备齐全;根据装箱单清单清点安装配件是否齐全;检查发车指示器外观是否正常,有无擦碰、变形、受潮、金属镀层剥落锈蚀等现象
3	支架安装	发车指示器采用吊装方式进行安装,安装支架吊装于天花板;安装吊杆与顶部/底部法兰之间均需在现场由施工方焊接,焊接需牢固可靠,符合相关规定;SC 管和防爆三通/法兰盘之间螺纹连接

续上表

序号	工　序	作业要点
4	发车指示器安装	①比照固定顶部法兰盘安装孔及开孔在顶部支架上开孔，开孔后用螺栓固定；将安装吊杆与顶部／底部法兰焊接，焊接需牢固可靠，符合相关规定；支架上部安装防爆三通，防爆三通与顶部法兰之间采用 SC 管连接。 ② SC 管长 10cm，管两端有螺纹，分别与顶部法兰和防爆三通的螺口连接。 ③数据线、电源线经过防爆三通进入法兰孔中，最终进入发车指示器。 ④防爆三通两端采用橡胶头防护。 ⑤线缆通过橡胶头后进入三通内，拧紧橡胶头的螺口，三通内的尼龙锁紧垫将会禁锢在线缆外皮，起到防水作用；发车指示器主机箱体上部开有安装孔和进线孔，与底部法兰开孔一致。 ⑥底部法兰与发车指示器主机之间使用螺栓固定；调整发车指示器，使其垂直于地面，横向偏移量不应大于 5mm；通过法兰盘调整发车指示器的水平角度（可实现最大 ±15° 的调整），使发车指示器的显示面正对驾驶员方向，以适宜驾驶员观察为准
5	发车指示器配线	①戴上干净的纱线手套，理顺发车指示器的相线、零线和地线，另一端区分相线、零线和地线后分别引出电源接线。 ②接入电源相应端子；理顺通信电缆，选取其中两芯分别用作发车指示器的通信线，接入发车指示器内的 RS485 端子。 ③电缆另一端的两芯接入 ATS 机柜端子排的相应位置
6	安全文明施工	安装人员必须通过相关的安全培训，在设备安装期间不能造成严重的人员伤害事故发生；不能执行安装说明描述之外的任何违规操作；登高作业必须使用安全带；安装好的设备应有防护措施；做到工完料尽场地清

（3）现场标准化作业（图 11-35 ～ 图 11-38）

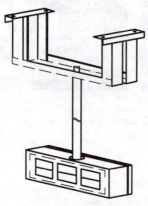

图 11-35　发车指示器安装

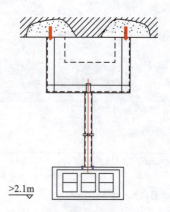

图 11-36　发车指示器前视图（尺寸单位：mm）

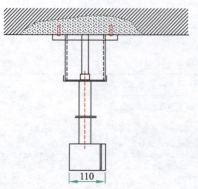

图 11-37　发车指示器侧视图

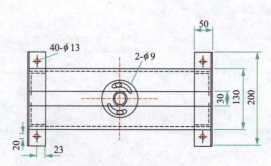

图 11-38　发车指示器底视图（尺寸单位：mm）

11.3 转辙设备

11.3.1 内锁闭转辙设备安装

(1)工艺流程(图 11-39)

图 11-39 转辙设备安装工艺流程

(2)作业要点(表 11-9)

转辙设备安装工序及要点　　　　表 11-9

序号	工 序	作 业 要 点
1	施工准备	道岔转辙装置施工前,进行技术交底,明确安装标准和要求;自制专用工具,如木方尺、直角尺、角钢垫木、号眼冲头、划铁针;将所需的工具准备齐全,并认真检查其规格是否符合安全及施工要求
2	角形铁安装	①使用方尺卡测量角形铁与钢轨连接打孔位置;将角形铁平直地放入基本轨腰部,固定孔中心与所画角形铁安装位置画线对齐。用外径 20mm 的冲头放入角形铁固定孔内,用手锤猛击确定所钻孔的位置,冲头要握平;用 21mm 钻头钻孔。 ②操作时,调整好钻头的高度,放稳电钻,进钻速度要均匀;钻孔后安装角形铁并固定;测量角形铁距离并进行调整,记录道岔规格(岔号、钢轨公斤数)、转辙机安装在左侧或右侧、直股或弯股。 ③为工厂加工基础角钢做技术准备
3	基础角钢安装	基础角钢按各自标明的道岔号码及前后角钢位置,分别穿入轨底,用 M20×90 螺栓,配齐各种配件,将角钢与角形铁连接;绝缘管、垫安装齐备,并不得损坏;两根短角钢横卧在长基础角钢上,竖边朝里,固定转辙机的孔位与安装图相符;用 M20×60 的螺栓由下向上穿,加弹簧垫圈拧紧螺母
4	转辙机安装	将转辙机平稳地放到短角钢上,用 M20×70 的螺栓由上向下穿,加弹簧垫圈拧紧螺母;转辙机内部配线线把集中预配,线环绕制,线把绑扎均匀,配线美观整齐,各螺栓跟部紧固,垫片螺母齐全;转辙机至电缆盒内部配线线把,自转辙机引线孔、弯头蛇管穿至电缆盒内
5	安装尖端杆、密贴调整杆、表示连接杆	先将尖端杆一头连接销抽出,分别用螺栓为 L 形尖端铁固定尖端杆安装;拧尖端杆上螺钉接头,使螺钉接头上的连接销孔比两个尖端铁连接销孔长 1mm 左右,将连接销打入;尖轨密贴调整杆穿入杆架前,先拧入一只 36mm 紧固螺母,顺螺纹槽套入一只挡环,挡环背向紧固螺母,再拧入一只轴套,轴套止挡缺口面向挡铁,穿入杆架(预先将杆架安装在第一连接杆上),将另一只轴套止挡缺口朝外拧入密贴调整杆,顺丝扣槽套入另一只挡环,挡铁面向轴套,再拧入一个紧固螺母;将表示连接杆与转辙机连接,但暂不紧固道岔侧螺栓
6	手动调整	转辙装置安装后用摇把手动转辙机,使转辙机处于锁闭状态,检查密贴情况;如尖轨不密贴,松开密贴调整杆螺栓,调整后使尖轨密贴达到要求,并使尖轨与基本轨间在有 4mm 间隙时不能锁闭和不能接通表示。密贴调整满足要求后,紧固密贴调整杆螺栓;在另一侧检查道岔开程,如达不到要求,可调整连接杆长短使开程达到要求;调整开程与锁闭量要兼顾,锁闭量如达不到要求,可增减尖轨连接铁与尖轨间调整片进行调整。各牵引点锁闭量满足设计和验收标准要求统一手动转辙机,将尖轨移到另一侧,调整密贴,方法同上;检查另侧各牵引点开程,两侧开程要求偏差小于 2mm;检查锁闭量是否达到技术要求,两侧锁闭量要均匀,如两侧开程、锁闭量超出标准,可调整动作杆长短使达到要求;道岔调整好密贴和开口后,调整道岔表示;统一用摇把手动转辙机到伸出位置,使转辙机处于锁闭状态,观察转辙机内表示杆缺口,缺口为 1～2mm。道岔表示试调好后,将表示杆螺母紧固;然后调整转辙机拉入位置表示,方法为调整转辙机副锁闭拉条
7	安全文明施工	安装人员必须通过相关的安全培训,在设备安装期间不能造成严重的人员伤害事故;不能执行安装说明描述之外的任何违规操作;安装好的设备应有防护措施;做到工完、料尽、场地清

（3）现场标准化作业（图 11-40～图 11-43）

图 11-40　内锁闭道岔安装

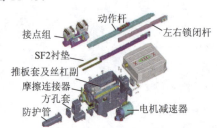

图 11-41　转辙机的分解

图 11-42　钢轨打孔

图 11-43　手动调整

11.3.2　外锁闭转辙设备安装

（1）工艺流程（图 11-44）

图 11-44　外锁闭转辙设备安装工艺流程

（2）作业要点（表 11-10）

外锁闭转辙设备安装工序及要点　　　　　表 11-10

序号	工　序	作业要点
1	施工准备	道岔转辙装置施工前，进行技术交底，明确安装标准和要求；自制专用工具，如木方尺、直角尺、角钢垫木、号眼冲头、划铁针；将所需的工具准备齐全，并认真检查其规格是否符合安全及施工要求；检查预留转辙机基坑是否满足设计要求
2	角形铁安装	①使用方尺卡测量角形铁与钢轨连接打孔位置；将角形铁平直地放入基本轨腰部，固定孔中心与所划角形铁安装位置划线对齐。 ②用外径 20mm 的冲头放入角形铁固定孔内，用手锤猛击确定所钻孔的位置，冲头要握平；用 21mm 钻头钻孔。 ③操作时，调整好钻头的高度，放稳电钻，进钻速度要均匀；钻孔后安装角形铁并固定；测量角形铁距离并进行调整；记录转辙机安装在左侧或右侧、直股或弯股。 ④为工厂加工基础角钢做技术准备
3	基础角钢安装	基础角钢按各目标明的道岔号码及前后角钢位置，分别穿入轨底，用 M20×90 螺栓，配齐各种配件，将角钢与角形铁连接；绝缘管、垫ásь安装齐备，并不得损坏；两根短角钢横架在长基础角钢上，竖边朝里，固定转辙机的孔位与安装图相符；用 M20×60 的螺栓由下向上穿，加弹簧垫圈拧紧螺母

续上表

序号	工　序	作 业 要 点
4	转辙机安装	将转辙机平稳地放到短角钢上，用螺栓由上向下穿，加弹簧垫圈拧紧螺母；转辙机至电缆盒内部配线线把，自转辙机引线孔、弯头蛇管穿至电缆盒内
5	外锁闭装置安装	①安装电机一侧的锁闭框，连接这一侧的动作杆和锁钩；安装另一侧的锁闭框，连接这一侧的动作杆和锁钩；动作杆与转辙机连接；先装短表示杆，后装长表示杆。 ②两侧基本轨上锁闭框的安装孔前后偏差不得大于5mm；锁闭杆连接应平直，与绝缘垫板、夹板配合良好；牵引点两侧锁闭框中心及转辙机的动作杆应与锁闭杆成一直线，并与岔枕保持平行；在岔道转换过程中锁钩应动作平稳、灵活，并与锁闭铁吻合良好，无卡阻现象；各处绝缘的安装应正确、不遗漏，并保持完整、绝缘良好
6	手动调整	①转辙装置安装后用摇把手动转辙机，使转辙机处于锁闭状态，检查密贴情况；如尖轨不密贴，松开密贴调整杆螺栓，调整后使尖轨密贴达到要求，并使尖轨与基本轨间在有4mm间隙时不能锁闭和不能接通表示；密贴调整满足要求后，紧固密贴调整杆螺栓。 ②在另一侧检查道岔开程，如达不到要求，可调整连接杆长短使开程达到要求，调整开程与锁闭量要兼顾，锁闭量如达不到要求，可增减尖轨连接铁与尖轨间调整片进行调整。 ③各牵引点锁闭量满足设计和《验标》要求。 ④统一手动转辙机，将尖轨移到另一侧，调整密贴，方法同上。 ⑤检查另侧各牵引点开程，两侧开程要求偏差小于2mm，检查锁闭量是否达到技术要求，两侧锁闭量要均匀，如两侧开程、锁闭量超出标准，可调整动作杆长短使达到要求。 ⑥道岔调整好密贴和开口后，调整道岔表示，统一用摇把手动转辙机到伸出位置，使转辙机处于锁闭状态，观察转辙机内表示杆缺口，缺口为1～2mm。 ⑦道岔表示调试好后，将表示杆螺母紧固，然后调整转辙机拉入位置表示，方法为调整转辙机副锁闭拉条
7	安全文明施工	合格的安装人员必须通过相关的安全培训，在设备安装期间不能造成严重的人员伤害事故；不能执行安装说明描述之外的任何违规操作；安装好的设备应有防护措施；做到工完、料尽、场地清

（3）现场标准化作业（图11-45～图11-49）

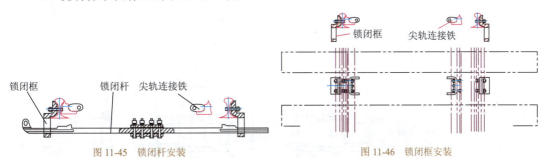

图11-45　锁闭杆安装　　　　　　　图11-46　锁闭框安装

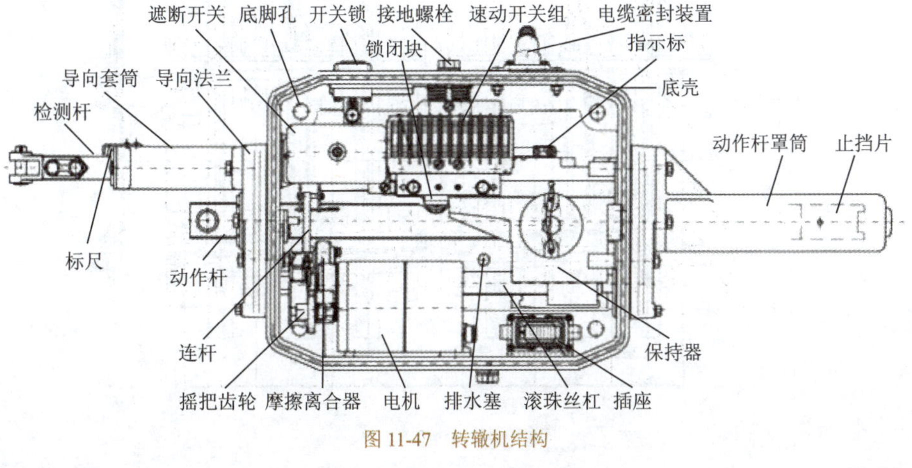

图11-47　转辙机结构

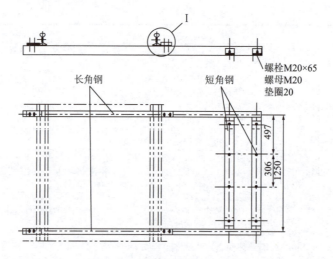

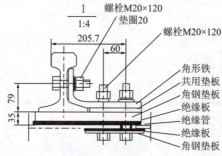

图 11-48 基础角钢安装(尺寸单位:mm)

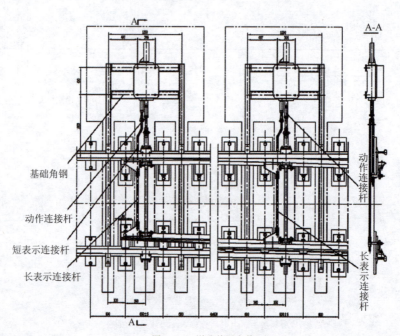

图 11-49 道岔装置安装

11.4 列车检测与车地通信设备

11.4.1 环线安装

(1)工艺流程(图 11-50)

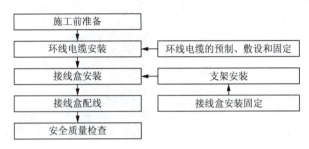

图 11-50 环线安装工艺流程

(2)作业要点(表 11-11)

环线安装工序及要点 表 11-11

序号	工 序	作 业 要 点
1	施工前准备	在安装前需要检查设备,应确保被安装设备无任何明显破损;安装前施工人员必须确认施工图纸和技术资料是否齐全,不能进行无图安装;设备安装面必须无杂物,避免对安装精度和安装牢靠度的影响;设备安装前安装人员需要确认有可能损坏环线设备的施工应全部结束
2	环线电缆安装	①环线必须起始于环线的顶端;环线末端的两条电缆必须一起沿垂直于环线的方向连接到发送和接收接线盒;接线盒与环线的距离不得超过 5m;环线交叉区域,两条环线电缆必须相互平行且紧贴在一起;环线电缆安装在钢轨内侧并用钢轨线卡固定;敷设时环线电缆最小弯曲半径应不小于电缆外径的 10 倍;一般情况下,环线电缆固定在钢轨的内侧,在特殊情况下(如岔区),环线电缆在钢轨内侧安装受阻时,可以将部分环线电缆安装固定在钢轨的外侧,在避开道岔的可移动部分后再返回到钢轨内侧进行安装;使用钢轨线卡和电缆线卡将环线电缆固定在钢轨上;使用 PPR 管对铺设在两轨道间的环线电缆进行防护,以防止外界因素对环线电缆造成损坏; ②在混凝土枕木上紧贴钢轨安装的环线电缆,使用钢轨线卡按 2 个轨枕的间隔将环线电缆固定在钢轨内侧的中央位置,安装在轨间的电缆用防护管进行防护,并分别用电缆固定夹和防护管固定夹固定,当环线和防护管位于碎石上方时,采用钢筋三脚架进行支撑并用扎带捆绑进行固定
3	接线盒安装	采用专用的钻孔模具对需要打孔的位置进行标示。接线盒采用专用的安装支架进行固定;使用钻孔模具在安装平台或隧道壁上进行标示钻孔位置;使用冲击钻钻孔;将钻孔清理干净;采用扭力扳手(20N·m)通过不锈钢膨胀螺栓将安装支架固定在安装平台或隧道壁上;使用螺栓将接线盒固定在安装支架上
4	接线盒配线	①环线传输电缆的连接:剪开并退去环线传输电缆外套 90mm(小心别损坏屏蔽层);剪短并留出 30mm 屏蔽层;将 30mm 的屏蔽层拧成屏蔽线;另取合适长度的补偿导线,加热,将补偿导线焊接到屏蔽线上;在焊接位置套上热缩管并加热;将环线传输电缆的两根导线分别连接到发送盒和接收盒端子上,屏蔽引出线连接到接地端子上; ②环线电缆的连接:在两根环线电缆的末端压接铜压接端头,并套上热缩管加热,将两根环线电缆分别连接到发送盒和接收盒的端子上;接线盒之间的连接电缆的两端压接铜压接端头,并套上热缩管加热;将此电缆的两端分别连接到发送盒和接收盒内的端子上;将接线盒盖子扣上并拧紧固定

续上表

序号	工序	作业要点
5	安全质量检查	环线设备安装完毕后,需要检查所安装的环线设备是否符合安装要求
6	安全文明施工	安装人员必须通过相关的安全培训,在设备安装期间不能造成严重的人员伤害事故;不能执行安装说明描述之外的任何违规操作;安装好的设备应有防护措施;做到工完、料尽、场地清

(3)现场标准化作业(图 11-51~图 11-57)

图 11-51　PPR 防护管

图 11-52　环线弯曲处安装图

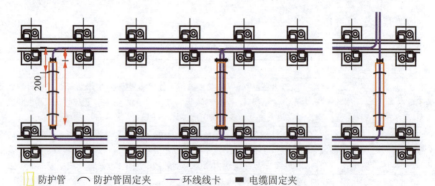

图 11-53　整体道床安装

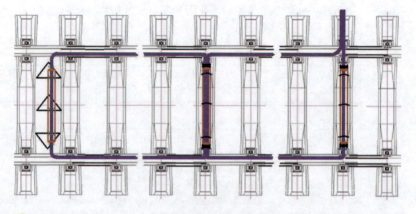

图 11-54　混凝土枕木安装

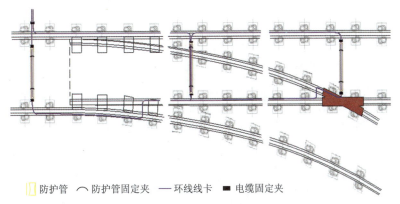

▯ 防护管　⌒ 防护管固定夹　— 环线线卡　■ 电缆固定夹

图 11-55　岔区安装

图 11-56　接线盒安装

图 11-57　环线安装

11.4.2　应答器安装

（1）工艺流程（图 11-58）

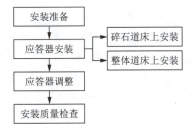

图 11-58　应答器安装工艺流程

（2）作业要点（表 11-12）

应答器安装工序及要点　　　　　　　　表 11-12

序号	工序	作业要点
1	安装准备	施工图纸及技术资料齐全；安装面必须施工完毕，且干燥无杂物；检查橡胶道床安装预留孔是否符合设计要求；有可能损坏已安装设备的施工工作应全部结束；可能危害人身和设备安全的隐患都必须消除，如供电安全、施工安全等

续上表

序号	工序	作业要点
2	应答器安装	①碎石道床：采用抱枕方式安装，安装支架尺寸应与轨枕吻合；顶面距轨面以下垂直距离 76～96mm； ②整体道床：采用安装支架直接固定在道床表面；安装支架的安装高度可以通过调整绝缘垫片环氧板的数量来实现，以满足应顶面距轨面以下垂直距离 76～96mm；需要横向安装，穿过两个安装孔的轴与运行方向垂直，即横向安装位置 X 轴与线路中心线重合，Y 方向上的最大偏离量为 ±50mm；固定的安装孔位，钻孔深度需保证化学膨胀螺栓能高出道床安装表面 25～45mm
3	应答器调整	将 5mm 绝缘垫板放置支撑件上，检查安装高度是否符合安装要求，如不满足可通过增加 2mm 绝缘垫板的数量进行调节；通过垫圈和弹垫调整水平角度，使用扭矩扳手通过螺栓将信标和绝缘垫板固定在支撑件上，注意施加在扳手上的拧紧力矩不宜超过 28.5N·m（整体道床）/8.3 N·m（碎石道床）
4	安装质量检查	需逐个测量应答器的安装是否符合要求。 检查信标发送设备的基准点 Z 与线路中心线之间的最大偏离是否在 ±50mm 之内；检查应答器 X 轴与平行于线路中心线的偏离量是否在 ±3°之内；检查应答器 Z 轴与垂直于道床表面中心线的偏离量是否在 ±3°之内；检查信标 Y 轴与理论计算值之间的偏离量是否在 ±100mm 之内；检查信标顶面距轨面以下是否在 76～96mm 之内
5	安全文明施工	安装人员必须通过相关的安全培训，在设备安装期间不能造成严重的人员伤害事故，不能执行安装说明描述之外的任何违规操作；安装好的设备应有防护措施；做到工完、料尽、场地清

（3）现场标准化作业

①整体道床（图 11-59～图 11-62）

图 11-59　整体道床安装效果

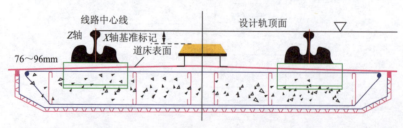

图 11-60　直道整体道床上信标安装高度

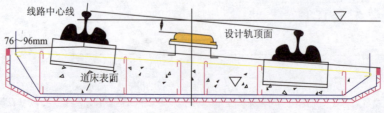

图 11-61　弯道整体道床上信标安装高度

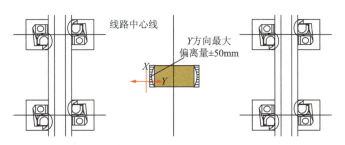

图 11-62　信标发送设备基准点与线路中心线之间的最大偏量

② 碎石道床（图 11-63 ～ 图 11-65）

图 11-63　碎石道床混凝土轨枕安装

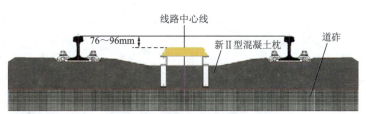

图 11-64　碎石道床混凝土轨枕安装高度

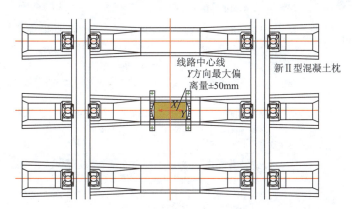

图 11-65　碎石道床混凝土轨枕安装位置

③ 应答器安装（图 11-66）

图 11-66　应答器安装

11.4.3 无线接入单元安装

(1) 工艺流程(图 11-67)

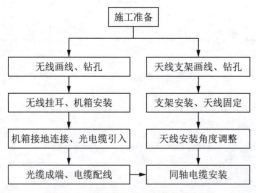

图 11-67 无线接入单元安装工艺流程

(2) 作业要点(表 11-13)

无线接入单元安装工序及要点　　　　　　表 11-13

序号	工序	作业要点
1	施工准备	现场定测、标记、准备施工工具
2	画线、钻孔	使用转孔模具在隧道壁上用记号笔进行标示转空位置;只用膨胀螺栓所匹配的转头进行转孔,其深度值应保证能高出隧道壁预留 45mm 的长度用于设备紧固;将转孔清理干净
3	挂耳、机箱安装	①隧道区域轨旁无线设备箱固定时采用扭力扳手(37N·m)将通过的不锈钢膨胀螺栓将轨旁无线设备箱固定在隧道墙面;将设备接地线通过线环固定在轨旁无线设备箱标有接地标示螺栓处。 ②地面轨旁无线设备箱安装时将地面轨旁无线设备安装支架,采用螺母固定在安装平台预留的四个安装螺栓上;将轨旁无线设备箱固定在安装支架上;将地线通过线环固定在轨旁无线设备箱标有接地标示螺栓处
4	光缆成端、电缆配线	①轨旁无线设备箱电力电缆需要在设备外部可靠进行固定,避免在箱体电缆接头处产生较大的拉力对设备或管接头的损坏; ②进线电缆不能剥除外护套,通过热缩管对线缆进行保护,避免线缆铠甲层与设备箱体接触; ③备用芯需要用绝缘胶带进行包裹防护; ④接出电缆必须剥除外护套,露出金属铠甲层,使用线缆夹将电缆固定在支撑架上; ⑤备用芯需要用绝缘胶带进行包裹防护; ⑥切除多余光缆,即光缆接续后应预留 3~4m,预留光缆在隧道前面或安装面上进行可靠固定,避免因线缆拉力对设备和接头处的损坏; ⑦施工过程中光缆的弯曲半径应不小于光缆外径的 20 倍,即应≥400mm;每个轨旁无线箱有一根光缆作为引入缆接入轨旁无线设备箱,同时还有一根光缆作为接出光缆成端、连接到下一个轨旁无线设备箱;若轨旁无线设备箱为电缆配线该通信组最后一个设备,需要采用防水堵头进行密封; ⑧引入光缆不能剥除外护套,通过热缩管对线缆进行保护,避免光缆铠甲层与设备箱体接触; ⑨出线光缆必须剥除外护套,露出金属铠甲层,使用线缆夹将光缆固定在支撑架上。根据光缆接头形式,按照尺寸要求使用光缆开割器开剥外护套,外护套开剥为 1.2 m 左右(可根据现场条件适当选择开剥长度)

续上表

序号	工 序	作 业 要 点
4	光缆成端、电缆配线	⑩光缆外护套应分段开剥,避免开剥过长拉伤松套管及光纤,开剥时力度均匀。外护套开播后,用酒精清洗干净油膏(至少 3 遍),保证松套管表面干净,并仔细检查松套管的根部,如有损伤则重新开剥。若有填充管和加强芯,确认后需要剪除; ⑪用胶带包裹待接的光纤管束,用于将管束扣在收容盘入口槽内; ⑫用松套管切割钳剥开松套管,要求采用分段开剥避免拉力过大损伤光纤; ⑬用酒精清洗干净油膏(至少 3 遍),保证光纤表面干净,并仔细检查光纤的根部,如有损伤则重新开剥。推荐使用 H 级的玻璃布胶带进行缠绕防护; ⑭根据图纸按照纤芯的色谱排列顺序,使用光纤熔接机进行光纤接续; ⑮过路光纤和用于本地连接光纤按照图纸要求进行接续融接操作; ⑯将接续好的光纤潜入收容盘固定槽板相应的位置,将多余的光纤从热缩管管口出发,按顺时针方向沿光纤盘留板两端慢慢盘绕; ⑰盘绕完成后,用胶带将光纤进行捆扎; ⑱融纤盒内有两个分线层,每层最大融纤数量为 12 根; ⑲在光纤入口、光纤出口和跳线出口需要使用胶带将光纤缠绕进行保护,避免光纤被融纤盒磨损; ⑳光纤全部收容完毕后,盖好收容盘顶盖并固定好
5	天线支架画线、钻孔	测量天线安装位置,使用转孔模具在隧道壁上进行标示转空位置;只用膨胀螺栓所匹配转头进行转孔,将转孔清理干净
6	支架安装、天线固定	固定时采用扭力扳手(20N·m)将通过的不锈钢膨胀螺丝将轨旁无线安装支架固定在隧道墙面;将轨旁无线天线固定在安装支架上
7	天线安装角度调整	调整轨旁无线天线角度,满足设计要求
8	同轴电缆安装	①同轴电缆的安装时,在电缆连接器处需要按照以下流程进行防水处理。将轨旁无线天线的 N 型母连接器与同轴电缆的 N 型公连接器进行连接,将同轴电缆另一端 N 型公连接器连接至轨旁无线设备箱的 N 型母连接器;将同轴电缆与无线设备箱连接头处进行防水处理,在连接器裸露部分采用电气防水胶带和防水胶进行缠绕密封; ②采用双壁热缩套管将防水胶带包裹处进行热缩防护。同轴电缆的弯曲半径≥60mm,在同轴电缆安装固定时需要严格按照线缆的弯曲半径进行施工; ③同轴电缆需要在隧道墙面或安装面采用固定线夹进行固定安装
9	安全文明施工	安装人员必须通过相关的安全培训,在设备安装期间不能造成严重的人员伤害事故发生;不能执行安装说明描述之外的任何违规操作;登高作业必须使用安全带。安装好的设备应有防护措施;做到工完料尽场地清

(3)现场标准化作业(图 11-68～图 11-70)

图 11-68　无线设备箱安装

图 11-69　地面安装

图 11-70　天线安装测试

11.4.4 计轴装置安装

(1)工艺流程(图 11-71)

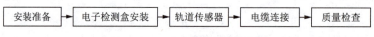

图 11-71 计轴装置安装工艺流程

(2)作业要点(表 11-14)

计轴装置安装作业要点　　　　　表 11-14

序号	工序	作业要点
1	安装准备	设备运输到安装现场过程中,必须小心搬运设备;安装前需要检查设备,应确保被安装设备无任何明显破损;安装或者重新安装之前,需要对紧固螺钉的螺纹部位进行必要的润滑;检查车轮传感器外壳上的西门子代码以保证型号正确;用钢丝刷对需要安装车轮传感器的地点进行全面的清理;在碎石道床上安装时,要移除足量的道砟以保证连接电缆不会在车轮通过时受损
2	电子检测盒安装	安装支架分为安装立柱和壁式安装支架两种类型,均采用化学膨胀螺栓进行固定;在站台区域和试车线轨旁箱使用安装立柱进行安装;在隧道内,使用壁式安装支架将轨旁箱安装到隧道壁上;轨旁箱水平安装并且与钢轨水平距离大于1m,轨旁箱安装底面与轨面之间的距离为 200~250mm
3	轨道传感器安装	车轮传感器都应安装在外侧的钢轨上(靠空旷大地一侧的钢轨);车轮传感器安装在两轨枕的中央,允许钢轨垂直方向最大磨损为 20mm,当钢轨磨损 6mm 之后需降低车轮传感器的高度(安装高度变为 42mm,低于轨面 3mm),无须另外钻孔;若钢轨垂直磨损大于 20mm,则需检测剩下的安装空间是否足够大以保证车轮传感器的安装,还需要检查与规定最深距离的轮缘和车轮传感器之间的安全间距是否至少为 1mm;安装在同一轨道的两个车轮传感器之间的距离最小为 0.5m;车轮传感器与牵引回流点的距离必须大于 200mm;车轮传感器下方不允许铺设电缆;钢轨打孔应注意钻孔处可能会出现的轨道开裂;打孔尺寸可使用专用的打孔磨具来保证;传感器扭矩式六角防松螺母使用扭力扳手将其拧紧(拧紧扭力为 40~50N·m);将磁头校准板放在车轮传感器上,将车轮传感器的高度调整为在轨面下方 45mm(可变范围:-3mm)
4	电缆连接	电缆所处的安装环境温度不得低于 -25℃;最小弯曲半径为 28mm;尽量避免在雨天或者湿度大的环境下进行安装,当在轨旁箱上进行作业时,必须保证安装面干燥以确保轨旁箱内部不会受潮;使用连接电缆将车轮传感器和轨旁箱进行连接;将安装地点的软管长度减小到需要的长度,比连接电缆稍长一点;将软管剪切到距离电缆头部分大约 60mm,注意不要损坏连接电缆;连接电缆放置在轨旁箱外面,不要有任何环路(绊倒的危险);电缆保护软管采用不锈钢卡箍固定,固定距离为 500mm;连接电缆如需过轨,需要用钢管对其进行防护,钢管直径大于 50mm
5	质量检查	检查车轮传感器外观及其附件是否损坏;检查车轮传感器是否满足安装要求;检查电子检测盒是否满足安装要求;检查电缆连接是否满足要求
6	安全文明施工	安装人员必须通过相关的安全培训,在设备安装期间不能造成严重的人员伤害事故。不能执行安装说明描述之外的任何违规操作;安装好的设备应有防护措施;做到工完料尽场地清

(3)现场标准化作业(图 11-72～图 11-76)

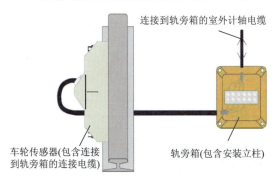
图 11-72　计轴设备

a)车轮传感器

b)轨旁箱

图 11-73　计轴设备

a)立柱式安装图

b)隧道壁安装图

图 11-74　轨旁箱安装

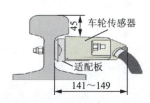
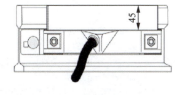

图 11-75　车轮传感器安装(尺寸单位:mm)

a)轨旁箱

b)车轮传感器

图 11-76　计轴设备安装

11.4.5 有绝缘轨道电路安装

（1）工艺流程（图 11-77）

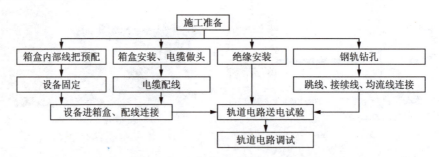

图 11-77 有绝缘轨道电路安装工艺流程

（2）作业要点（表 11-15）

有绝缘轨道电路安装工序及要点　　　　　　表 11-15

序号	工序	作业要点
1	施工准备	熟悉设计图纸，准备施工工具，检验务设备完好无损，配件及专用工具齐全
2	箱盒内部线把预配固定	根据设计施工图中的双线图和箱盒内部配线图，统计各种类型的内部线把的数量，将各种类型的内部图按实例在箱盒底板上摆放固定好，然后进行布线、绑扎、按技术要求留够余量、拨线、绕头；内部线把预配完后，将所有的线把和设备在箱盒底座上进行固定、连接。当箱盒的电缆做头、配线完成后，再将底座连同设备旋转于箱盒内，进行电缆芯线、软配线连接
3	箱盒安装、电缆做头配线	①室外箱盒在灌胶前须清扫干净，电缆引入孔是否堵严；电缆配线前在胶室内灌入冷封胶，准封胶的使用应按说明的操作步骤进行，应保胶面光亮、整洁、无泡沫、无麻面皱纹及塌陷； ②电缆配线时，首先要用棉纱将电缆芯线撸直，然后分线绑把；电缆盒主管引出的电缆芯线至端子应呈花瓶状，对准端子做鹅头状环上线；副管线把至盒边要留 5～10mm 的间距，用直径为 1mm 的塑料绑线绑扎均匀，对准端子做鹅头状环上线；主副管线顶高度距盒边顶 10～15mm。 ③备用芯线不得少于至最远端子及三次做头备用量的长度，并绕成 $\phi15mm$ 的螺旋状置于本胶室内。 ④铭牌用专业厂生产的（含变压器箱两柱端子铭牌）。 ⑤变压器箱电缆横把绑好后，对准端子向左右两侧分线，在下部绕直径约 20mm 的两圈，往上对准端子做环上线
4	绝缘安装	分类将绝缘管、工字绝缘、槽型绝缘、绝缘片与绝缘鱼尾板进行组装，检查绝缘材料是否齐全；提前进行现场调查，检查绝缘安装处轨缝是否满足现场安装要求，若满足不了需找铺轨施工单位配合，拉开轨缝；若绝缘设计位置为整轨，则需铺轨施工单位配合，进若绝缘设计位置为整轨，则需铺轨施工单位配合，进行现场锯轨，以满足信号设备安装要求；在现场具备安装条件后，将组装好的绝缘运至现场安装位置，拆除既有工务鱼尾板，将信号用的绝缘安装至设计位置；安装时用力矩扳手将绝缘螺栓拧紧；安装完成后，根据当时轨温检查轨否满足技术要求，不能满足的还铺轨单位进行轨缝调整
5	钢轨钻孔	根据钢轨类型、牵引类型确认各种连线的型号及数量。调查现场，根据线材的长度标出跳线钻孔的位置，双线之间的孔距保持在（60±10）mm，钻头的大小根据设计对线头的大小要求来定；线孔距钢轨接头鱼尾板边缘 100mm 为宜

续上表

序号	工　序	作业要点
6	跳线、接续线、均流线连接	安装时，线头与轨面保持45°的斜角，线头从钢轨外侧向钢轨内侧安装，以线头露出轨腰1～2mm为宜。道岔长跳线安装后，理顺连接，安装轨底卡具，将连接线固定在卡具上；钢轨接续线安装后，接续线应紧贴鱼尾板上端，同时保证接续线低于轨面10～15mm，并使用ϕ1.6mm的镀锌铁线对其绑扎，共绑扎三处，每处绑二圈后并扭成五个"麻花"状收口；单轨条回流连接线与设备连接线同侧时，设备连接线靠近绝缘处安装，回流连接线靠设备连接线外侧安装，考虑到钻孔与安装的方便，设备连接线与回流连接线安装在不同的两轨枕间
7	轨道电路送电试验	室内对轨道电路进行送电调试，轨道电路试验完好，满足轨道电路试验要求
8	安全文明施工	安装人员必须通过相关的安全培训，在设备安装期间不能造成严重的人员伤害事故发生；不能执行安装说明描述之外的任何违规操作；安装好的设备应有防护措施；做到工完料尽场地清

(3) 现场标准化作业（图11-78～图11-84）

图11-78　轨道箱安装

图11-79　轨道箱配线

图11-80　接续线安装

图11-81　道岔跳线安装

图11-82　绝缘安装

图11-83　箱体线安装

图 11-84 轨道电路试验

11.5 室内设备

（1）工艺流程安装（图 11-85）

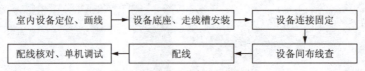

图 11-85 室内设备安装工艺流程

（2）作业要点（表 11-16）

室内设备安装作业要点　　　　表 11-16

序号	工 序	作业要点
1	室内设备定位、画线	根据设计图纸，测量设备位置进行画线标注，标注静电地板安装水平高度
2	设备底座、走线槽安装	①根据柜体尺寸加工防震底座，并做好接地；高程比静电地板高程线高出 5mm。 ②机柜底座根据静电地板的安装布局可进行微调。 ③走线槽安装时各排间连接处需采用绝缘材料进行对走线槽进行绝缘处理；走线槽不能直接安装在地面上，需采用支架与地面至少保持 50mm 的距离；走线槽为现场切割加工，切割处需进行打磨，避免刮伤电缆线
3	设备连接固定	机柜安装与地面垂直、平稳，机柜安装后机架倾斜偏差应小于机架身高的 0.1%；各机柜之间需要在轨顶连接固定在一起；机柜应相互靠拢，机柜间隙不应大于 3mm；机柜面应平齐，相关标志应正确、清晰、齐全
4	设备间布线	①机房内交流电源线、直流电源线、光纤、各种通信线，应按不同的路由分开布放；通信电缆与电源线的水平距离应保持 50mm 以上。 ②各种线缆应按顺序出线，布放应垂直、整齐，无扭绞、交叉及溢出线槽。线缆弯曲应均匀、圆滑；线缆的弯曲半径应符合要求。 ③各种线缆在防静电地板下、走线架或线槽内应均匀绑扎固定；在防静电地板下敷设线缆时，地板内净空应为设备间布线 150～300mm，若空调采用下送风方式则地板内净空应为 300～500mm。编扎电缆芯线时宜保持电缆芯线的扭绞，布线不宜过紧，转弯应圆滑；分线应按色谱顺序；余留芯线的长度，应符合更换编线最长芯线的要求。 ④光纤尾纤应单独布放；软光纤在走线架或线槽内应架套管或线槽保护，不得挤压、扭曲；编扎光纤的扎带应松紧适度。敷设好的缆线两端应贴有去向铭牌，铭牌应选用不易损坏脱落的材料

续上表

序号	工　序	作 业 要 点
5	配线	①按设计图施工，做到美观大方，方便维修；电缆终结的方式应根据配线架的型号规格选用焊接、卡接、绕接、压接等方式。光缆芯线终接应采用收容盘连接、保护。 ②电缆终接上端子时，应采用专用的剥线工具。 ③采用焊接时，电缆芯线焊接要端正、牢固、焊点光滑、无假焊、错焊、漏焊、短路；焊接后芯线绝缘应无烫伤、开裂及回缩现象。 ④采用卡接时，选用的卡接钳线径应符合卡接端子的要求。组装专用电缆插头和以太网电接口插头时，应配件齐全、线位正确、装配可靠，压接插头时应选用专门的压接工具。 ⑤在收容盘中，光纤的盘留弯曲半径应大于 40mm；光缆芯线终接应按光纤色谱排列和系统使用要求对应接续，终接的工艺应符合相应的工艺要求
6	配线核对、单机调试	对室内配线进行逐一核对，核对配线来去向铭牌及通断，电源电缆配线需进行电源对地电流、电阻及线间绝缘测试，并填写测试记录；配线核对完成后对配线进行整理后进行设备进行单机调试；单机调试需联系设备厂家现场调试，调试各项设备的功能完好，对于单机调试出现的问题应及时联系厂家进行处理
7	安全文明施工	临时用电需满足"一机一闸一漏"要求；需正确佩戴安全帽；使用切割机时不能佩戴手套，且需配备灭火器，配备看火人，开具动火证；搬运机柜时需做好保护，以免机柜磕碰；安装好的机柜应有防尘措施；做到工完料尽场地清

(3) 现场标准化作业(图 11-86～图 11-91)

图 11-86　设备底座、走线槽安装

图 11-87　室内机柜安装

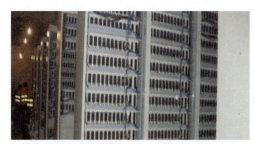

图 11-88　室内布线

图 11-89　室内配线

图 11-90　室内配线

图 11-91　单体调试

11.6 工程验收

(1)工艺流程(图11-92)

图11-92 工程验收工艺流程

(2)现场标准化作业(图11-93)

图11-93 验收总结会

第12章

供 电

12.1 柔性接触网工程

12.1.1 施工测量

施工测量的准确度是接触网安装标准的首要保证,施工之前必须进行精确测量,尽量避免误差。柔性悬挂接触网施工测量主要是对地面部分接触网单支柱、门型支架柱的基础位置进行测量。

(1)工艺流程(图 12-1)

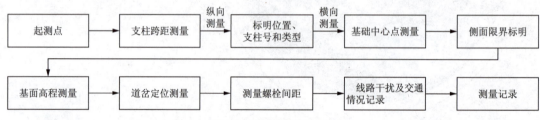

图 12-1　施工测量工艺流程

(2)作业要点(表 12-1)

施工测量工序及要点　　表 12-1

序号	工　序	作业要点
1	施工准备	备齐测量所需物品,检查随带仪器是否合格
2	测量	主要测量支柱位置、基础中心、道岔定位,并对这些位置作出记录
3	放样	对已经测量的位置进行放样,放样位置需明显、牢固、持久
4	安全文明施工	施工完毕后清理掉所有施工垃圾及人为垃圾

(3)现场标准化作业(图 12-2)

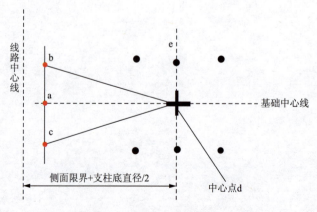

图 12-2　现场标准化作业指示图

12.1.2 制作基础

制作基础的施工质量直接影响接触网安装的准确度,也是影响接触网工程质量好坏的关键。因此基础工程应加强施工力量和施工管理,主动接受监理工程师的监督,确保施工质量。

(1)工艺流程(图12-3)

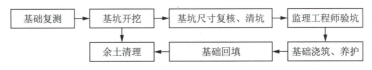

图12-3 基础工程工艺流程图

(2)作业要点(表12-2)

基础施工工序及要点   表12-2

序号	工 序	作业要点
1	复测	确认基坑类型、支柱限界
2	准备	清理工作面。将防护圈运至现场,并使其中心和基坑中心重合。在坑口的线路侧设挡板,防止道砟滑落。坑口的线路侧及顺线路两侧设安全防护绳。铺设彩条布防止污染道床
3	开挖	先挖中间,再挖壁脚;对较松散的土质,先挖壁脚,后挖中间。挖土时均匀开挖,须防止防护圈不均匀下沉。第一个防护圈完全沉下地面后,再搁上第二个,依此类推,直到基坑深度达到标准
4	浇筑	按照设计要求使用混凝土,在浇筑的过程中不允许出现间断性浇筑,每个基础必须一次性浇筑完成,并按设计要求对混凝土作相应的实验块
5	安全文明施工	开挖前铺设彩条布防止污染道床,浇筑后对施工现场的积土进行清理,位于水沟或水沟沿上的基础,浇筑完对水沟进行疏通处理,保证水沟的通畅

(3)现场标准化作业(图12-4、图12-5)

图12-4 基础浇筑前

图12-5 基础成型复测

12.1.3 机械立杆(支柱整正等)

(1)圆锥形钢柱立杆采用汽吊立杆具体方法如图12-6所示。

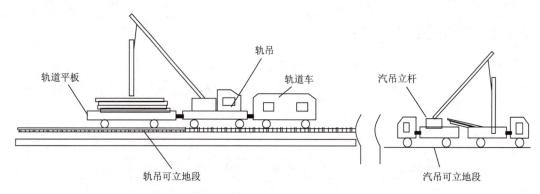

图 12-6　汽吊立杆

采用人工立杆具体方法如图 12-7 所示。

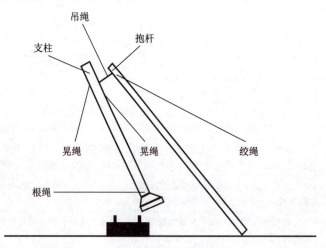

图 12-7　人工立杆

(2)作业要点(表 12-3)

基础施工工序及要点　　　　表 12-3

序号	工 序	作业要点
1	复测	确认基坑类型、支柱限界
2	准备	清理工作面。将防护圈运至现场,并使其中心和基坑中心重合。在坑口的线路侧设挡板,防止道砟滑落。坑口的线路侧及顺线路两侧设安全防护绳。铺设彩条布防止污染道床
3	开挖	先挖中间,再挖壁脚;对较松散的土质,先挖壁脚,后挖中间。挖土时均匀开挖,须防止防护圈不均匀下沉。第一个防护圈完全沉下地面后,再搁上第二个,依此类推,直到基坑深度达到标准
4	浇筑	按照设计要求使用混凝土,在浇筑的过程中不允许出现间断性浇筑,每个基础必须一次性浇筑完成,并按设计要求对混凝土作相应的实验块
5	安全文明施工	开挖前铺设彩条布防止污染道床,浇注后对施工现场的积土进行清理,位于水沟或水沟沿上的基础,浇注完对水沟进行疏通处理,保证水沟的通畅

12.1.4 门型支架及门型支架软横跨节点安装

（1）工艺流程（图12-8）

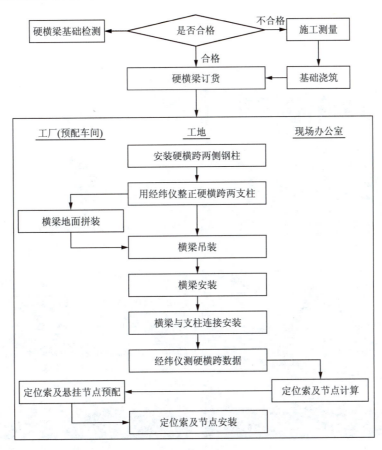

图12-8 工艺流程

（2）作业要点（表12-4）

门型横梁的施工工序及要点　　　　表12-4

序号	工序	作业要点
1	复测	由于两块门型横梁之间的连接采用连接套管连接，对门型支柱基础间距以及支柱安装、调整的要求较高。若误差较大，则会导致两块门型横梁之间连接不紧固或无法安装。因而，只能先进行基础制作、支柱安装，调整完毕后通过现场测量，确定门型横梁长度。门型横梁长度确定以后，供货商再根据测量的横梁长度进行加工
2	预制	①制备一批可调支架。 ②拼装从中间往两端连接，各段横梁连接应紧固。 ③拼装完毕后，对各段横梁的型号、接触面紧固度等进行复核、检查，并按施工平面图进行编号。 ④将检查合格的横梁吊放到平板车上待装
3	吊装	吊装过程中严禁吊臂下站人，门型梁保持水平起吊，防止倾斜

续上表

序号	工 序	作业要点
4	焊接	对门型梁接头处进行焊接作业,必须用热镀锌焊接作业法,防止阴雨天对门型梁的腐蚀
5	安全文明施工	吊装门型梁需派一个专业的丝索人员和专业的起吊司机,再加一个现场指挥和一定的辅助人员在一定的作业条件下进行。确保施工安全,在施工完毕后清理掉所有剩余的材料,垃圾

(3)现场标准化作业(图 12-9 ～图 12-14)

图 12-9　门型梁拼接

图 12-10　多跨门型梁托架安装

图 12-11　吊装门型梁

图 12-12　吊装门型梁对接

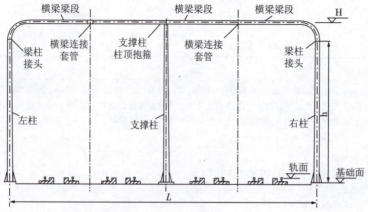

图 12-13　门型梁对接示意图

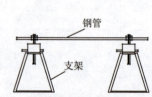

图 12-14　门型梁拼接示意图

12.1.5 门型支架软横跨节点安装

（1）工艺流程及节点示意（图 12-15、图 12-16）

图 12-15　门型支架软横跨工艺流程

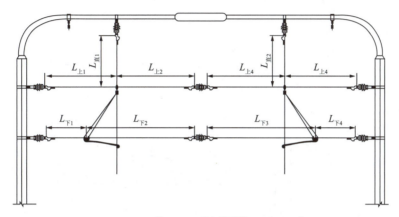

图 12-16　节点示意图

（2）现场标准化作业（图 12-17～图 12-19）

图 12-17　门型梁热镀锌焊接

图 12-18　安装好的节点图（1）

图 12-19　安装好的节点图（2）

12.1.6 接触悬挂安装

（1）工艺流程（图 12-20）

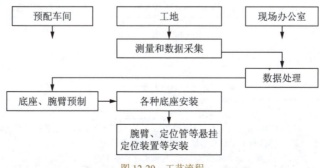

图 12-20　工艺流程

（2）作业要点（表12-5）

悬挂安装工序及要点   表12-5

序号	工序	作业要点
1	测量	测量轨平面处支柱侧面限界、支柱斜率、曲线外轨超高
2	计算	根据平面图、安装图的装配型号、零件尺寸以及实际测量的数据，用计算机计算确定出腕臂的各部尺寸
3	预制	在预制平台进行预制，用记号笔在腕臂上注明区间及支柱号
4	安装	作业车运行至现场，使作业台正对支柱，将作业台旋转靠近支柱后，升高至支柱下底座位置附近，把斜腕臂棒瓶套入下底座双耳，上好固定螺栓。上升作业台至腕臂上底座位置处，把平腕臂棒瓶套入上底座双耳，上好固定螺栓。在套管双耳处将平腕臂和斜腕臂连接
5	安全文明施工	在安装绝缘子的时候注意轻拿轻放，防止绝缘子破损。对腕臂上所有螺母的力矩扭固到位，仔细检查，以防缺少器件

（3）现场标准化作业（图12-21）

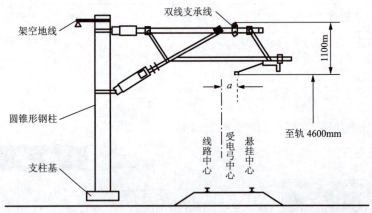

图12-21 直线中间柱反定位安装示意图

12.1.7 柔性悬挂机械架线及悬挂调整

（1）工艺流程（图12-22）

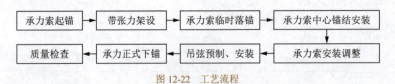

图12-22 工艺流程

（2）作业要点（表12-6）

柔性悬挂机械架线工序及要点   表12-6

序号	工序	作业要点
1	准备	准备架线工具、机械及材料，按架线计划将承力索吊装到接触网架线车组的平板车的放线架上。按规定，提前将架线清点要求及架线作业要求计划表提交至路调度所。具备架线条件后，架线车停靠在邻近的施工区段车站，并向车站值班员提出书面封锁线路施工请求

续上表

序号	工序	作业要点
2	起锚	架线车到达起锚柱后,看线防护等人员共同将起锚坠砣安装好。起落锚期间用对讲机联络。架线车平台人员将补偿装置用大绳拴好,平台上人员将补偿装置拉高至与承力索终锚线夹相连。起锚需要穿线时,架线车停在需穿线位置穿线。穿线后起锚人员将承力索拉至锚住并与补偿装置连接
3	放线	起锚完成后,派 1 人带对讲机看护线盘,操作放线架的张力控制装置,使承力索的张力控制在给定张力值,听从施工负责人的指挥,保证线盘张力恒定。将作业平台升到适合的操作高度,在每一悬挂点处停车,将承力索通过铁丝套放线滑轮悬挂在软横跨或腕臂头上。站场架设线,车站值班室应设一人专门联络施工要点,并向架设人员通报各股道车辆运行情况。站场架线,通过道岔以后,应保证承力索弛度对轨面高度大于 5.5m
4	落锚	架线车与起锚人员联系,当准备就绪后,加大线盘的张力,利用作业车开始预紧线,使各跨承力索对轨面高度大于 5.5m。当作业架转向柱距下锚 3～4m 时,将架线车一次停到位。将放线平板打好铁鞋后,架线车与放线平板解体。架线车行至距落锚柱 10m 处,安装紧线器,紧线器的钢丝套子和架线车上紧线装置钢丝绳连接,装置开始紧线。此时,其他落锚人员将坠砣堆码好。装置紧线时,落锚处与起锚处及时取得联系。当起锚坠砣达到设计高度时停止紧线。断线做回头,与补偿装置连接好
5	安全文明施工	施工完毕后,清理掉所有施工所造成的垃圾。做到人去料清施工

(3)现场标准化作业(图 12-23～图 12-25)

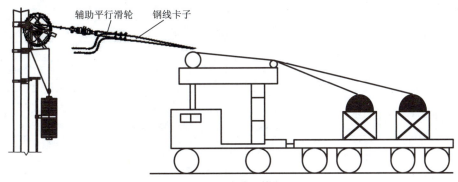

图 12-23 起锚示意图

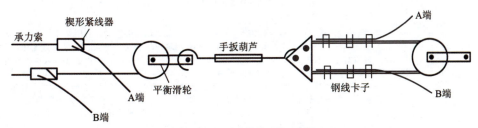

图 12-24 承力索终端下锚示意图

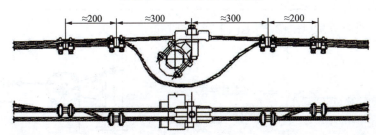

图 12-25 承力索中心锚结安装示意图(尺寸单位:cm)

12.1.8 柔性悬挂机械架设接触导线

高架及地面段正线与车辆段/停车场的试车线、出入线采用双承力索双接触导线悬挂类型；高架及地面段渡线折返线、停车线采用单承力索单接触导线悬挂方式；车辆段/停车场车场线采用无承力索单接触导线悬挂类型。其中双接触线架设要求较高，必须保证两支接触导线的张力和弛度相等。方采用机械化架线，对双接触线采用带张力"双线并架"的施工工艺和方法，保证架线质量。

（1）工艺流程（图12-26）

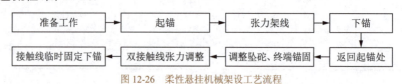

图12-26 柔性悬挂机械架设工艺流程

（2）作业要点（表12-7）

柔性悬挂机械架设工序及要点　　　　　表12-7

序号	工序	作业要点
1	准备	根据平面图，编制接触线架线作业计划表，准备架线工具、材料、架线车装好待架接触线。架线车停靠临近施工区段的车站，向车站值班员提出封锁线路施工要求
2	起锚	架线车到达起锚柱后，将起锚坠砣安装好。架线车平台上人员将补偿装置用大绳拴好，平台上人员将补偿装置拉上来与接触线终锚线夹相连好，架线车开始运行。起锚需要穿线时，架线车停在需穿线位置然后穿线。穿线后起锚人员将接触线拉至锚柱与补偿装置连接
3	放线	起锚完成后，派人看护线盘，操作放线架的张力控制装置，使接触线的张力控制在设计值，保证线盘张力恒定。作业平台升到适合操作高度，用工具吊弦将接触线悬挂在承力索上；悬挂点出用ϕ4.0铁线悬挂接触线，转换住及曲线处，由于接触线受力较大，可在腕臂上通过放线滑轮将接触线固定。每隔400m²左右，设一人观察已架设的接触线。站场架线时，车站值班室应设一人驻站防护，并联络施工要点。接触网架线车继续向前放线并依次悬挂，至超过落锚柱8～10mm处停车。作业平台上人员严禁站在曲线内侧施工
4	落锚	架线车与起锚人员联系，当落锚人员准备就绪后，加大现盘的张力。利用作业车开始预紧力，使各跨接触网线对轨面高度大于5.5m。当作业架转向柱下锚3～4m时，将架线车依次停车到位。将放线平板打好铁鞋后，架线车与放线平板解体。架线车行至距落锚10m处，安装紧线器，紧线器的钢丝桃子和架线车上紧线装置钢丝绳连接，紧线装置开始紧线。此时，其他落锚人员将坠砣堆码好。紧线装置紧线时，落锚处与起锚处及时取得联系。当起锚坠砣高度达到模拟高度时停止紧线。在设定计算的位置断ล做头，然后利补偿装备之连接好。紧线装备松线，拆除紧线器，作业车平台旋转回复到正常位置，将架线车放线平板连接，取下铁鞋。人工将起、落锚两端坠砣抬起，帮助克服锚段内各悬挂点的摩擦力，并使两端坠砣等高。落锚时，如需穿线，按人工紧线方式进行

（3）现场标准化作业（图12-27、图12-28）

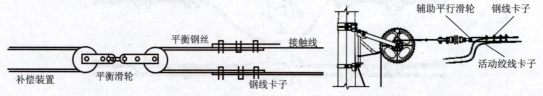

图12-27 连接示意图　　　　图12-28 接触线架设起锚示意图

12.1.9 柔性接触悬挂

柔性接触悬挂（全补偿简单链形悬挂和补偿简单悬挂）调整包括组合定位装置、吊弦、中心锚结、线岔、锚段关节和下锚终端安装调整以及拉出值的调整（中心锚结安装按要求单独作为一节另外列出）。

柔性接触悬挂调整是一个系统工程，我们将严格根据设计文件的要求制定一套完善的施工方法和工艺标准，通过接触网工程软件电算，做到安装调整一次到位，避免出现多次调整，提高施工工效、降低成本，缩短工程工期。

（1）工艺流程（图 12-29）

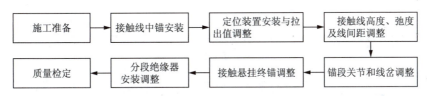

图 12-29　柔性接触悬挂施工工艺流程

（2）作业要点（表 12-8）

柔性悬挂机械架设工序及要点　　　　　　　　　　　　　　　　　表 12-8

序号	工　序	作业要点
1	准备	根据平面图，编制接触线架线作业计划表，准备架线工具、材料、架线车，装好待架接触线。架线车停靠临近施工区段的车站，向车站值班员提出封锁线路施工要求
2	起锚	架线车到达起锚柱后，将起锚坠砣安装好。架线车平台上人员将补偿装置用大绳拴好，平台上人员将补偿装置拉上来与接触线终锚线夹相连好，架线车开始运行。起锚需要穿线时，架线车停在需穿线位置然后穿线。穿线后起锚人员将接触线拉至锚柱与补偿装置连接
3	放线	起锚完成后，派人看护线盘，操作放线架的张力控制装置，使接触线的张力控制在设计值，保证线盘张力恒定。作业平台升到适合操作高度，用工具吊弦将接触线悬挂在承力索上；悬挂点出用ϕ4.0 铁线悬挂接触线，转换柱及曲线处，由于接触线受力较大，可在腕臂上通过放线滑轮将接触线固定。每隔 400m 左右，设一人观察已架设的接触线。站场架线时，车站值班室应设一人驻站防护，并联络施工要点。接触网架线车继续向前放线并依次悬挂，至超过落锚锚柱 8～10mm 处停车。作业平台上人员严禁站在曲线内侧施工
4	落锚	架线车与起锚人员联系，当起锚人员准备就绪后，加大现盘的张力。利用作业车开始预紧线，使各跨接触网线对轨面高度大于 5.5m。当作业架转向柱距下锚 3～4m 时，将架线车依次停车到位。将放线平板打好铁鞋后，架线车与放线平板解体。架线车行至距落锚 10m 处，安装紧线器，紧线器的钢丝桃子和架线车上紧线装置钢丝绳连接，紧线装置开始紧线。此时，其他落锚人员将坠砣堆码好。紧线装置紧线时，落锚处与起锚处及时取得联系。当起锚坠砣高度达到模拟高度时停止紧线。在设定计算的位置断线做头，然后和补偿装备连接好。紧线装备松线，拆除紧线器，作业车平台旋转回复到正常位置，将架线车放线平板连接，取下铁鞋。人工将起、落锚两端坠砣抬起，帮助克服锚段内各悬挂点的摩擦力，并使两端坠砣等高。落锚时，如需穿线，按人工紧线方式进行
5	安全文明施工	施工完毕后，清理掉所有造成的垃圾。做到人去料清施工

(3)现场标准化作业(图 12-30)

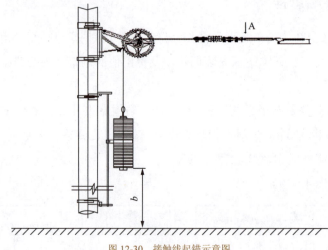

图 12-30　接触线起锚示意图

12.1.10　设备安装

(1)工艺流程

隔离开关安装与调试流程如图 12-31 所示。

图 12-31　安装与调试流程图

分段绝缘器安装可分为单接触线分段绝缘器安装（库内、库外），双接触线分段绝缘器安装。

分段绝缘器安装流程如图 12-32 所示。

图 12-32　分段绝缘安装流程图

线岔安装流程如图 12-33 所示。

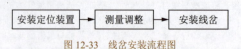

图 12-33　线岔安装流程图

电连接安装操作流程如图 12-34 所示。

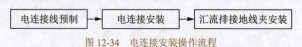

图 12-34　电连接安装操作流程

(2) 作业要点(表 12-9)

设备安装工序及要点 表 12-9

序号	工 序	作 业 要 点
1	测量	现场测量开关柱地线孔至地面高度 H。根据现场测量的 H 值,计算传动轴长度,并加工。传动轴长度 $L=$ 支柱顶部至地线孔距离 $+H-1.15M$(腕臂柱);传动轴长度 $L=$ 设计开关安装高度 $-1.15M$(软横跨柱)
2	检查核对	检查开关绝缘瓷柱,瓷釉表面应光滑,无裂纹。检查开关、绝缘瓷柱浇筑部分与铁件不得有松动或辐射性裂纹,软件不得生锈。检查合格证,电气试验报告,确认开关型号是否与设计相符
3	安装	按照设计要求。引线规格正确,安装电连接线夹及设备线夹并涂抹导电膏,确保线夹端正、牢固铜铝过渡时,采用铜铝过渡线夹
4	锁定开关	在开关转轴部分及手动操作设备处打油;包扎开关瓷柱;将开关刀闸置于设计位置,并加锁
5	安全文明施工	施工时与其他专业有交叉时,应及时有效地与对方进行沟通,以防止延误工期节点

(3) 现场标准化作业(图 12-35)

图 12-35 柔性接触网隔离开关处安装

12.2 刚性接触网工程

12.2.1 刚性悬挂施工测量

(1) 工艺流程(图 12-36)

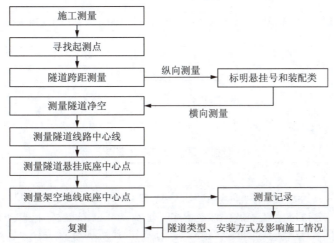

图 12-36 刚性悬挂施工测量工艺流程图

（2）作业要点（表 12-10）

刚性接触网施工工序及要点　　　　　　　　　　　　表 12-10

序号	工 序	作 业 要 点
1	准备	带起设计图纸,测量工具,测量人员及其记录工具
2	测量	刚性悬挂测量可分为纵向测量和横向测量,纵向测量主要是根据隧道平面图中设计跨径,确定每组悬挂的纵向位置以及平面图中心锚结、隔离开关的安装位置。横向测量是将每组悬挂处的受电弓中心点、悬挂底座和架空地线底座的中心点测出以及中心锚结下锚固定底座的中心点测出
3	放样	在每个定位点做好标记,在重点位置做特殊标记
4	安全文明施工	测量之后,清理一切来时随带物品,避免留下生活垃圾和施工垃圾

（3）现场标准化作业（图 12-37）

图 12-37　刚性悬挂施工测量

12.2.2　隧道打眼预埋

（1）工艺流程（图 12-38）

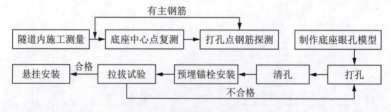

图 12-38　隧道打眼预埋工艺流程

（2）作业要点（表 12-11）

隧道打眼预埋工序及要点　　　　　　　　　　　　表 12-11

序号	工 序	作 业 要 点
1	复核	复核隧道内施工测量组所测悬挂底座中心和中心线,无误后方可打孔作业
2	套模	两个眼孔以上的底座或眼孔不垂直于隧道壁混凝土时,均应采用打孔模型来控制孔位。套模打孔有利于提高打孔精度,因此打孔之前应按各种底座制作底座模型,其孔位与底座一致,孔径与打孔孔径相同,且在底座模型上标注中心线

续上表

序号	工 序	作 业 要 点
3	打孔	打孔时,应先用钢筋探测仪探测是否有主钢筋,以便打孔顺利,遇到主钢筋时,可将底座中心顺线路方向移 5~10cm,但绝不允许垂直线路方向移位。同时避开隧道的伸缩缝、连接缝、盾构管片连接缝及漏水渗水部位
4	安全文明施工	盾构管片为钢筋混凝土,在打眼的过程中难免有很多灰尘,施工人员在施工过程中需佩戴防尘口罩

(3)现场标准化作业(图 12-39、图 12-40)

图 12-39　圆形隧道打眼作业　　　　　图 12-40　矩形隧道打眼作业

(4)螺栓安装

①后切底柱锥式锚栓安装程序图如图 12-41 所示。

图 12-41　后切底柱锥式锚栓安装程序图

②高强化学灌注锚栓安装流程图如图 12-42 所示。

图 12-42　高强化学灌注锚栓安装流程图

12.2.3　刚性悬挂的支架安装调整

隧道锚栓安装后,即可进行刚性悬挂支架安装。根据施工测量记录的数据选取刚性悬挂支架的类型,按照设计要求安装刚性悬挂支架并初调至设计位置。

(1)工艺流程(图12-43)

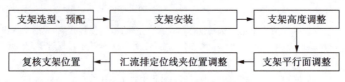

图12-43 支架安装工艺流程

(2)作业要点(表12-12)

支架安装工序及要点 表12-12

序号	工 序	作 业 要 点
1	预制	预制加工作业组根据施工测量的数据记录及设计图纸选取刚性悬挂支架的类型,检查支架各零部件的质量是否达到设计要求,严禁不合格品进入施工现场;按照安装图纸正确预制各悬挂点的悬挂支架,并标明区间(车站)及悬挂编号
2	安装	垂直悬吊定位装置按设计要求安装,贴顶垂直悬吊安装底座调至水平,整个悬吊装置安装到位稳固,支撑面顺线路铅垂
3	调整	根据悬挂点设计导高,加导线高度和汇流排、绝缘子等部件高度,计算出悬吊槽钢底部高度;调整悬吊槽钢于两轨面连线平行,高度初调到以上计算高度,复核悬挂支架的高度和支架槽钢平面符合设计要求后拧紧紧固螺母。按照悬挂点处设计拉出值,把汇流排定位线夹中心作为接触导线中心初步调整到位并拧紧汇流排紧固螺栓
4	安全文明施工	在安装悬挂时及时清理隧道臂上的杂物,以免影响之后的送电是否顺利

(3)现场标准化作业(图12-44~图12-46)

图12-44 低净空悬挂安装

图12-45 架空地线对锚

图12-46 高净空悬挂安装

12.2.4 汇流排安装及调整

(1)工艺流程(图12-47)

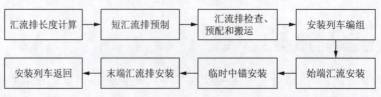

图12-47 汇注排安装及调整工艺流程

（2）作业要点（表 12-13）

汇流排安装及调整工序及要点　　　　　　　　　表 12-13

序号	工　序	作业要点
1	外观检查	安装前须对汇流排外观质量进行检查，并复核汇流排上的锚段编号和顺序是否正确。汇流排为铝合金材质，质地较为柔软，在进行汇流排运输及安装过程中应采取相关保护措施防止汇流排受到撞击，防止汇流排及嵌口弯曲变形或碰伤
2	安装	汇流排中间接头安装应紧密，螺栓应循环紧固，紧固力矩严格按照设计要求。汇流排及其他带电体与其他非带电金属体的安全距离必须保证大于 150mm
3	调整	主要调整导高与拉出值，满足设计要求。对安装锚段进行彻底检查，确认无安全隐患方可返回
4	安全文明施工	对安装完毕后的汇流排进行检查，保证汇流排的绝缘距离和汇流排的完整性

（3）现场标准化作业（图 12-48～图 12-51）

图 12-48　汇流排安装作业

图 12-49　成型汇流排

图 12-50　汇流排中间接头

图 12-51　调整汇流排

12.2.5　汇流排中间接头

汇流排中间接头适用于刚性悬挂汇流排每段之间、汇流排与汇流排终端之间、机械弯曲汇流排与汇流排之间、汇流排和刚柔过渡本体之间的接头安装，不仅是汇流排的机械连接元件,同时也是汇流排的电气连接元件。

刚性悬挂中间接头处的施工质量关系到弓网之间的受流质量,而施工工艺的合理性对中间接头处的施工质量影响又很大。需充分研究中间接头处的施工工艺,制定详细的施工组织措施以及施工方案,确保受电弓在汇流排中间接头处的平滑过渡。

中间接头 M10 螺钉的连接,在施工中确保必须使用力矩扳手,严格按规定力矩拧紧到位,这点至为关键。力矩不足会导致螺钉脱落,反之过大会导致接触线松动,甚至于导致螺纹滑扣。

汇流排对接安装均在汇流排安装作业平台上进行(安装前悬挂支持装置已全部初调到位)。利用汇流排安装调整器精调汇流排对接安装状态,保证汇流排对接安装质量和缩短汇流排安装时间。

(1)工艺流程(图12-52)

图 12-52　汇流排中间接头工艺流程

(2)作业要点(表 12-14)

汇流排中间接头工序及要点　　　　　　　　表 12-14

序号	工 序	作 业 要 点
1	预配	检查现场的安装是否标准及专用安装工具是否齐全,安装的设备及材料齐全,清洁并整齐地放置在环境不受污染的地方。安装前检查特别是设备/材料电气连接应干净无损坏
2	安装	汇流排与定位线夹间的理想接口配合,必须让组件间可作温度膨胀的相对运动。中间接头连接板与汇流排的连接具有方向性,要注意连接板上凸出的四道凸棱,其高度各不相同,最高一棱应置于下方,必须与汇流排内腔向下扩张的斜面相匹配。中间接头与汇流排之间的连接接触表面必须确保在干净的条件下进行连接
3	调整	"之"字值的设定应与各段汇流排的安装同时进行。注意当安装完毕后,汇流排的平面应与轨道平面平行一致
4	安全文明施工	施工完毕后,清理施工垃圾与人为垃圾

12.2.6　切槽式刚柔过渡元件的安装

刚柔过渡是刚性悬挂与柔性悬挂接触网两种悬挂方式实现无缝连接的关键部位。我方将采用"精确测量、精巧安装、精密调整"的施工工艺,实现了刚柔过渡一次安装到位的目的,顺利实现刚柔系统间的无缝连接。

(1)工艺流程(图12-53)

图 12-53　刚柔过渡元件安装的工艺流程

(2)作业要点(表12-15)

刚柔过渡元件安装工序及要点 表12-15

序号	工 序	作 业 要 点
1	测量	先进行刚柔过渡段悬挂点的纵向放线测量,复核无误后,用红油漆标记在钢轨侧面上。各悬挂位置采用激光测量准确定位,标记至隧道顶上。测量悬挂点处净空数据,测算柔性下锚位置,用激光测量仪准确定位,标记至隧道顶上,编制《刚柔过渡支持装置及下锚安装调整表》。按《刚柔过渡支持装置及下锚安装调整表》复核各点无误后,进行钻孔和支架安装,并调整到表中给定值
2	安装	关节式刚柔过渡是采用终端汇流排与柔性悬挂并列运行,实现刚性和柔性过渡。刚柔过渡部分的间距不宜大于200mm,且应靠近受电弓中心,两边均匀布置。过渡端刚性悬挂起始定位点A处接触线的高度,应比同处柔性悬挂的接触线抬高20~30 mm,然后刚性悬挂定位按接触线处高度变化不大
3	调整	导高及拉出值调整至设计值,汇流排坡度调至与轨面平行,用激光和光学测量仪、受电弓检查刚柔过渡点和关节,进行刚柔过渡段微调,受电弓双向通过应平稳顺滑,刚柔过渡点和关节不应出现硬点,切槽式汇流排应富有弹性。导线与汇流排的连接应平顺,不应对汇流排产生附加压力或拉力。过渡段柔性下锚跨越的刚性悬挂点宜采用悬臂式结构,以避免可能与柔性悬挂间的绝缘距离问题
4	安全文明施工	施工完毕后,清理施工垃圾与人为垃圾

(3)现场标准化作业(图12-54、图12-55)

图12-54 刚柔过渡下锚图

图12-55 刚柔过渡关节图

切槽式刚柔过渡安装形式如图12-56所示。

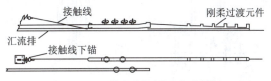

图12-56 切槽式刚柔过渡安装形式图

12.2.7 刚性悬挂接触线架设

刚性悬挂接触线采用单根CTA150线。刚性悬挂接触线架设需用专用架线工具架设,架线过程中随时注意接触线与汇流排的接触状态,同时铜铝不能直接接触,须在接触线卡槽内均匀地涂抹一层导电脂。刚性悬挂接触线架设时,采用电动注油器注油、架线小车导入一次安装到位的架设方法,实现架线小车牵引与铜导槽组联动控制来展放和导嵌接触导线,以保证接触线架设后平滑自然,不产生硬弯和损伤。刚性悬挂接触线架设施工工序复杂,为本工程的关键工序。

(1)工艺流程(图12-57)

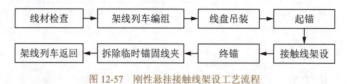

图12-57 刚性悬挂接触线架设工艺流程

(2)作业要点(表12-16)

刚性悬挂接触线架设置工序及要点　　　　表12-16

序号	工序	作业要点
1	线材检查	检查核对配盘表,确认所有锚段是否都已配盘。每个线盘的长度是由几个锚段的线材长度组成,复核这几个锚段的实测长度之和是否不小于线盘的长度,保证所有接触导线无中间接续,一个锚段内不允许进行中间接续
2	架设	架线小车用拉线固定于前端牵引支架上,由车辆带动前进,牵引支架可进行调整使牵引方向始终位于汇流排正下方。牵引支架与接触线铜导槽组联动,使接触导线展放顺滑自然。牵引支架设有紧急脱扣装置,在列车前进中,如遇到架线小车被卡住时,拉线应能随时脱离牵引支架,防止拉坏整个汇流排结构。在放线过程中使放线小车始终位于汇流排正下方,使两边受力均匀
3	调整	接触线架设至汇流排末端时,在架线小车到达汇流排终端弯曲端前,放线车辆停车(汇流排末端处于作用平台内)。使用人工匀力拉动架线小车,把导线导入汇流排终端弯曲端,全部导入后,缓缓释放完张力,锁紧终端螺栓,断开导线,接触线沿终端方向顺直外露留出100~150mm长的导线(或按设计要求预留余量),用锉刀将端头打磨平整光洁,并向上弯曲导线成上翘45°
4	安全文明施工	作业车上所有施工人员必须戴好安全帽,面对列车行进方向,注意隧道顶上的突出悬挂结构,以防挂伤。接触线架设施工作业开始前,接触线盘上隔纸等杂物应清理干净,不应嵌入汇流排内

(3)现场标准化作业(图12-58~图12-60)

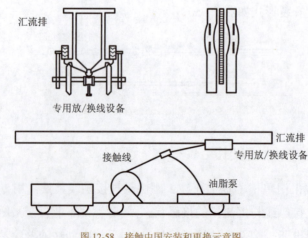

图12-58 接触中国安装和更换示意图

图 12-59 刚性接触网放线图(一)

图 12-60 刚性接触网放线图(二)

12.2.8 刚性悬挂调整

(1)刚性悬挂调整施工流程(图 12-61)

图 12-61 刚性悬挂调整施工流程图

(2)作业要点(表 12-17)

刚性悬挂调整工序及要点　　　　　　　　表 12-17

序号	工 序	作 业 要 点
1	安装	按照前期测量和打眼的基础,安装相应的悬挂支撑装置
2	调整	调整各定位点处导线至设计高度,允许误差 ±5mm,但不得低于设计最低值;设计高度逐渐变化时,其坡度变化应不大于 0.1%。调整各定位点导线拉出值至设计拉出值,允许误差为:±5mm。导线工作面调整:垂直悬吊定位通过调节悬吊槽钢平行于轨面,使导线工作面平行于两轨面连线(导线与汇流排垂直中心线调至与两轨面连线垂直),避免接触导线发生偏磨现象
3	涂油	刚性悬挂调整到位后,所有悬挂定位的活动关节、连接部位、调节螺栓等部位均匀涂抹黄油
4	安全文明施工	刚性悬挂调整到位后,所有贴近隧道壁的底座与隧道壁间的间隙,按设计要求使用 C15 素混凝土进行填充,填充时注意保护并防止污染其他设备。填充密实、表面平整美观

(3)现场标准化作业(图 12-62)

图 12-62 刚性悬挂调整

12.2.9 刚性悬挂隔离开关安装

正线地下隧道接触网隔离开关安装在隧道壁的预留位置,由于空间位置有限,开关安装精度要求高,保证开关安装后限界和绝缘距离必须满足设计要求。

(1)工艺流程(图12-63)

图12-63 刚性悬挂隔离形状安装工艺流程

(2)作业要点(表12-18)

刚性悬挂隔离开关安装工序及要点　　　　表12-18

序号	工　序	作业要点
1	施工准备	根据设计图纸隔离开关位置进行现场测量,检查隔离开关安装位置限界和安装空间是否满足开关安装要求,隔离开关安装位置应尽可能靠近绝缘锚段关节,以减少开关电连接线的长度
2	打眼	测定安装高度后,用水平尺测出开关底座安装高度的水平线,用底座固定螺栓模型定出底座钻孔孔位,应垂直于隧道壁钻孔,安装螺栓
3	安装	安装固定底座,并调整底座至水平,保证隔离开关安装面水平,多台开关并列安装时,所有开关底座应在同一水平面。将隔离开关安装在固定底座上,调整隔离开关及操动机构至隧道壁的距离符合设计要求,隔离开关打开时,刀口距接地体、墙壁最小距离符合设计要求。隔离开关与操动机构应处于同一垂直面上。隔离开关绝缘子应采用麻布软袋包扎保护。
4	调整	对隔离开关进行调试,保证隔离开关和操动机构开合同步到位,隔离开关动触头和静触头中心线重合。触头接触良好,无回弹现象。操动机构的分合闸指示与开关的实际分合位置一致。电动开关当地手动操作应与遥控电动操作动作一致;隔离开关机械联锁应工作正常可靠。三台开关并列安装时,必须将三台隔离开关调至同一水平直线上,然后安装隔离开关间接线板
5	安全文明施工	在施工过程中如与其他施工专业有交叉作业时,及时有效的与该单位进行沟通,及时地解决施工作业中的一些问题

(3)现场标准化作业(图12-64～图12-66)

图12-64 刚性悬挂隔离开关　　图12-65 刚性悬挂隔离关上网电缆(一)　　图12-66 刚性悬挂隔离关上网电缆(二)

12.2.10 刚性悬挂分段绝缘器安装

(1) 工艺流程（图12-67）

图12-67 刚性悬挂分段绝缘器安装工艺流程

(2) 作业要点（表12-19）

刚性悬挂分段绝缘器安装工序及要点　　　　表12-19

序号	工序	作业要点
1	施工准备	架设调整完成本锚段接触线后，将接触线从预留位置中心锯断，两端接触线各留出140mm，将接触线向上方沿分段绝缘器汇流排导轨弯曲，距离接触线平面10mm
2	安装	在本锚段导高、拉出值及汇流排坡度调整完毕后，在分段绝缘器上安装调整工具，松开铜滑轨固定螺栓，检查滑轨面是否紧密贴合调整工具表面。手工临时上紧滑轨螺栓
3	调整	分段绝缘器应设置在受电弓的中心位置上（即拉出值为0），分段绝缘器与受电弓接触部分应调至一个平面上，且该平面应与轨面平行；细调分段绝缘器，保证整个分段绝缘器接触部分等高，中部不下垂，保证分段绝缘器处过渡平滑，不打弓；间隙距离按设计要求调整
4	安全文明施工	施工完毕后，清理掉所有施工所造成的垃圾。做到人去料清

12.2.11 刚性悬挂电连接安装

(1) 工艺流程（图12-68）

图12-68 刚性悬挂电连接安装工艺流程

(2) 作业要点（表12-20）

刚性悬挂电连接安装工序及要点　　　　表12-20

序号	工序	作业要点
1	预制	非绝缘锚段关节、道岔及交叉渡线关节等处调整到位后，按现场实测数据，再根据汇流排温度伸缩曲线计算电连接的长度，将软铜绞线按计算尺寸断开后，两端压接铜铝过渡线夹，标明安装位置，妥善放置
2	安装	在汇流排的电连接位置安装汇流排电连接线夹，其与汇流排的接触面涂抹导电油脂；将预制的电连接铜铝过渡线夹与汇流排电连接线夹连接紧固，紧固力矩应符合设计要求
3	调整	对电连接的各零配件、连接件的安装质量以及绝缘距离、限界等进行检查并记录，确保工程质量及行车安全
4	安全文明施工	电连接安装前应清洁汇流排及线夹的接触面，不应有灰尘、脏物。电连接线不应有断股、散股，否则应更换

(3)现场标准化作业(图12-69～图12-71)

图12-69 地下段分段绝缘器　　　图12-70 关节锚段电连接安装　　　图12-71 电连接安装

12.2.12 接触网系统冷滑、热滑及相关试验

(1)工艺流程(图12-72)

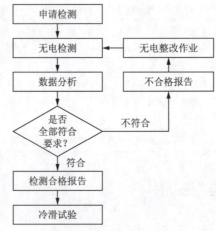

图12-72 冷滑试验工艺流程

(2)作业要点(表12-21)

接触网系统检测工序及要点　　　　　　表12-21

序号	工 序	作业要点
1	检测条件	检查与变电所相连接的隔离开关必须在断开位置并已加锁,在隔离开关接触网侧,连接有明显标记的临时接地线,并且可靠接地;冷滑试验前,确认将要开通的线路上各种障碍均已拆除,满足受电弓安全运行的要求;接触网冷滑通知已张贴
2	检测目的	①检测导高、拉出值; ②检测接触线高度变化是否平稳,有无突变或跳动; ③接触线的接触面是否顺直,是否存在硬点、硬弯; ④接触线接触面与受电弓不应出现偏磨现象; ⑤受电弓通过线岔、关节、分段绝缘器时往返转换是否平滑接触,有无脱弓或刮弓的危险; ⑥电连接最低点与受电弓的垂直距离是否符合规定; ⑦受电弓至接地体的距离是否符合规定; ⑧检查从隔离开关到接触网的电缆连接是否正确、稳固; ⑨各吊弦、定位器、电连接线夹有无偏斜、刮弓现象; ⑩检查有无其他设备或物体侵入接触网限界

续上表

序号	工 序	作 业 要 点
3	检测步骤	第一阶段:检测车行驶速度为 5km/h,检查每一处悬挂点、电连接、过渡关节、线岔、分段绝缘器、开关及引线连接、金具接地等所有部件,检查每处安装状态、绝缘距离、限界、过渡状态、导高、拉出值等; 第二阶段:检测车行驶速度为 20km/h,在第一次冷滑试验检查到的缺陷全部克服完成后进行,主要检查拉出值、硬点、关节过渡、线岔过渡、分段绝缘器过渡状态; 第三阶段:检测车行驶速度为 80km/h 或正常速度,在前两次检查问题全部克服后进行,检测高速冷滑弓网运行状态,受电弓冷滑应平稳顺畅,使接触线接触良好
4	安全文明施工	检测的过程中对不合格的地方及时记录,以便之后的整改,并积极的对此吸取经验教训,以免在以后施工的过程中再次发生此类现象

(3)现场标准化作业(图12-73、图12-74)

图12-73 车辆段冷滑图

图12-74 刚性冷滑现场观测图

12.2.13 接触网热滑试验及调整

(1)工艺流程(图12-75)

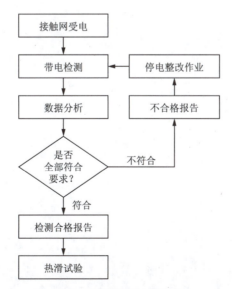

图12-75 热滑试验工艺流程

(2)作业要点(表 12-22)

热滑实验调整工序及要点　　　　　　表 12-22

序号	工　序	作 业 要 点
1	检测条件	①全线(或待检测区域内)接触网所有安装、调整已经完成； ②全线(或待检测区域内)侧面限界检测已经完成,全线(或待检测区域内的)接触网冷滑已经完成； ③接触网已经受电成功,并且已经空载运行 24 h
2	检测目的	①通过带电检测,全面了解检测区域内接触网与受电弓之间的接触力与离线率等动态数据； ②通过带电检测,经过对弓网之间接触力与离线率等数据的分析,可以判断出接触悬挂系统中是否存在有硬点,如在刚柔过渡段等特殊区域是否实现了接触网平滑过渡； ③通过检测,可以判断出接触网的拉出值、导高等静态参数是否满足设计及规范的要求,对不满足要求的部位能够给出准确的定位位置,从而为工程检修提供准确、可靠的信息,避免对人力、物力的浪费
3	检测重点	①弓网之间的接触力； ②弓网之间的离线率； ③检测点拉出值； ④检测点处导高
4	安全文明施工	检测完毕后,对不合格的地方及时作出整改,争取对已完成的工作做到完美

(3)现场标准化作业(图 12-76)

图 12-76　带电检测